লাখপতি থেকে কোটিপতি কি ভাবে হবেন

সুভাষ লখোটিয়া

ট্যাক্স গুরু ঃ সিএনবিসি আওয়াজ
চিন্তক, প্রেরক এবং বক্তা
আয়কর এবং নিবেশ পরামর্শদাতা

ডায়মণ্ড বুকস

প্রকাশক	ঃ	ডায়মণ্ড বুক্স (প্রা.) লিমিটেড X - 30, ওখলা ইণ্ডাস্ট্রিয়াল এরিয়া, ফেজ - II নূতন দিল্লী - 110 020
ফোন	ঃ	011 - 40712200
ই-মেল	ঃ	sales@dpb.in
ওয়েবসাইট	ঃ	www.dpb.in
সংস্করণ	ঃ	2019
বঙ্গানুবাদ	ঃ	সমীর দে
লেজার টাইপসেটিং	ঃ	ল্যাঙ্গুয়েজট্রন
মুদ্রক	ঃ	Repro (India)

Lakhpati Se Karorpati Kaise Bane (Bengali)

by : Subhash Lakhotia

শ্রী সুভাষ লখোটিয়া আয়কর পরামর্শদাতার রূপে আজ এক সুপরিচিত নাম হয়ে উঠেছেন! উনি নিজের প্রতিভাশালী ব্যক্তিত্ব দ্বারা ভারতের লাখো করদাতাদের সমস্যার সমাধান করে দিয়েছেন। শ্রী সুভাষ লখোটিয়া হচ্ছেন আর. এন. লখোটিয়া এ্যাণ্ড এ্যাসোসিয়েটসের ডায়রেক্টর এবং গত 40 বছর ধরে উনি আয়কর পরামর্শদাতার রূপে কার্যরত হয়ে রয়েছেন।

সি.এন.বি.সি. আওয়াজ চ্যানেলের অত্যন্ত জনপ্রিয় অনুষ্ঠান *"ট্যাক্স-গুরু"*-র মাধ্যমে ট্যাক্স কমাও আন্দোলনে ওনার গুরুত্বপূর্ণ অবদান রয়েছে। ভারতের বিভিন্ন সংবাদপত্র এবং ম্যাগাজিনে ওনার জ্ঞানবর্দ্ধক এবং উপযোগী কলাম দ্বারা জনসাধারণ লাভান্বিত হয়ে উঠছেন। *"দৈনিক ভাস্কর"* এবং *"অমর উজালা"* সংবাদপত্রে ওনার কলাম নিয়মিত রূপে বেশ কয়েক বছর ধরে প্রকাশিত হয়ে আসছে।

হিন্দী প্রেমী শ্রী সুভাষ লখোটিয়া অত্যন্ত মিশুকে ব্যক্তিত্বের অধিকারী এবং উনি অত্যন্ত বিনম্রও বটে! ট্যাক্সের জটিল বিষয়গুলোকে অত্যন্ত সরল আর সাধারণ ভাষায় লোকেদের বোঝানোর দক্ষতা ওনার রয়েছে... যে কারণে হিন্দী প্রেমীদের মধ্যে উনি অত্যন্ত জনপ্রিয় হয়ে উঠেছেন। উনি লখোটিয়া কলেজ অফ্ ট্যাক্সেশন এ্যাণ্ড ম্যানেজমেন্টের ডায়রেক্টর!

1970 সালে ওনাকে ভারতের সর্বশ্রেষ্ঠ যুবা প্রতিনিধি হিসেবে বেছে নেওয়া হয়েছিল এবং উনি সেই সময় আমেরিকায় আন্তর্জার্তিক যুবা সেমিনারে সক্রিয় রূপে অংশ গ্রহণও করেছিলেন। উনি *"লায়ন্স ক্লাব, অলকানন্দা, দিল্লী"*-র প্রাক্তণ অধ্যক্ষ এবং ইন্‌ভেস্টর্স ক্লাবের সেক্রেটারী! শ্রী সুভাষ লখোটিয়া ইন্‌কাম ট্যাক্স, নিবেশ আর রীয়েল এস্টেটের ওপরে বেশ কিছু পুস্তকের রচনা করেছেন। উনি ইউনাইট টু ইন্‌ভেস্ট *(ইউ.টি.আই.)* এবং স্পিরিচ্যুয়াল ক্লাব ইন্টারন্যাশনালেরও অধ্যক্ষ এবং ওনাকে দিল্লী সাহিত্য সম্মেলন *"হিন্দী অনুরাগী বিধিবেত্তা সাহিত্য শ্রী"* সম্মান প্রদান করেছে!

উনি ভারতের বিভিন্ন শহরে বেশ কিছু সেমিনারের আয়োজন করে লাখো করদাতাদের আয়কর আইনের জটিল সমস্যাগুলোর ব্যাপারে পথ প্রদর্শন করেছেন!

পরম পূজনীয় মাতা স্বর্গীয়া শ্রীমতি আশা রানী লখোটিয়া-র প্রতি সম্মানের সাথে সমর্পিত! ওনার উৎসাহ এবং প্রেরণার কারণেই আজ এই পুস্তক আমি সমাজের জন্য প্রস্তুত করতে পেরেছি!

সুভাষ লখোটিয়া

বিষয় সূচী

ভূমিকা

অনেক বছর ধরে আমি এমন এক পুস্তক লেখার কথা ভেবে আসছিলাম... যেটা ভারতের নতুন প্রজন্মকে টাকা-পয়সা উপার্জন করার প্রেরণা জোগাতে পারবে! আজ ঈশ্বরের আশীর্বাদে এমনই এক ছোট্ট পুস্তক লিখে প্রস্তুত করেছি... যেটার উদ্দেশ্যই হচ্ছে ভারতের নবযুবকদের প্রেরণা জোগানো... যার দ্বারা তাঁরা এই মুহূর্তে লাখপতি হয়ে থাকলে ভবিষ্যতে কোটিপতি হয়ে উঠতে পারেন। সব থেকে গুরুত্বপূর্ণ কথা হচ্ছে এটা যে, আপনারা এই জিনিষটার ওপরে বিশ্বাস রাখুন যে, আপনারাও কোটিপতি হতে পারেন! আপনারা যদি এমন চিন্তা করতে থাকেন... তাহলে দুনিয়ার কোন শক্তিই আপনাদের কোটিপতি হওয়া থেকে আটকাতে পারবে না।

আমার দৃঢ় বিশ্বাস যে, এই পুস্তকে বর্ণিত কথাগুলোর লাভ যদি আমাদের দেশের যুবা প্রজন্ম আর ভারতবর্ষের শিল্পপতিরা ওঠান... তাহলে নিশ্চিত রূপে এই পুস্তকের পাঠকদের মধ্যে থেকেই কয়েক হাজার ব্যক্তি কোটিপতি হয়ে উঠতে পারবেন। তখন আমি অত্যন্ত খুশী হয়ে উঠব আর আমার এই ব্যাপারে সন্তুষ্টি হবে যে, আমার এই পুস্তক লোকেদের কাজে এসেছে। প্রকাশক শ্রী কপিল মালহোত্রা জী-র প্রতি আমি আন্তরিক রূপে কৃতজ্ঞ... যিনি আমাকে এই পুস্তক শীঘ্র লোকেদের হাতে তুলে দেওয়ার জন্য শেষ করার প্রেরণা জুগিয়ে এসেছেন। ডায়মণ্ড পকেট বুক্সের কর্ণধার শ্রী নরেন্দ্র বর্মা'র প্রতিও আমি আমার আন্তরিক কৃতজ্ঞতা জ্ঞাপন করছি... যিনি আমার এই পুস্তক ভারতের বিভিন্ন আঞ্চলিক ভাষায় প্রকাশ করার গুরু দায়িত্ব নিজের ওপরে তুলে নিয়েছেন, যাতে ভারতের অ-হিন্দীভাষী রাজ্যগুলোর লোকেরাও এই পুস্তকের লাভ ওঠাতে পারেন! আমার পিতা পূজনীয় রাম নিবাস জী লখোটিয়া-র থেকেই আমি সব কিছু শিখেছি আর ওনারই প্রেরণায় আজ আমি এই পুস্তক লিখতে পেরেছি। আমার পত্নী শ্রীমতি সুশীলা লখোটিয়া অক্লান্ত পরিশ্রম করে এই পুস্তককে সাজিয়ে তোলার কাজে আমাকে সহায়তা করেছেন আর সময়ে-সময়ে

আমাকে প্রেরিতও করে গেছেন... অন্যথা এই পুস্তক এত কম সময়ে হয়তো পাঠকদের হাতে পৌঁছে দেওয়া সম্ভবপর হত না!

আমি আমার মেহনতকে সার্থক তখনই মনে করব... যখন এই পুস্তক ভারতের নবযুবকদের এবং শিল্পপতিদের প্রেরণা জোগাতে পারবে, যাতে তাঁরা নিজেদের কোটিপতি হয়ে ওঠার স্বপ্নকে সাকার করে তুলতে পারেন। যেসব পাঠক এই পুস্তক পড়ে প্রেরণা প্রাপ্ত করেছেন... তাঁরা দয়া করে আমাকে চিঠি লিখে নিজেদের অভিজ্ঞতা ব্যক্ত করুন আর তার সাথে-সাথেই যদি তাঁরা শিল্প জগতে ভালো কোন উপলব্ধি হাসিল করে থাকেন, সেটারও পূর্ণ বিবরণ আমাকে পাঠান... যাতে আমি আলাদা-আলাদা সেমিনার ইত্যাদিতে উপস্থিত লোকেদের তাঁদের সফলতার কাহিনী জানাতে পারি... যার ফলে অন্য ব্যক্তিরাও তাঁদের সফল পদক্ষেপ থেকে প্রেরণা প্রাপ্ত করতে পারেন।

– সুভাষ লখোটিয়া

লখোটিয়া নিবাস
এস - 228, গ্রেটার কৈলাশ, পার্ট - 2
নূতন দিল্লী - 110 048
মো ঃ 098100 01665
ই-মেল ঃ slakhotia@satyam.net.in

01

আপনি কি সত্যিই কোটিপতি হতে চান?

বন্ধুরা ! আপনাদের মধ্যে অনেকেই হয়তো টি. ভি.-তে *'কৌন বনেগা করোড়পতি'* ধারাবাহিক দেখেছেন... বার-বার দেখেছেন। আপনাদের মনের ভেতরে হয়তো এমন ইচ্ছাও হতে থেকেছে যে, আপনারাও কোটিপতি হয়ে উঠুন... কিন্তু বেশীর ভাগ দর্শক কোটিপতি হতে পারেননি। এই পুস্তকের মুখ্য উদ্দেশ্যই হচ্ছে আপনাদের ভেতর থেকে বেশ কিছু দর্শককে কোটিপতি করে তোলা ! আজ্ঞে হ্যাঁ... আইনী রূপে, ভালো ভাবে নিবেশ করলে, নতুন ভাবনা-চিন্তাকে সাকার করে তুললে, সত্যিকারের নিষ্ঠা দ্বারা আর সব থেকে উৎসাহবর্দ্ধক কাজ করে চললে আপনারাও নিজেদের জীবনকালে কোটিপতি হয়ে উঠতে পারবেন। এমনটা কখনো ভাববেন না যে, আমাদের কাছে এতটা পুঁজি কোথায়... আমাদের কাছে এত জ্ঞান কোথায়... আমাদের কাছে এত সুবিধা কোথায় যে, আমরা কোটিপতি হওয়ার স্বপ্ন দেখতে পারব ? বন্ধুরা ! আপনারা যদি বাস্তবে কোটিপতি হওয়ার প্রথম সোপানে পা রাখতে চান, তাহলে আপনাদের ওয়াল্ট ডিজনীর একটা কথা সর্বদা মাথায় রাখতে হবে। আজ্ঞে হ্যাঁ... সেই ওয়াল্ট ডিজনী, যিনি ডিজনী ল্যাণ্ড বানিয়েছিলেন। উনি একবার বলেছিলেন – *"ছোট স্বপ্ন দেখা হচ্ছে এক অপরাধ ! আপনারা যদি স্বপ্ন দেখতেই চান... তাহলে বড় কোন স্বপ্ন দেখুন – আর সেই স্বপ্নকে সাকার করে তুলুন !"* আমিও চাই যে, আমাদের পাঠকেরা কোটিপতি হওয়ার স্বপ্ন দেখুন আর কেবলমাত্র স্বপ্নই দেখবেন না... বরং সত্যিকারের নিষ্ঠা সহকারে এমন দৃঢ় সংকল্পও করুন যে, আমাদেরও কোটিপতি হতে হবে... আজই ! বিদেশের কথা বাদ দিন... আমাদের দেশ ভারতবর্ষেই লাখো ব্যক্তি প্রতি বছর কোটিপতি হয়ে উঠছেন ! ওনাদের মধ্যে এমন কি বিশেষত্ব রয়েছে

যে, তাঁরা কোটিপতি হয়ে উঠেছেন আর আপনি বাড়ীতেই বসে রয়েছেন! ওনাদের ভেতরে যদি কোন বিশেষত্ব থেকে থাকে, তাহলে সেটা হচ্ছে দৃঢ় নিশ্চয়তা, সত্যিকারের চিন্তাধারা আর মনের মধ্যে এমন সংকল্প করা যে, আমাদের কোটিপতি হতেই হবে। অনেক লোক জন্ম থেকেই কোটিপতি হন না আর তেমন লোকেদের জন্যই এই পুরো পুস্তকে এমন কিছু ব্যাপারে আলোচনা করা হবে... যার দ্বারা আপনারা প্রত্যক্ষ রূপে কোটিপতি হয়ে উঠবেন। ভারতের প্রাক্তণ রাষ্ট্রপতি আব্দুল কালাম সাহেব একবার বলেছিলেন – *"আমি এমনটা মনে করি যে, ছোট চিন্তাধারা এক অপরাধ!"* তো বন্ধুরা! ছোটখাটো চিন্তাধারা এখুনি পরিত্যাগ করুন আর আজ থেকেই বড় কিছু ভাবতে শুরু করে দিন এবং সবার আগে এমনটা চিন্তা করুন যে, অন্যেরা যদি কোটিপতি হতে পারে, তাহলে আমি কেন পারব না ?

পরম পিতা পরমেশ্বরের আশীর্বাদ নিয়ে সত্যিকারের নিষ্ঠা সহকারে আপনারা যদি এই মিশনে লেগে পড়েন যে, আপনাদের কোটিপতি হতেই হবে... তাহলে এই জীবনেই এবং কয়েক বছরের ভেতরেই আপনারা বাস্তবে কোটিপতি হয়ে উঠবেন। ধন-দৌলত আপনাদের চরণ স্পর্শ করবে... আপনাদের জীবনে এক নতুন বাহার আসবে আর সেদিন আপনাদের স্বপ্ন সাকার হয়ে উঠবে, যেদিন আপনারাও কোটিপতি হয়ে উঠবেন!

কোটিপতি হওয়ার পথে অনেক বাধা আসবে... এমন সময়ও আসবে, যখন আপনারা মানসিক চাপে ভরে উঠবেন আর এমন সমস্যাও আসবে, যেগুলো দূর করার কোন রাস্তাই আপনারা দেখতে পাবেন না। এমন পরিস্থিতিতে সাধারণ লোকেরা চিন্তিত হয়ে হয়ে ওঠেন আর কোটিপতি হওয়ার স্বপ্ন দেখা ছেড়ে দেন। কিন্তু বন্ধুরা! আপনাদের কোটিপতি হওয়ার স্বপ্ন দেখা ছেড়ে দিলে চলবে না। আর হ্যাঁ... যখনই আপনাদের ভেতরে এমন মানসিক চাপের সৃষ্টি হয়ে পড়বে যে, আমি কি করে কোটিপতি হব বা আপনাদের কোটিপতি হওয়ার স্বপ্ন যখনই ভেঙে যেতে বসবে... তখনই আপনারা নিজেদের মনকে শান্ত করে তুলে স্বামী বিবেকানন্দের পুস্তক পড়ুন। স্বামী বিবেকানন্দের সমগ্র সাহিত্য দশটি ভাগে পাওয়া যায়। সেই সব পুস্তকের দামও খুব একটা বেশী নয়। কিন্তু যখনই আপনাদের মনের ভেতরে তোলপাড় হতে শুরু করবে... যখনই আপনারা নিজেদের চার পাশে কোন সাথী দেখতে পাবেন না... আপনারা যখনই ডিপ্রেশনে ঘিরে উঠবেন – এমন সময়েই আপনারা স্বামী বিবেকানন্দের সাহিত্যের মনন করুন আর চিন্তন করুন। আপনারা নিশ্চিত রূপে এমনটা লক্ষ্য করবেন যে,

আপনাদের ভেতরে এক নতুন শক্তি... এক নতুন চিন্তাধারা এসে পড়েছে আর আপনারা তখন সকল প্রশ্নের উত্তর পেয়ে যাবেন... যেগুলো আপনাদের ডিপ্রেশনকে দূর করে দেবে আর আপনাদের আবার একবার সেই বিন্দুতে পৌঁছে দেবে, যেখান থেকে আপনারা কোটিপতি হওয়ার সিঁড়ির দিকে এগোন শুরু করেছিলেন। এমনটা বলা অতিশয়োক্তি মোটেই নয় আর এমনটা আমি নিজে অনুভব করেছি... যার প্রত্যক্ষ উদাহরণ হচেছ সেই সব অসংখ্য চিঠি আর ফোন কল, যেগুলো আমার কাছে আসতে থাকে। আর সেই সব চিঠি আর ফোন কল সেই সব লোকেদের কাছ থেকে আসতে থাকে... যাঁরা স্বামী বিবেকানন্দের সাহিত্য পড়ে আধ্যাত্মিক উন্নতির সাথে-সাথে বাস্তবিক রূপে টাকা-পয়সা কামানোর ক্ষেত্রেও উন্নতি করেছেন। বিচলিত মন যখন শান্ত হয়ে পড়ে, তখন আপনাদের বুদ্ধি এক ভালো ব্যবসা-বাণিজ্যের প্রতি অগ্রসর হয় আর তখন আপনারা এমনটা অনুভব করবেন যে, স্বামী বিবেকানন্দের সাহিত্য পড়ার পরে আপনাদের ভেতরে এক জবরদস্ত শক্তি আর অসীম উৎসাহের সৃষ্টি হয়েছে এবং আপনারা তখন জীবনের পথে এগিয়ে চলার জন্য প্রেরণাও প্রাপ্ত করতে থাকবেন !

আমরা এতক্ষন কেবলমাত্র টাকা-পয়সা উপার্জন করার ব্যাপারে আলোচনা করছিলাম আর মোটা টাকা কামানোর ব্যাপারে কথা বলছিলাম... যাতে আমরা কোটিপতি হয়ে উঠতে পারি। এই কাজে আপনারা সর্বদা একটা পুস্তক নিজের কাছে রাখুন আর সেই পুস্তকের নাম হচেছ – গীতা! আপনারা যে সময় নিজেদের ব্যবসা সংক্রান্ত কোন প্রশ্নের উত্তর খুঁজে পাবেন না... তখনই গীতার মনন করা শুরু করে দিন। আপনারা নিজেদের সমস্যার উত্তর পেয়ে যাবেন – এটা হচেছ এক অত্যন্ত সরল, কিন্তু ভালো প্রক্রিয়া আর বাস্তবিক রূপে এটা নিজেদের জীবনকালেই কোটিপতি হয়ে ওঠার পথে আসতে থাকা চিন্তা আর সমস্যার হাত থেকে মুক্তি পাওয়ার এক অব্যর্থ প্রয়োগও বটে!

আমাদের বেদ আর শাস্ত্রগুলোয় অনেক প্রার্থনার উল্লেখ করা হয়েছে। সেগুলোর মধ্যেই একটা আচমন মন্ত্র আমি এখানে পাঠকদের জন্য অর্পিত করতে চাই। এই আচমন মন্ত্র যজুর্বেদে রয়েছে। সেই মন্ত্র হচেছ ঃ

ওহোম্ শন্নো দেবীরভিষ্টয় আপো ভবন্তু পীতয়।

শংয়োরভিস্রবন্তু নঃ।।

– যজু. 36.12

সকলের প্রকাশক, সবাইকে আনন্দ প্রদানকারী এবং সর্বব্যাপক ঈশ্বর, মনোবাঞ্ছিত আনন্দের জন্য আর পূর্ণানন্দের প্রাপ্তির জন্য আমাদের পক্ষে কল্যাণকারী পরমেশ্বর আমাদের ওপরে সব দিক থেকে সুখের বর্ষা করুন!

এই ছোট্ট বৈদিক প্রার্থনার নিয়মিত মনন করলে আপনাদের কোটিপতি হয়ে ওঠার চিন্তাধারায় ভালোমতন উৎসাহ প্রাপ্ত হবে। আসলে আজ আমরা যেসব কথা চিন্তা করছি... সেগুলো আজ থেকে হাজার-হাজার বছর আগেই আমাদের বেদ-পুরাণে লেখা হয়েছে! আজ আমরা কেবলমাত্র সেগুলো নিয়ে আলোচনা করছি মাত্র! যে কোন নতুন ব্যবসা বা নতুন কোন কাজ শুরু করার আগে মনে-মনে কম পক্ষে 5 মিনিট পর্যন্ত *'ওহোম্ নমঃ শিবায়'* বা গায়ত্রী মন্ত্রের জপ করে সেই কাজ শুরু করলে সফলতা নিশ্চিত রূপে প্রাপ্ত হয়!

আমি বিগত 40 বছর ধরে প্রচুর শিল্পপতিদের কেবলমাত্র প্রভু স্মরণ গায়ত্রী মন্ত্রের জপ দ্বারা অথবা *'ওহোম্ নমঃ শিবায়'*-য়ের জপ দ্বারা ব্যবসায়িক ক্ষেত্রে সফলতা প্রাপ্ত করতে দেখেছি। আর এই সব মন্ত্রের জপ দ্বারা সব থেকে মুখ্য লাভ এটা হয় যে, মানসিক এবং শারীরিক ক্রিয়া একাগ্রচিত্ত হয়ে ওঠে। আপনারা যখনই কোন বড় ব্যবসায়িক মীটিং-য়ে যাবেন বা কোন বিদেশী ক্লায়েন্টের সাথে ব্যবসায়িক আলোচনা করতে যাবেন... তখনই যাওয়ার আগে কোন স্থানে একাগ্রচিত্ত হয়ে বসে বা দাঁড়িয়ে অথবা চলন্ত গাড়ীতে বসে-বসে 3 থেকে 5 মিনিট পর্যন্ত চুপচাপ, সত্যিকারের নিস্ঠা সহকারে প্রভুকে স্মরণ করে নিন। মনে-মনে গায়ত্রী মন্ত্রের জপ করে অথবা *'ওহোম্ নমঃ শিবায়'* জপ করে আপনারা যে ব্যক্তির সাথেই মিলিত হতে থাকেন... নিশ্চিত রূপে আপনার প্রতি সেই ব্যক্তির আকর্ষণ বেড়ে উঠবে। কেবলমাত্র আমার কথার ওপরে বিশ্বাস না করে আপনারা নিজেরা এই প্রয়োগ করে দেখলে আপনারা বাস্তবে এমন এক জাদুর অনুভব করবেন... যেটা আপনাদের কোটিপতি ব্যক্তিদের শ্রেণীতে দাঁড় করাতে সহায়তা করবে।

আপনারা যে মুহূর্তে মনে-মনে এমন সংকল্প করবেন যে, আমাদের কোটিপতি হতেই হবে... তখন নিজেদের চিন্তাধারাকে একটা দৃঢ় করে তুলুন! সেই ব্যাপারে অন্যদের সাথে আলাপ-আলোচনা করা বন্ধ করে দিন। আপনাদের মনের ভেতরে যেন একটাই জিনিষ ঘুরে বেড়াতে থাকে আর সেটা হচ্ছে সত্যিকারের নিস্ঠা সহকারে কোটিপতি হয়ে ওঠা! এমনটা করলে দুনিয়ার কোন শক্তিই

আপনাদের কোটিপতি হয়ে ওঠার পথে বাধা দিতে পারবে না। আজ থেকে তিন বছর আগে একদিন আমি দিল্লীর করোলবাগ এলাকায় ব্যাঙ্ক স্ট্রীট দিয়ে যাচ্ছিলাম। সেটা হচ্ছে ভারতের এক বিরাট বড় সোনা, রূপো, হীরা-জহরাতের মার্কেট! মহিলারা এখানেই লেটেস্ট ডিজাইনের অলংকারের শপিং করতে আসেন। সেদিন আমি যখন নিজে গাড়ী চালাচ্ছিলাম, তখন ব্যাঙ্ক স্ট্রীটের এক গলিতে আমি ট্রাফিক জামে ফেঁসে যাই আর তখনই আমি দেখতে পাই যে, এক বৈদুতিক তার রাস্তার দু প্রান্তকে পরস্পরের সঙ্গে যুক্ত করে রেখেছে আর সেই বৈদ্যুতিক তারের ওপর দিয়ে নির্ভয়ে ছোট-ছোট বাঁদরদের দল রাস্তা পার হচ্ছে ! আমি নিজের গাড়ীর ভেতরে বসে-বসেই ওপর দিকে চোখ তুলে সেই সব বাঁদরদের দেখছিলাম আর তারপর আমি এটাও দেখতে পাই যে, একটা ছোট্ট কাঠবেড়ালীও সেই বৈদ্যুতিক তারের ওপর দিয়ে রাস্তা পার করে গেল। সেই ছোট্ট দৃশ্যটা আমার মানস পটে এই জিনিষটা ঢুকিয়ে দিয়ে গেল যে, আমরা যদি বাস্তবিক রূপে কোটিপতি হতে চাই, তাহলে আমাদের ভেতরে সত্যিকারের নিষ্ঠা থাকা উচিত। বাস্তবে সত্যিকারের নিষ্ঠাই কোটিপতি হওয়ার সর্বপ্রথম এবং সর্বশেষ যোগসূত্র হয় !

এই প্রকার একদিন রাত্রি 8-টা নাগাদ ডিনার শেষ করে আমি আমার বাড়ীর লনে বসেছিলাম। এমন সময় আমি দেখতে পাই যে, প্রায় 1 ফুট লম্বা একটা বেড়াল আমার বাড়ীর মেইন্ গেটের ওপরে চড়ার আর পাঁচিল টপকে বাইরে যাওয়ার চেস্টা করছে। সেই পাঁচিলটা 4 ফুট উঁচু ছিল। আমি ভাবলাম যে, বেড়ালটা পাঁচিল কি করে পার করবে ! তারপর আমি এমনটা ভাবলাম যে, আমি উঠে গিয়ে গেট খুলে দিই, যাতে বেড়ালটা বাইরে চলে যেতে পারে... কিন্তু আমি নিজের জায়গা থেকে ওঠার আগেই আমি দেখলাম যে, সেই বেড়ালটা আস্তে করে গেটের কাছে এল আর তারপর একটা জোর লাফ লাগিয়ে লনের 4 - 5 ফুট উঁচু পাঁচিল টপকে গেল ! আমি চেয়ে-চেয়ে শুধু দেখতেই রয়ে গেলাম ! আমার মনে এমন চিন্তা এল যে, যদি আমাদের দেশের নবযুবকেরাও টাকা-পয়সা উপার্জন করার জন্য এতটাই সত্যিকারের নিষ্ঠার সাথে কাজ করে... তাহলে দুনিয়ার কোন শক্তিই তাদের কোটিপতি হয়ে ওঠা থেকে আটকাতে পারবে না !

সঞ্চয় করাটাও কোটিপতি হওয়ার এক প্রথম সোপান হয়। আমরা যদি আজ সঞ্চয় না করি, তাহলে আগত ভবিষ্যতে আমাদের কাছে বেশী টাকা-পয়সা থাকবে না। ব্যবসার জন্য... এমনকি গৃহস্থালীর কাজে যে জিনিষই

কিনবেন, সেটা ভালো গুণবত্তার তো কিনবেনই... কিন্তু তার সাথে-সাথে সঞ্চয়ের দিকটার প্রতিও লক্ষ্য রাখবেন। সম্প্রতি এক ব্যবসায়িক গোষ্ঠী আমার সঙ্গে আলোচনায় বসলে আমি তাদের সঞ্চয়ের দিকে দৃষ্টি দেওয়ার কথাই বলি। আর তারপর সেই ব্যবসায়িক গোষ্ঠীর কয়েক কোটি টাকার সঞ্চয় হয়ে পড়ে। আমার কথা শুনে তারা কেবলমাত্র এটুকু করেছিল যে, তারা এবার থেকে ভেবে-চিন্তে খরচ করা শুরু করেছিল। আপনারাও যেহেতু কোটিপতি হয়ে উঠতে চান... তাই প্রথম দিন থেকেই সঞ্চয় করা শিখুন! আপনাদের শুধু এটুকু মাথায় রাখতে হবে যে, টাকা-পয়সা যেন বর্বাদ না হয়। হাতে টাকা-পয়সা যথেষ্ট এসে যাওয়ার পরেও আর আপনারা কোটিপতি হয়ে ওঠার পরেও নিজেদের এই পুরোন পরম্পরা ত্যাগ করবেন না অর্থাৎ সঞ্চয় করা ছেড়ে দেবেন না। আমি যখনই টাকা-পয়সা সঞ্চয় করার কথা বলি, সেটাকে কঞ্জুসী মনে করবেন না। কঞ্জুসী হচ্ছে আলাদা ব্যাপার আর টাকা-পয়সা সঞ্চয় করা আলাদা ব্যাপার! টাকা-পয়সা সঞ্চয় সেই সব ফালতু খরচ কমিয়ে এনে করা যেতে পারে, যেগুলো কমানো যায়। টাকা-পয়সা সঞ্চয় সেই সব জায়গায় করা উচিত, যেসব জায়গায় লীকেজ রয়েছে আর জলের কল দিয়ে জল বয়ে চলার মত দ্রুত টাকা-পয়সা বয়ে চলেছে আর আপনারা সেটার ওপরে নিয়ন্ত্রণ বজায় রাখতে পারছেন না। এজন্য টাকা-পয়সা খরচ করার ব্যাপারে সর্বদা নিজেদের লাগামকে মজবুত রাখুন। টাকা-পয়সার ব্যাপারে অনেক সময় আমাদের এমন পরিস্থিতিরও মুখোমুখি হতে হয়, যখন আমাদের টাকা-পয়সার টানাটানি হয়ে পড়ে আর আমরা জীবনের এমন এক বাঁকে এসে পড়ি... যেখানে সময় মত টাকা-পয়সার জোগাড় না হলে আমাদের সমস্যায় পড়ে যেতে হয় আর আমরা সেই সব সমস্যার সমাধানও দেখতে পাই না। এমন অবস্থায় নিজের ভেতরে পূর্ণ শক্তিকে জাগ্রত করে তুলুন... প্রভুর নাম নিন আর সমস্যা দূর করার কাজে লেগে পড়ুন।

যেসব ব্যক্তি কোটিপতি হওয়ার স্বপ্ন দেখেন, তাঁদের সবার আগে ব্যর্থ হওয়ার চিন্তা কুরে-কুরে খেতে থাকে। তাঁরা এমন চিন্তায় ডুবে যান যে, তাঁরা সফলতার সিঁড়ি আদৌ পার করতে পারবেন কি না? বন্ধুরা! নেতিবাচক চিন্তাধারা এখুনি ত্যাগ করুন আর মজবুত চিন্তন-মননের সাথে নিজের কাজে লেগে পড়ুন। এখানে আমি নিজের জীবনের এক উদাহরণ আপনাদের সামনে তুলে ধরতে চাই। এই উদাহরণ পেশ করার একমাত্র উদ্দেশ্যই হচ্ছে আপনাদের প্রেরণা দেওয়া... নিজের প্রশংসা করা মোটেই নয়। 1970 সালের কথা! সেই সময় ভারতে লায়ন্স ইন্টারন্যাশনাল সংস্থা দ্বারা এক প্রতিযোগিতার আয়োজন

করা হয়েছিল। সেই প্রতিযোগিতা এজন্য আয়োজিত করা হয়েছিল, যাতে সারা ভারত থেকে একজন যুবা ব্যক্তিকে বেছে নেওয়া যায় এবং তাঁকে বিনা খরচে এক মাসের জন্য ওয়ার্ল্ড ইয়ুথ কংগ্রেসে অংশ নেওয়ার পাঠানো যেতে পারে। অনেক দিন আগের কথা হলেও একটা জিনিষ আজও আমার মানস-পটে লেখা রয়েছে। আমি যখন এই প্রতিযোগিতার ব্যাপারে পড়লাম... তখন আমি ভাবলাম যে, আমিও চেষ্টা করে দেখলে ক্ষতি কি! আমার ভেতরে সত্যিকারের নিষ্ঠা ছিল... কিন্তু আমার মধ্যে অনেক কিছু নেগেটিভ পয়েন্টও সেই সময় ছিল। আমি ভালো করে ইংরাজী বলতে পারতাম না। আমি হিন্দী মীডিয়াম স্কুলের ছাত্র ছিলাম। আমার সামাজিক পরিবেশ এমন ছিল না যে, আমি ফ্লুয়েন্ট ইংরাজীতে কথা বলতে পারব আর সেই প্রতিযোগিতায় সারা ভারতে থেকে যুবা প্রতিযোগীদের অংশ নেওয়ার কথা ছিল। সারা ভারতের বিভিন্ন প্রান্ত থেকে আসা অনেক ছেলে-মেয়েদের সাথে আমিও সেই প্রতিযোগিতায় অংশ নিয়েছিলাম। আমি মনে-মনে এমনটা ভেবেছিলাম যে, সফল হতে না পারলে কি আর হবে ? চেষ্টা তো করে দেখা যাক। আমার মনের মধ্যে এই জিনিষটা ঘুরে বেড়াচ্ছিল যে, এই প্রতিযোগিতায় যদি আমি নির্বাচিত হই, তাহলে আমি বিনা পয়সায় আমেরিকা যাওয়ার সুযোগ পেয়ে যাব আর বিনা খরচে একটা মাস আমেরিকা ঘুরে বেড়াতে পারব। বন্ধুরা! এখানে আপনাদের এটা জানাতে পেরে আমার অত্যন্ত বেশী প্রসন্নতা হচ্ছে যে, প্রভুর আশীর্বাদে সারা ভারত, বার্মা আর নেপাল থেকে সেই প্রতিযোগিতায় অংশ নিতে আসা যুবক-যুবতীদের মধ্যে থেকে আমাকেই সর্বোত্তম যুবা প্রতিনিধির রূপে বেছে নেওয়া হয়েছিল আর আমার আজও মনে আছে যে, 1970 সালের জুন মাসে আমি ভারতের যুবা সম্প্রদায়ের *'এ্যাম্বাসাডর অফ্ গুডউইল'* হয়ে এক মাসের জন্য আমেরিকা আর বিদেশের অন্যান্য দেশগুলোয় গিয়েছিলাম। সেদিন থেকেই আমি মনে-মনে এই শিক্ষা গ্রহণ করে নিয়েছিলাম যে, যদি আমাদের ভেতরে সত্যিকারের নিষ্ঠা থাকে আর সত্যিকারের উৎসাহ থাকে... তাহলে নিজেদের লক্ষ্যে পৌঁছতে আমাদের কেউই বাধা প্রদান করতে পারবে না। আর আমার পাঠকদের লক্ষ্য তো একটাই – কোটিপতি হয়ে ওঠা! আর হ্যাঁ... আমরা যখন কোটিপতি হওয়ার কথা বলি, সত্যিকারের নিষ্ঠার কথা বলি... তখন আমরা কেবলমাত্র সেই সত্যিকারের নিষ্ঠা আর সত্যিকারের উৎসাহের কথাই বলি আর সেই সব পদ্ধতির কথা বলি, যেগুলো আইনগত রূপে সঠিক! বেআইনী পদ্ধতির আশ্রয় নিয়ে আপনারা যদি টাকা-পয়সা উপার্জন করেও থাকেন, সেটার কোন মূল্য নেই... সেই টাকা জীবনের পথে

আপনাদের সম্মান প্রদান করতে পারবে না। এজন্য যখনই আপনারা কোটিপতি হওয়ার ব্যাপারে ভাবনা-চিন্তা করবেন... তখন কেবলমাত্র সেই সব পদ্ধতির আশ্রয় গ্রহণ করুন... যাতে আপনাদের পরিবারের সদস্যরা, আপনাদের বন্ধু-বান্ধবরা আর আপনাদের আত্মীয়-স্বজনেরা আপনাদের জন্য গর্বিত অনুভব করতে পারেন!

আমার আরও একটা ঘটনার কথা মনে পড়ে যাচ্ছে আর সেটা আজ থেকে প্রায় চার বছর আগের ঘটনা। একদিন আমি সকালবেলা প্রাতঃরাশ করার সময় টি.ভি.-তে পার্সোনাল ফায়নান্সের এক অনুষ্ঠান দেখছিলাম। সেই অনুষ্ঠানে এক আমেরিকান মহিলা নিবেশ সম্বন্ধিত নিজের বিচারধারা ব্যক্ত করছিলেন। আধ ঘন্টা ধরে আমি ওনার বক্তব্য শুনে চলার পরে আমার এমনটা মনে হল যে, ভারতীয় পরিবেশে সেই মহিলার বক্তব্য একেবারেই নিরর্থক! নিজের দু-একজন বন্ধুকে আমি সে কথা জানালে তারা আমার বক্তব্যে হেসে উঠল... কারণ সেই আমেরিকান মহিলা বিশ্বের অত্যন্ত প্রখ্যাত আর্থিক পরামর্শদাতা রূপে পরিচিত ছিলেন। কিন্তু আধ ঘন্টার টি. ভি. অনুষ্ঠানে ওনার বক্তব্য আমার কাছে কেবলমাত্র ডিভোর্স আর ক্রেডিট কার্ডের ওপরেই কেন্দ্রীভূত লেগেছিল। আমার এমনটা মনে হয়েছিল যে, এই অনুষ্ঠান আমেরিকার সভ্যতার অনুকূল হতে পারে... সেজন্যই এই অনুষ্ঠান আমেরিকায় অত্যন্ত জনপ্রিয়তা হাসিল করে নিয়েছে... কিন্তু ভারতীয় পরিবেশে এটা ঠিক হতে পারে না। আজও ভারতের বেশীর ভাগ পরিবারে ডিভোর্স হয় না আর বেশীর ভাগ ভারতীয়দের ক্রেডিট কার্ডের সমস্যা হয় না। আমি তৎক্ষনাত সি.এন.বি.সি. আওয়াজ চ্যানেলে চিঠি লিখে নিজের চিন্তাধারা অত্যন্ত স্পষ্ট ভাষায় জানিয়ে দিই। আমি চিঠিতে লিখেছিলাম – *"আপনারা টি.ভি.-তে যে প্রোগ্রাম দেখাচ্ছেন, আমার মতে সেটা বিদেশী পরম্পরার সাথে সম্পর্কিত... ভারতের পরিবেশে এটা ততটা সফল হতে পারবে না আর না-ই এখানকার লোকেদের ততটা লাভ হবে। এজন্য আমি চাই যে, আপনারা ট্যাক্স আর পার্সোনাল ফায়নান্সের সাথে সম্পর্কিত অনুষ্ঠান নিজেদের চ্যানেলে দেখান।"* এর সাথে-সাথে আমি এটাও লিখেছিলাম – *"এডিটর সাহেব চাইলে আমি তেমন প্রোগ্রাম করতে পারি।"* বন্ধুরা! ব্যাপারটা আমার কাছে বড়ই বিচিত্র ছিল... কারণ আমার টি.ভি.-তে অনুষ্ঠান করার আমার কোন অভিজ্ঞতা ছিল না... টি.ভি.-র দুনিয়ায় আমার কোন গডফাদারও ছিল না – কিন্তু কে জানে কেন, হয়তো আমার ভেতরের সত্যিকারের নিষ্ঠাই এডিটর সাহেবকে আমার বক্তব্যের ওপরে ভাবনা-চিন্তা করতে বাধ্য করে তুলেছিল। ফোনে এডিটর সাহেবের সাথে আমার কথা হ'ল আর উনি তৎক্ষনাত

নিজেদের চ্যানেলে আমার অনুষ্ঠান *'ট্যাক্স গুরু'* শুরু করে দিলেন। আজ ভারতের কোটি-কোটি করদাতা সেই অনুষ্ঠান দেখে উপকৃত হচ্ছেন! কিন্তু আমি আপনাদের যে প্রেরণার ব্যাপারে বলতে চাইছি, সেটা হচ্ছে – *'হবে না'* – এমন চিন্তা কখনো করবেন না। সর্বদা সফলতা প্রাপ্তির জন্য *'হবে... নিশ্চয়ই হবে'* চিন্তা করুন!

আপনাদের জীবনের উদ্দেশ্য ঠিক কি ? এটা এক ছোট্ট বিচার-বিন্দু আর এই ছোট্ট বিচার-বিন্দুর ওপরে একটু ভালো করে ভাবনা-চিন্তা করুন। সেটার জন্য আমি নীচে কিছু লাইন লিখেছি... যেগুলো আমি প্রায়ই নিজের লেকচার প্রোগ্রামে দর্শকদের বলে থাকি। সেই লাইনগুলো হচ্ছে ঃ

কি ভাবছেন ? আপনাদেরও কোথাও একটা যেতে হবে। যেতে হবে... যেতে হবে – এমনটা চিন্তা করে চললে আপনারা জীবনে কখনোই নিজের লক্ষ্যে পৌঁছতে পারবেন না। লক্ষ্যই হচ্ছে আপনাদের জীবন আর আপনাদের জীবনই হচ্ছে লক্ষ্য! জীবনের উদ্দেশ্যের ব্যাপারে চিন্তা করলে আপনারা এটা দেখতে পাবেন যে, জীবনের আনন্দ উপভোগ করাটাই হচ্ছে আপনাদের উদ্দেশ্য। দৈনন্দিন জীবনে ব্যস্ত হয়ে থেকে আপনারা এটা ভুলেই গেছেন যে, জীবনের আনন্দ আসলে কি ?

আপনারা জীবনের আনন্দের খোঁজ করেছেন, কিন্তু আনন্দ পাননি। অতীতকে স্মরণ করুন। অতীত আপনাদের অপূর্ণ স্বপ্নের কথা মনে করিয়ে দেবে। আপনারা যদি নিজেদের অপূর্ণ স্বপ্নগুলোকে সাকার করে তুলতে চান, তাহলে আজই নিজেদের জীবনের লক্ষ্য ঠিক করে নিন। আপনাদের ভবিষ্যৎ জীবনটা হাসি-খুশীর ভেতর দিয়ে কাটানোই এবার থেকে আপনাদের জীবনের লক্ষ্য হয়ে উঠবে!

আপনারা যদি কোটিপতি না হন আর কোটিপতি হওয়ার জন্য সত্যিকারের নিষ্ঠা যদি আপনাদের ভেতরে থাকে, তাহলে এমন ব্যক্তিদের জীবনী পড়ুন... যাঁরা স্বয়ং নিজেদের জোরে, কড়া মেহনত আর নিষ্ঠা দ্বারা কোটিপতি হয়ে উঠেছেন। এমন ব্যক্তিদের উদাহরণ চিন্তা পড়লে, শুনলে আর বুঝলে নিশ্চিত রূপে আপনারা প্রেরণা প্রাপ্ত করবেন আর তখন আপনারা এটা দেখতে পাবেন যে, কোটিপতি হওয়ার সিঁড়ি আপনাদের অনেকটাই কাছে এসে গেছে। বিশ্বপ্রসিদ্ধ উপন্যাস হ্যারী পটারের লেখিকা কফি হাউসে কফি পান করতে যেতেন আর সেখানে বসে-বসে প্রচুর পাতার ওপরে নিজের পুস্তক লিখতেন। শুরু-শুরুতে ওনাকেও যথেষ্ট সমস্যার মুখোমুখি হতে হয়েছিল। কফি হাউসে

বসে পুস্তক লেখার মুখ্য কারণ এটা ছিল যে, ওনার কাছে এতটা অর্থ ছিল না যে, উনি শীতের দিনে নিজের বাড়ীতে গরম হীটার লাগিয়ে সেখানে বসে পুস্তক লিখতে পারেন। কিন্তু কড়া মেহনত আর তপস্যা দ্বারা হ্যারী পটার উপন্যাসের লেখিকা আজ যে জায়গায় পৌঁছে গেছেন, সেটা বাস্তবে এক অনুকরণীয় উদাহরণ! শুরুতে-শুরুতে উনি নিজের উপন্যাসের পাণ্ডুলিপি প্রকাশকদের কাছে পাঠাতেন আর সেই সব পাণ্ডুলিপি তাঁর কাছে ফেরতও চলে আসত। কোন প্রকাশকই ওনার লেখা পুস্তক ছাপার জন্য এগিয়ে আসেননি... কিন্তু লেখিকা হাল ছেড়ে দেননি। শেষে উনি গোটা বিশ্ব জুড়ে প্রসিদ্ধি অর্জন করে নেন আর তার সাথে-সাথে প্রচুর অর্থও উপার্জন করে নেন।

বিশ্ব প্রসিদ্ধ ফার্নিচার প্রস্তুতকারক কোম্পানী *'আইকিয়'* (*Ikea*)-র স্টোর দুনিয়ার প্রায় সমস্ত বড়-বড় শহরগুলোয় অবস্থিত! *'আইকিয়'*-র মালিক প্রথম জীবনে অত্যন্ত সাধারণ ব্যক্তি ছিলেন... কিন্তু কড়া মেহনত আর সত্যিকারের নিষ্ঠা ওনাকে ওনার জীবনকালেই কোটিপতি কেন... মিলিয়নিয়ার্স করে তুলেছে। ওনার বাবা যখন প্রথম বার ছাত্র জীবনে ওনাকে পুরস্কৃত করেছিলেন, তখন সেই পুরস্কারের অর্থ দ্বারাই উনি সেই কোম্পানীর ভিত্তি স্থাপন করেছিলেন... যে কোম্পানী পরে বিশ্ব প্রসিদ্ধ ফার্নিচার প্রস্তুতকারক কোম্পানী *'আইকিয়'*-র রূপে বিখ্যাত হয়ে উঠেছিল।

আমার অটুট বিশ্বাস যে, যদি কোন ব্যক্তি সত্যিকারের নিষ্ঠা আর দৃঢ় প্রতিজ্ঞার সাথে জীবনের পথে আসতে থাকা বিভিন্ন প্রতিকূলতার সাথে লড়াই চালিয়ে যায়, তাহলে নিশ্চিত রূপে ভবিষ্যতে তিনি সফলতা অবশ্যই প্রাপ্ত করেন। সেই সফলতা আজও প্রাপ্ত হতে পারে অথবা কাল... কিন্তু সফলতা অবশ্যই প্রাপ্ত হবে! এই ব্যাপারে আমি পাঠকদের এক সত্য কাহিনী শোনাতে চাই। এই ঘটনা হচ্ছে সেই বাচ্চার, যে সাড়ে ন' বছর বয়সে নিজের মা-কে হারিয়েছিল। বাচ্চাটির বাবা নিজের কাজ নিয়ে মেতে ছিলেন আর এমন কেউ ছিল না, যিনি সেই বাচ্চাটেকে এটা বোঝাবেন যে, জীবনে কি ভাবে বেঁচে থাকতে হয়! তাকে প্রেরণা জোগানোর মতও কেউ ছিল না। সেই বাচ্চাটা ছোটবেলায় নিজের হাতেই খাবার তৈরী করত... পিতা-পুত্র খাবার খেত আর তারপর সেই বাচ্চাটাই এঁটো বাসন-পত্র পরিস্কার করত আর তারপর ঘুমিয়ে পড়ত। কিন্তু অটুট নিষ্ঠা আর অপার উৎসাহ সেই বাচ্চাটার হৃদয়ে ভরা ছিল। আশপাশের পরিবেশও উৎসাহবর্দ্ধক ছিল না আর না-ই কোন প্রেরণাদায়ক ব্যক্তির সাথে কোন প্রকারের সম্পর্ক ছিল... তবুও সেই বাচ্চাটার ভেতরে সত্যিকারের নিষ্ঠা ছিল। পড়াশোনা চালিয়ে সেই বাচ্চাটাই একদিন এম.কম্ আর এল.এল.বি.

পরীক্ষা প্রথম শ্রেণীতে পাশ করে গেল এবং মেরিট লিস্টে তার নামও স্থান করে নিল। পাঠকেরা নিশ্চয়ই এটা ভাবছেন যে, এখানে কোন্ বাচ্চার কথা বলা হচ্ছে ! এখনও তো সেই বাচ্চার নাম জানানো হয়নি। সেই বাচ্চা আর কেউ নন... আমার পিতা শ্রী রামনিবাস জী লখোটিয়া... যিনি কড়া মেহনত আর তপস্যা দ্বারা আজ নিজেকে সেই জায়গায় পৌঁছে দিয়েছেন, যেখানে ওনার সাথে মিলিত হওয়া প্রতিটি ব্যক্তিই ওনার থেকে প্রেরণা প্রাপ্ত করেন। এক সময় আমার পিতা মাসিক দু টাকা ভাড়ার এক বাড়ীতে বাস করতেন আর আজ তিনি নিজের জীবনকালেই সমৃদ্ধি দেখে নিয়েছেন এবং আজ তিনি এমন এক লেখকের মর্যাদা প্রাপ্ত করে নিয়েছেন, যিনি আয়কর আইনের ওপরে সব থেকে বেশী পুস্তক লিখেছেন। আমি যখনই ওনাকে এই প্রশ্ন করি যে, উনি একটা সময় মাসিক দু টাকা ভাড়ার এক বাড়ীতে বাস করতেন... ওনার কাছে পড়াশোনার করার জন্য একটা টেবিলও ছিল না, উনি পার্কে গিয়ে সেখানকার আলোয় পড়াশোনা করতেন অথবা উনি যে ভাড়া বাড়ীতে থাকতেন, সেই বাড়ীর সিঁড়িকে টেবিল হিসেবে ব্যবহার করে পড়াশোনা করতেন – এমন এক ব্যক্তির সফলতার পেছনে কি এমন রহস্য রয়েছে ? আমার প্রশ্নের উত্তরে আমার পিতা বলতেন যে, কেবলমাত্র দৃঢ় সংকল্প আর সত্যিকারের নিষ্ঠা সহকারে পরিশ্রম করে চললে প্রতিটি ব্যক্তিই নিজের ভেতরের অসীম শক্তির লাভ উঠিয়ে জীবনে উচ্চ স্তরে পৌঁছতে সফলতা অর্জন করতে পারে।

কিছুদিন আগে আমি এক সেমিনারে ভাষণ দেওয়ার জন্য আহমেদাবাদ গিয়েছিলাম। সেখানে আমার সাথে এমন এক ব্যক্তির পরিচয় হয়, যাঁর পিতা নিজে এক ছোট্ট চায়ের দোকান চালাতেন আর সেই ছোট্ট চায়ের দোকানে বসে সেই ব্যক্তিও দোকান চালানোর কাজে নিজের পিতাকে সহায়তা করতেন। কিন্তু সেই ব্যক্তির ভেতরে সত্যিকারের নিষ্ঠা ছিল... জীবনে বড় কিছু দেখানোর অভিলাষা ছিল। আজ্ঞে হ্যাঁ... নিজের জীবনকালেই রাস্তার ধারের সেই ছোট্ট চায়ের দোকানের মালিকের পুত্র নিজের কড়া মেহনত দ্বারা আহমেদাবাদে নিজের এক বিরাট বড় হোটেল গড়ে তোলেন আর কোটিপতি ব্যক্তিদের শ্রেণীতে চলে আসেন। এই উজ্জ্বল উদাহরণ আমি পাঠকদের সামনে এজন্য তুলে ধরলাম, যাতে পাঠকেরা সেই ব্যক্তির থেকে প্রেরণা প্রাপ্ত করতে পারেন আর এমনটা চিন্তা করেন – আজ যদি আমাদের মধ্যে কোন কিছুর অভাব থেকেও থাকে, তাহলেও সত্যিকারের নিষ্ঠার সাথে কড়া মেহনত করলে আমরাও নিশ্চিত রূপে একদিন কোটিপতি হয়ে উঠতে পারব ! আমি দৃঢ়তার সাথে এমনটা মনে করি যে, আপনাদের নিজেদের হৃদয়ের ভেতরে একটা লক্ষ্য

নির্দিস্ট করে নিতে হবে যে, আপনাদের কোটিপতি হতেই হবে। আর আপনারা কোটিপতি কোন লটারীর টিকিট কিনলে হতে পারবেন না... আপনাদের নিজেদের জোরে আর প্রভুর আশীর্বাদে কোটিপতি হতে হবে। আজ্ঞে হ্যাঁ, বন্ধুরা ! একটা জিনিষ সর্বদা মাথায় রাখবেন যে, আপনারা যদি জীবনে কোটিপতি হতে চান... তাহলে সবার আগে প্রভুর আশীর্বাদ প্রাপ্ত করার দিকে মনোযোগ দিন আর পরম পিতা পরমাত্মার থেকে সর্বদা আশীর্বাদ প্রার্থনা করতে থাকুন – একমাত্র তাহলেই আপনাদের উদ্দেশ্য নিশ্চিত রূপে পূরণ হতে পারবে।

এবার আপনারা যখন নিজেদের জীবনে লক্ষ্য নির্দিস্ট করেই ফেলেছেন যে, আপনাদের নিজেদের জীবনে এমন এক স্হানে পৌঁছতেই হবে... যেখানে আপনারা কোটি-কোটি টাকা উপার্জন করতে পারবেন – তাহলে দুনিয়ায় এমন কোন শক্তি নেই, যেটা আপনাদের সেই উদ্দেশ্য পূরণের পথে বাধা হয়ে উঠতে পারে ! বন্ধুরা ! মনে রাখবেন যে, আপনাদের হাতের পাতায় বেশ কয়েক হাজার রেখা থাকে আর সেই সব রেখার মধ্যে কয়েকটি রেখায় লুকিয়ে থাকে দুঃখ আর কিছু রেখায় লুকিয়ে থাকে জীবনে খুশী আর বাহারের জাদু ! কে জানে, আপনার হাতের পাতার কোন্ রেখায় কোটিপতি হওয়ার স্বপ্ন লেখা রয়েছে ! পরবর্তী অধ্যায়গুলোয় আমরা এমনই কিছু বিষয়ের ওপরে আলোচনা করব, যেগুলোর সহায়তায় আপনারা কোটিপতি হয়ে উঠতে পারবেন... যেগুলো আপনাদের কোটিপতি হয়ে ওঠার স্বপ্নকে সাকার করে তুলবে ! কিন্তু একটা ব্যাপার সর্বদা মাথায় রাখবেন যে, কাজ আজ করুন... সফলতা কাল প্রাপ্ত করবেন ! আপনাদের মধ্যে যদি এমন চিন্তাধারা থাকে... তাহলে আপনাদের সত্যিকারের নিস্ঠা আর ইতিবাচক চিন্তাধারা, আপনাদের কড়া মেহনত আর সবার ওপরে প্রভুর আশীর্বাদ – এই সব কিছু এক সঙ্গে মিলে আপনাদের নিশ্চিত রূপে কোটিপতি করে তুলবে।

আমিও একটা স্বপ্ন দেখি আর আমার সেই স্বপ্ন হচ্ছে এটা যে, আমার এই পুস্তকের পাঠকেরা নিজেদের জীবনকালেই প্রথমে লাখপতি আর তারপর লাখপতি থেকে কোটিপতি হয়ে উঠবেন ! তখন আমি *'লখোটিয়া কোটিপতি ক্লাব'* গড়ে তুলব আর আমার পুস্তক পড়ে কোটিপতি হয়ে ওঠা পাঠকেরা আমার সেই ক্লাবের সদস্য হবেন আর সময়ে-সময়ে আপনাদের মধ্যে থেকে কয়েকজন, যাঁরা কোটিপতি হয়ে উঠেছেন... কিছুটা সময় বার করে সমাজের সেই সব ব্যক্তিদের, যাঁরা এখনও পর্যন্ত কোটিপতি হয়ে উঠতে পারেননি... তাঁদেরকে কম পক্ষে কিছুটা প্রেরণা প্রদান করবেন। আমি এমনটা আশা করি যে, আপনারাও *'লখোটিয়া কোটিপতি ক্লাব'*-য়ের সদস্য হয়ে উঠতে চাইবেন।

আজ্ঞে হ্যাঁ... আজ থেকেই এমনটা ঠিক করে নিন যে, আপনাদের কোটিপতি হতেই হবে... আপাততঃ সেটা ঢাকঢোল পিটিয়ে বলার কোন প্রয়োজন নেই... এখন কেবলমাত্র কেবল দৃঢ় নিষ্ঠা আর কড়া মেহনতের সাথে কাজ করে চলুন আর তাহলে দুনিয়ার কোন শক্তির সাধ্য হবে না আপনাদের কোটিপতি হওয়া থেকে বিরত করার!

কোটিপতি হয়ে ওঠার জন্য নিজের মনের কথা শুনুন আর মনের কথা শোনার সাথে-সাথে বুদ্ধিরও প্রয়োগ করুন। সত্যিকারের নিষ্ঠা আর ইতিবাচক চিন্তাধারার সাথে কাজ করে চলুন। এটাও মাথায় রাখতে হবে যে, আপনারা যখন কোটিপতি হওয়ার ব্যাপারে চিন্তা করবেন... তখন আপনাদের একমাত্র উদ্দেশ্য হবে টাকা-পয়সা উপার্জন করা! ন্যায্য পথে টাকা-পয়সা উপার্জন করাই আপনাদের উদ্দেশ্য হওয়া উচিত আর সেটার জন্য যে কোন প্রকারের কাজ করার ক্ষেত্রে কোন প্রকারের সংকোচ করা উচিত নয়! তবে হ্যাঁ... কাজ এমন হওয়া উচিত, যেটা আইনী রূপে ঠিক হবে। আপনাদের কোন ভুল পথে টাকা-পয়সা উপার্জন করার ব্যাপারে ভাবনা-চিন্তা করা উচিত হবে না। সুতরাং, আপনাদের কোটিপতি তো হয়ে উঠতে হবে... কিন্তু সেই কোটিপতি যেন ইজ্জতদার কোটিপতি হয় আর তার সাথে-সাথে আপনাদের আইনের গণ্ডীর ভেতরে থেকে কাজ করতে হবে! আমার এই মুহূর্তে ভারতের এক সুপার-ডুপার ফিল্ম স্টারের কথা মনে পড়ে যাচ্ছে... যিনি একটা সময় কোটি-কোটি টাকার ঋণের বোঝার তলায় চাপা পড়ে গিয়েছিলেন... তখন তিনি কাজের সন্ধান করতে-করতে টি.ভি.-র ছোট পর্দায় চলে আসেন আর তার সাথে-সাথে এক বড় কোম্পানীতে ইন্টারভিউ দিয়েও তিনি প্রচুর টাকা-পয়সা উপার্জন করেন। আমার এই বক্তব্যের উদ্দেশ্য হচ্ছে এই যে, আমরা যখন উপার্জন করার কথা বলব... তখন আমাদের এটা চিন্তা করা উচিত নয় যে, ঠিক কেমন কাজ আমাদের পছন্দ আর কোন্ কাজটা আমাদের পছন্দ নয়! সব কাজই ভালো হয় আর আমাদের কেবল একটা কথাই চিন্তা করা উচিত যে, সেই কাজটা আইনগত ভাবে ঠিক হওয়া উচিত, সেটা যেন বে-আইনী কাজ না হয়!

যখন কোটিপতি হওয়ার ব্যাপারে আলোচনা চলে, তখন অনেকে একটাই লাইনের পুনরাবৃত্তি করে শান্ত হয়ে পড়েন আর এমনটা চিন্তা করতে থাকেন যে, কোটিপতি হতে পারলে ভালো কথা আর না হতে পারলেও কোন ক্ষতি নেই। ওনারা কেবল ভাগ্যের ওপরেই আস্থা রাখেন! কিন্তু আমি এমনটা মনে করি যে, আপনারা নিজেদের ভাগ্য বদলাতে পারেন নিশ্চিত রূপে আপনাদের ভাগ্যকে বদলে ফেলা যায়... যদি আপনারা সত্যিকারের নিষ্ঠার সাথে কাজ

করেন, তবেই! এটা বলা অত্যন্ত ভুল হবে যে, আপনাদের ভাগ্যে লেখা নেই... তাই আপনারা কোটিপতি হতে পারলেন না! আমাদের এটাই কর্তব্য হওয়া উচিত যে, আমরা পূর্ণ নিস্ঠার সাথে নিজেদেরকে কোটিপতি করে তোলার কাজে লেগে পড়ব আর প্রভুর আশীর্বাদ প্রাপ্ত করার আশা রাখব এবং ভাগ্যের লেখনকে উপেক্ষা করে দেব!

কিছুদিন আগে এক পারিবারিক অনুস্ঠান উপলক্ষে আমি যখন ব্যাংকক গিয়েছিলাম... সেই সময় দু দিনের ছুটীতে একদিন আমি স্হানীয় সফারী পার্কেও গিয়েছিলাম। সেখানে বিভিন্ন প্রকারের জানোয়ার নিজেদের কার্যকলাপে ব্যস্ত ছিল আর আমি এটা দেখে অবাক হয়ে উঠেছিলাম যে, একটা শিম্পাঞ্জি কখনো টেবিল ওঠাচ্ছিল... তো কখনো একটা সিঁড়ি এনে রাখছিল... আবার কখনো দর্শকদের দিকে রুমাল নাড়িয়ে অভিবাদন জানাচ্ছিল... তো কখনো ড্রাম মাস্টার বা টেলার মাস্টার হয়ে উঠছিল! হাতী কখনো নিজের মাহুতের ইশারায় এক অচেনা ব্যক্তিকে সুড়সুড়ি দিচ্ছিল আর তার ওপর দিয়ে লাফ মেরে দর্শকদের মনোরঞ্জন করছিল! বাঘের বাচ্চা মানুষের হাত থেকে বোতলে করে দুধ পান করছিল আর কেবলমাত্র সবুজ রং-য়েরই নয়... ফিরোজী-গেরুয়া রং-য়ের টিয়া পাখীরাও সাইকেল চালিয়ে দর্শকদের ভরপুর মনোরঞ্জন করছিল! কোথাও ডলফিন হঠাৎ করে জল থেকে বেরিয়ে এসে তালি বাজাচ্ছিল, তো কোথাও বলের ব্যালান্সের খেলা দেখাচ্ছিল!

এই সব কিছু দেখে আমি ভাবতে লাগলাম যে, যখন জানোয়ারেরা এমন সব চমৎকারী খেলা দেখাতে পারে... তখন আমরা মানুষেরা কেন কিছুটা সাহস, বিবেক আর দূরদর্শিতা দ্বারা লাখপতি থেকে কোটিপতি হয়ে ওঠার জন্য পরবর্তী পদক্ষেপ ওঠাতে পারি না?

OOO

02

কোটিপতি হওয়ার নিয়ম - সঞ্চয় করুন

কোন শিল্প গড়ে তোলার সময় বা ব্যবসা করার সময় আমাদের প্রতিটি মুহূর্তেই সঞ্চয় করার ব্যাপারে ভাবনা-চিন্তা করা উচিত। আপনারা যদি সঞ্চয় করার শিক্ষা প্রাপ্ত করে থাকেন... তাহলে এমনটা ধরে নিতে পারেন যে, আপনারা নিশ্চিত রূপে কোটিপতি হওয়ার সিঁড়ি পর্যন্ত পৌঁছে যেতে পারবেন। ব্যবসায়ের প্রতিটি ক্ষেত্রেই সঞ্চয়কে প্রাথমিকতা প্রদান করুন। সঞ্চয়ের অর্থ এটা নয় যে, আপনারা নতুন প্রযুক্তির ওপরে খরচ করবেন না... বরং সঞ্চয়ের বাস্তবিক অর্থ এটাই হয় যে, ফালতু খরচের পেছনে টাকা-পয়সা বর্বাদ হতে দেবেন না আর আপনাদের ব্যবসায় যে টাকা খরচ হচ্ছে, সেটার ওপরে তীক্ষ্ম দৃষ্টি রাখুন। যে প্রকার এক কুশল গৃহিনী বাজারে যান, চার জায়গায় জিনিষের দাম জিজ্ঞাসা করেন... তারপর গিয়ে ফল বা সব্জী কেনাকাটা করেন অথবা মলে শপিং করতে গেলে যেখানে ফ্রী গিফ্‌ট, ডিসকাউন্ট বা সেল লেগেছে... সেই সব জায়গা থেকেই শপিং করেন – ঠিক সেই প্রক্রিয়া যদি আপনারা নিজেদের ব্যবসার ক্ষেত্রে প্রয়োগ করেন, তাহলে আপনারা দ্রুত কোটিপতি হয়ে উঠতে পারবেন। যখনই আপনারা নিজেদের ব্যবসার জন্য কোন কিছু কিনবেন, সর্বদা ভালো ভাবে পরীক্ষা করে আর সেটার দামকে কম্পেরেটিভ স্টেটমেন্টের সাথে মিলিয়ে দেখে তবেই কিনুন। এমনটা করলে আপনাদের টাকা-পয়সার সঞ্চয় হবে। আরেকটা জিনিষ মাথায় রাখবেন যে, কোটিপতি হওয়ার সর্বপ্রথম সোপান – সঞ্চয় করাটা অত্যন্ত জরুরী হয়... কারণ আপনি যা সঞ্চয় করবেন, সেটা আপনার অর্থকে বাড়িয়ে তুলতে সহায়তা করবে! উদাহরণস্বরূপ ধরুন, আপনার ব্যবসা ছোট এবং আপনি নিজে বা আপনার কর্মচারী ব্যবসার কাজে বিদেশ যাচ্ছেন। এমন অবস্থায় সফরের জন্য প্লেনের টিকিট আগে থেকেই বুক করিয়ে নিন। অনেক সময় আগে থেকে টিকিট বুক করালে অনেক বিদেশী

এয়ারলাইন্স দ্বারা ভারী মাত্রায় ডিসকাউন্ট দেওয়া হয়ে থাকে... যার ফলে আপনার টাকা-পয়সার সঞ্চয় হয়ে পড়ে। এই প্রকার আপনি যদি নিজের ব্যবসার সূত্রে বাইরে যাচ্ছেন আর আপনার ব্যবসা যদি তখনও এতটা না জমে ওঠে... তাহলে আপনার এটা চিন্তা করা উচিত যে, আপনি সেই শহরে গিয়ে সস্তার হোটেলের খোঁজ করবেন, না ফাইভ স্টার হোটেলের ? এটা তো নিছক এক উদাহরণ ছিল... কিন্তু বাস্তবিকতা হচ্ছে এটা যে, আপনারা যদি সত্যি-সত্যি সঞ্চয় করার প্রক্রিয়া গ্রহণ করেন... তাহলে আপনাদের টাকা-পয়সা আপনাদের ক্যাশ বাক্সে পড়ে থাকবে আর সেই টাকা-পয়সা আপনাদের কোটিপতি হয়ে উঠতে সহায়তা করবে। ব্যবসাতে নিজের টাকা-পয়সা বাঁচিয়ে রাখাটা অত্যন্ত গুরুত্বপূর্ণ বিষয় হয়। এজন্য দেখেশুনে খরচ করুন... শো-বাজী করবেন না !

আমরা সাধারণতঃ এমনটা দেখতে পাই যে, বিয়ে ইত্যাদি অনুষ্ঠানে প্রচুর আড়ম্বর করা হয়। কিন্তু আড়ম্বর-রহিত বিবাহ আর আড়ম্বর-রহিত ব্যবসার মধ্যেই আপনাদের উন্নতির চাবিকাঠি লুকিয়ে রয়েছে ! উদাহরণ হিসেবে ধরুন যে, এখনও আপনাদের ব্যবসা ততটা বেড়ে ওঠেনি যে, আপনারা বড় গাড়ী কিনতে পারেন... এমন পরিস্থিতিতে ছোট গাড়ী দিয়েই কাজ চালান। তবে কখনো যদি বিদেশ থেকে আপনাদের কোন ক্লায়েন্ট আপনাদের সঙ্গে দেখা করতে আসেন, তখন প্রয়োজন মনে করলে সেদিনটার জন্য কোন বড় গাড়ী ভাড়ায় নিয়ে নিন। কিন্তু উপার্জন কম হওয়া সত্ত্বেও... ব্যবসা ভালো করে না জমা সত্ত্বেও আপনারা যদি বড় গাড়ী কেনার ভাবনা-চিন্তা করেন, তাহলে আপনাদের ব্যবসায় আর্থিক রূপে সমস্যা আসতে পারে আর সেই কারণে আপনাদের কোটিপতি হয়ে ওঠার পথে বাধারও সৃষ্টি হয়ে পড়তে পারে। এজন্য সর্বদা সঞ্চয়ের রাস্তা গ্রহণ করুন। *"কেবল সঞ্চয়... সর্বদা সঞ্চয়"* এই একটা শ্লোগান আপনাদের নিজেদের হৃদয়ের ভেতরে সাজিয়ে রাখা উচিত আর তার সাথে-সাথে নিজেদের ম্যানেজার আর অন্যান্য কর্মচারীদের ওপরেও সঞ্চয় করার জন্য জোর দিন। অত্যাধুনিক প্রযুক্তির ওপরে খরচ করা বা কোন বিশেষ প্রকারের প্রযুক্তিগত জ্ঞান অর্জন করার জন্য খরচ করা – এসব হচ্ছে প্রয়োজনীয় খরচ ! আমরা যখন ফালতু খরচের কথা বলি... তখন সেটার অর্থ হচ্ছে সেই সব খরচ, যেগুলো আটকানো যেতে পারে। যেসব খরচ কেবলমাত্র লোকেদের দেখানোর জন্য করা হচ্ছে বা শো-বাজীর জন্য করা হচ্ছে – সেই সব খরচ বন্ধ করুন আর আজই বন্ধ করুন, যাতে আপনাদের ভবিষ্যৎ উজ্জ্বল হয়ে উঠতে পারে !

সঞ্চয় করার আরও একটা সত্যিকারের উদাহরণ আমি এখানে আমার পাঠকদের দিতে চাই... যাতে তাঁরা প্রেরণা প্রাপ্ত করতে পারেন। আজ থেকে প্রায় 46 বছর আগের কথা... যখন আমার বাবা আয়কর অফিসারের পদ থেকে পদত্যাগ-পত্র সরকারের সামনে পেশ লরেন আর বিড়লা গ্রুপে চাকরী নেন।

সেই সময় বাবা মাসিক দু হাজার টাকা বেতন পেতেন। আজ্ঞে হ্যাঁ... 1964 সালে মাসিক দু হাজার টাকা উপার্জন যথেস্ট গুরুত্ব রাখত। বাবা এই দু হাজার টাকা বিড়লা গ্রুপের দুটি কোম্পানী থেকে এক-এক হাজার টাকা করে প্রতি মাসে পেতেন। প্রথম দিন থেকেই আমার বাবা সেই দুটো কোম্পানীর থেকে প্রাপ্ত বেতনের অর্দ্ধেক অর্থাৎ একটা কোম্পানীর বেতন আলাদা করে ব্যাঙ্কে জমা রাখতেন আর বাকী টাকা দিয়ে সংসার চালাতেন। যত সমস্যাই হোক্ না কেন... আমার বাবা সেই সময় থেকে অর্থাৎ আজ থেকে 46 বছর আগেই এটা ভেবে নিয়েছিলেন যে, ওনাকে সঞ্চয় করতে হবে... তবে উনি জীবনে কিছু উন্নতি করতে পারবেন। আজকের পরিবেশে দেখলে বেশীর ভাগ যুবক-যুবতী যদি মাসে 30,000 টাকা বেতন প্রাপ্ত করেন... তাহলে তাঁরা সেই টাকার কম পক্ষে 80 - 90 শতাংশ টাকা সেই মাসেই খরচ করে ফেলেন। তাঁরা ভবিষ্যতের জন্য সঞ্চয় করার প্রতি আগ্রহ কমই দেখান... কিন্তু ভবিষ্যতে যাতে কোন প্রকারের সমস্যা দেখা না দেয়, সেজন্য ব্যবসা এবং শিল্প জগতের প্রতিটি ব্যক্তিরই নিশ্চিত রূপে সঞ্চয় করে চলা উচিত... যাতে জীবনের আগামী বছরগুলো তাঁদের কাছে সোনালী বছর হয়ে আসে। আমার এই বক্তব্যের সরাসরি অর্থ হচ্ছে এই যে, আমরা যখনই কিছু উপার্জন করব আর আমরা যখনই কোটিপতি হয়ে উঠতে চাইব... তখনই উজ্জ্বল ভবিষ্যতের জন্য আজ নিশ্চিত রূপে কিছুটা টাকা-পয়সা সঞ্চয় করা উচিত!

আপনারা যদি কোটিপতি হয়েও পড়েন, তবুও সঞ্চয়ের প্রক্রিয়া কখনো বন্ধ করে দেবেন না। আমি এমনটা সর্বদাই বলে থাকি যে, আমাদের এতটা সঞ্চয় অবশ্যই করা উচিত... যাতে ভবিষ্যতে যদি কোন সমস্যা এসে পড়ে, তখন যেন আমাদের কারো মুখাপেক্ষী হয়ে থাকতে না হয়। সুতরাং যতটা উপার্জন করবেন, সেই উপার্জনের একটা ভালোমতন অংশ আগামী ভবিষ্যতের জন্য সঞ্চয় করে রাখুন। আপনারা এমনটা যদি না করেন... তাহলে এমনও হতে পারে যে, কোটিপতি হয়ে পড়ার কয়েক বছরের মধ্যেই আপনারা কোটিপতি ব্যক্তিদের সূচী থেকে নীচের দিকে নেমে আসতে পারেন... কারণ আপনারা ভবিষ্যতের জন্য সঞ্চয় করেননি। সঞ্চয়ের প্রক্রিয়াকে অত্যন্ত গুরুত্বপূর্ণ হিসেবে মেনে নিয়ে আপনারা কোন কাজ করলে নিশ্চিত রূপে আপনাদের আর কোন চিন্তা থাকবে না।

OOO

03

মারওয়াড়ী পড়তা সিস্টেম

আজ থেকে 30 - 40 বছর আগে কোলকাতায় বেশ কিছু মারওয়াড়ী ঘরানা কোটিপতি হয়ে উঠেছিল। তাঁরা কিন্তু নিজেদের গ্রাম থেকে কেবলমাত্র লোটা আর দড়ি নিয়ে কোলকাতা এসেছিলেন। ওনারা না তো শিক্ষিত ছিলেন, না ছিল ওনাদের কোন যোগ্যতা... ছিল কেবলমাত্র কড়া মেহনত করার সত্যিকারের ইচ্ছা আর তাঁদের ভেতরে বাস্তবে কোটিপতি হয়ে ওঠার এক ইচ্ছা ছিল! একটু ভেবে দেখুন – এমন এক ব্যক্তি, যার না আছে কোন যোগ্যতা আর না আছে কাজ করার কোন অভিজ্ঞতা... সে কি চাকরী পাবে আর সে কি ব্যবসা করবে? কিন্তু স্বাধীনতার পরেই অসংখ্য মারওয়াড়ী পরিবার রাজস্থানের জন্মভূমি ছেড়ে কোলকাতায় চলে আসেন আর এখানে এসে তাঁরা নিজেদের অসহায়তা, নিজেদের দুর্বলতার সাথে লড়াই করে কড়া মেহনত করেছেন আর কোটিপতি হয়ে উঠেছেন! আমরা যদি এমনই ব্যবসায়ীদের ওপরে দৃষ্টিপাত করি আর এটা দেখার চেস্টা করি যে, ওনারা এমন কোন্ কারণের জন্য কোটিপতি হয়ে উঠেছেন... তাহলে আমরা এটা দেখতে পাব যে, এই সব ব্যবসায়ীরা এক অদ্ভূত, অদ্বিতীয় এবং কার্যকর কার্যপদ্ধতি গ্রহণ করেছিলেন। সেই পদ্ধতির নাম হচ্ছে – *"পড়তা সিস্টেম"*! যে কোন ব্যবসা বা শিল্প শুরু করার আগে মারওয়াড়ী ব্যবসায়ীরা একটা সাদা কাগজে সেটার *'পড়তা'* লাগিয়ে নিতেন আর সেটা ভালো করে পড়তেন। পড়ে যদি সেই স্কীম তাঁদের কাছে ঠিক বলে মনে হত, তখনই তাঁরা সেই স্কীমের ওপরে ব্যবসা শুরু করতেন। সেই যুগে কম্প্যুটার ছিল না... ক্যালকুলেটর ছিল না – সেই যুগেও এই সব মারওয়াড়ী ব্যবসায়ীরা, বিশেষ করে কোলকাতা আর মুম্বাই শহরের মারওয়াড়ী ব্যবসায়ীরা নতুন পদ্ধতিতে নিজেদের কাজ শুরু করেছিলেন।

তাঁদের শিল্পপতি হয়ে ওঠার ইচ্ছা ছিল... কিন্তু সেই ব্যাপারে তাঁদের কোন প্রকারের জ্ঞানই ছিল না। কেবলমাত্র এই সরল-সাধাসিধে *'পড়তা সিস্টেম'* দ্বারা তাঁরা উন্নতি করেছেন আর কোটিপতি হয়ে উঠেছেন।

'পড়তা সিস্টেম'-য়ের সরাসরি অর্থ হচ্ছে এই যে, নিজের ব্যবসা শুরু করার আগে আনুমানিক লাভ-ক্ষতির বিবরণ প্রস্তত করে নেওয়া... যাতে পরে কোন প্রকারের কোন লোকসান না হয়! যে কোন ব্যবসা বা বড় আকারের ব্যবসায়িক গতিবিধি শুরু করার আগেই আনুমানিক উপার্জনের হিসেব লাগানোকেই *'পড়তা সিস্টেম'* বলা হয়।

বর্তমান ব্যবসা আর শিল্পের পরিবেশেও *'পড়তা সিস্টেম'* সম্পূর্ণ রূপে সঠিক হয়। আপনারা যদি কোন নতুন শিল্প, কল-কারখানা বা ব্যবসা শুরু করতে চান... তাহলে আপনাদের সবার আগে এক পৃষ্ঠার *'পড়তা'* তৈরী করে নেওয়া উচিত আর সেই *'পড়তা'*-র ভালোমতন পরীক্ষা করা উচিত। এটা দেখুন যে, আপনারা টাকার যে সংখ্যা লিখেছেন, সেটা সম্পূর্ণ রূপে ঠিক কি না আর বিক্রীর, খরচের আর লাভের যে অনুমান আপনারা লাগিয়েছেন – সেটা বর্তমান পরিস্থিতির অনুরূপ কি না? আপনারা যখন এই প্রকারের বিচারধারাকে বিস্তার প্রদান করার ব্যাপারে ভাবনা-চিন্তা করবেন, তখন আপনাদের সেই *'পড়তা সিস্টেম'* পূর্ণ রূপে সফল হয়ে উঠবে।

আপনাদের সকলেরই কোটিপতি হওয়ার ইচ্ছা রয়েছে, সেসব তো ঠিকই আছে... কিন্তু আপনারা যদি কোটিপতি হওয়ার জায়গায় কাঙ্গালপতি হয়ে ওঠেন... তাহলে তার পেছনে একটাই মুখ্য কারণ রয়েছে যে, আপনারা ব্যবসা বা শিল্প শুরু করার আগে ঘরে বসে *'পড়তা'* লাগাননি। সুতরাং ব্যবসা বা শিল্পে নিপুণতা হাসিল করার জন্য আর কোটি-কোটি টাকা উপার্জন করার জন্য আপনাদের নিজেদের ব্যবসায়ের, নিজেদের কাজের গতিবিধির *'পড়তা'* তৈরী করুন আর সেই *'পড়তা'* অনুসারে কোন কাজ শুরু করাটা ঠিক বলে মনে হবে, তখনই সেই কাজ শুরু করুন!

শিল্প বা ব্যবসা ছোট হোক্ বা বড় – সব ক্ষেত্রেই *'পড়তা'* অত্যন্ত জরুরী হয়। ধরুন, আপনারা এক নতুন কাজ হাতে নিয়েছেন... যে কাজে প্রচুর সংখ্যক মজদুরের প্রয়োজন আর কাজটাও অনেক দিন ধরে চলবে। শেষে যদি আপনারা এমনটা দেখতে পান যে, বেশ কয়েক মাস ধরে প্রচুর সংখ্যক মজদুরকে বেতন দেওয়ার পরে আপনাদের লোকসান হয়ে পড়েছে... তাহলে তার মুখ্য কারণ হচ্ছে এই যে, আপনারা সেই কাজটা শুরু করার আগে *'পড়তা'* তৈরী

করেননি। সুতরাং এক সক্ষম ব্যবসায়ী হয়ে ওঠার জন্য যে কোন কাজ বা ব্যবসা শুরু করার আগে অথবা অন্য যে কোন প্রকারের গতিবিধি শুরু করার আগে নিশ্চিত রূপে *'পড়তা'* তৈরী করাটা অত্যন্ত জরুরী হয় আর আপনারা যখন এমনটা দেখবেন যে, আপনাদের দ্বারা তৈরী করা *'পড়তা'* পূর্ণ রূপে সঠিক প্রমাণিত হচ্ছে... একমাত্র তখনই সেই কাজে হাত দিন।

অনেক সময় চক্‌মক্‌ করতে থাকা ব্যবসায়িক স্কীম আসে আর আপনারা যদি বিনা ভাবনা-চিন্তা করে সেই স্কীম ক্রিয়ান্বিত করতে শুরু করে দেন, তাহলে আপনাদের লোকসানও হতে পারে। এজন্য যখনই কোন নতুন ব্যবসা বা শিল্প শুরু করতে যাবেন, তখন অবশ্যই নিজের *'পড়তা'* তৈরী করুন।

সফল শিল্পপতি বা সফল ব্যবসায়ী হয়ে ওঠার জন্য একটা অত্যন্ত আবশ্যক জিনিষ হচ্ছে এই যে, আমরা যে ব্যবসাই করি না কেন অথবা যে শিল্পই লাগাই না কেন... তাতে যেন প্রথমেই লোকসান না হয়। কারণ আমরা লাভ অর্জন করতে চাইছি আর উল্টে যদি আমাদের লোকসান হয়ে পড়ে... তাহলে সেটা আমাদের কার্যশৈলীকে নষ্ট করে দেয়। সেটা আমাদের মানসিক সন্তুলনকেও বিগড়ে দেয়। এজন্য যখনই কোন গুরুত্বপূর্ণ বিষয়ে বা ব্যবসায়িক ব্যাপারে ভাবনা-চিন্তা করতে হবে, তখনই আমাদের *'পড়তা'*-র ব্যাপারে অবশ্যই ভাবনা-চিন্তা করা উচিত আর যখন সেই *'পড়তা'* সঠিক প্রমাণিত হবে... একমাত্র তখনই সেই কাজ শুরু করা উচিত। আমি এই ব্যাপারে পূর্ণ আশাবাদী যে, আজ থেকে 50 - 60 বছর আগে থেকে যদি এই *'পড়তা সিস্টেম'* চলে এসে থাকে অথবা তারও আগে থেকে – তাহলে সেই জিনিষটা বর্তমানের এই প্রযুক্তির যুগেও পূর্ণ রূপে কার্যকরী প্রমাণিত হবে আর সেটা আমার সাথীদের কোটিপতি হয়ে উঠতে সহায়তাও করবে!

OOO

04

ভারত ছেড়ে চলুন

আমাদের পাঠকেরা নিশ্চয়ই এমনটা চিন্তা করছেন যে, আমরা এখানে কোটিপতি হয়ে ওঠার ব্যাপারে কথা বলছি... তার জন্য কি আমাদের নিজেদের দেশ ভারত ছেড়ে চলে যেতে হবে ? না-না... এমনটা কিছুই নয় ! আমরা এখানে শুধু এটাই বলতে চাইছি যে, উজ্জ্বল ভবিষ্যত গড়ে তোলার সেই সময় এসে উপস্থিত হয়েছে... যখন আপনারা ভারত ছেড়ে বিদেশের মাটিতে পা রাখবেন আর মোটা অর্থ উপার্জন করবেন... বিশেষ করে আজ আমেরিকা আর বিশ্বের আরও অনেক দেশ আর্থিক অসন্তুলনের কারণে সমস্যার মুখোমুখি হচ্ছে। এটাই হচ্ছে সেই সুযোগ, যখন আপনারা সেই সব দেশে গিয়ে কিছু উপার্জন করতে পারবেন। এখন সমস্যা এটা হয়ে দাঁড়ায় যে, আপনারা উপার্জন কি ভাবে করবেন ? সেই সব দেশের আইন তো আপনাদের জানা নেই। আপনারা আমেরিকা গিয়ে কোন্ জিনিষের ব্যবসা করবেন, সেটাও আপনারা জানেন না। আমার মতে, আপনারা যদি একটু লক্ষ্য রাখেন আর যেসব দেশে জমি-জায়গার দাম কমছে, সেই সব দেশে গিয়ে আপনারা যদি এখন কিছু সম্পত্তি কিনে রাখেন... তাহলে আগামী সময়ে নিশ্চিত'রূপে আপনাদের লাভ হবে আর আপনারা কোটিপতি হয়ে উঠতেও যথেস্ট সহায়তা প্রাপ্ত করবেন। এমন পরিস্থিতি আজ আমেরিকা আর অন্যান্য পাশ্চাত্য দেশগুলোয় দেখতে পাওয়া যাচ্ছে। আপনারা যখন বিদেশের মাটিতে পা রাখবেন... তখন সবার আগে ব্যাঙ্কে যান আর ব্যাঙ্ক থেকে এই ব্যাপারে তথ্য প্রাপ্ত করুন যে, তাদের কাছে এমন কোন্ প্রপার্টি রয়েছে... যার মালিক সময় মত ইন্স্টলমেন্ট বা সুদ চোকাতে পারছেন না। আপনারা তেমন প্রপার্টিই কিনুন আর সেটাও সেই ব্যাঙ্কের সহায়তায় কিনুন, যে ব্যাঙ্কে নিবেশক ডিফল্টার হচ্ছেন।

আপনারা যদি সর্বোত্তম উপার্জন করতে চান আর বাস্তবে কোটি-কোটি টাকার সম্পত্তির মালিক হয়ে উঠতে চান, তাহলে 10 - 20 বন্ধু মিলে একটা গ্রুপ তৈরী করুন আর সবাই মিলে বিদেশে সস্তায় জমি কেনার জন্য বেরিয়ে পড়ুন। আপনারা সকলে এক সাথে গিয়ে জমি-জায়গা কিনলে ভবিষ্যতে আপনাদের নিশ্চিত রূপে লাভই হবে। তবে হ্যাঁ... অনেক বার এমনটাও হয় যে, শুরু-শুরুতে কিছু সময় পর্যন্ত হয়তো নিবেশের ওপরে আপনাদের কোন লাভ হবে না... কিন্তু তাতে ভয় পেলে চলবে না। যেমন-যেমন সময় কাটতে থাকবে, তেমন-তেমন আপনাদের উপার্জন নিশ্চিত রূপে বেড়ে চলবে। একজন নয়... যখন বেশ কিছু ব্যক্তি এক সাথে কোটিপতি হয়ে উঠতে চান, তখন তাঁদের সকলের এক সাথে মিলে ভাবনা-চিন্তা করা উচিত। উদাহরণস্বরূপ, বিদেশে কোন সমুদ্রের ধারে কোন জমি সস্তায় পাওয়া যাচেছ। তাহলে সেই জমি কিনে সেই জায়গাটাকে আপনারা এক রিসর্টের রূপে বিকশিত করে তুলতে পারেন। এমনটা করলে নিশ্চিত রূপে আপনাদের প্রচুর টাকা উপার্জন হবে আর সেই উপার্জন আপনাদের অন্য ব্যবসা শুরু করার কাজেও সহায়তা প্রদান করবে!

এটা সত্য যে, আজ আমেরিকা বা অন্যান্য পাশ্চাত্য দেশগুলোয় 20 থেকে 30 শতাংশ জমির দাম কমে এসেছে। এমন পরিস্থিতিতে সেই সব সম্পত্তি কিনলে সেটা লাভ প্রদান করবে। আর আইনের ক্ষেত্রেও বিদেশের জমি কেনার ব্যাপারে তেমন কোন বাধা নেই। ফেমা আইনের অন্তর্গত প্রতিটি ব্যক্তি দু লক্ষ ডলার মূল্যের সম্পত্তি প্রতি বছর বিদেশে নিবেশের রূপে খরচ করতে পারেন। আপনারা যদি একটা গ্রুপ বানিয়ে নেন আর সেই গ্রুপ মিলে যদি বিদেশে কোন সম্পত্তি ক্রয় করেন, তাহলে নিশ্চিত রূপে আপনাদের কোটিপতি হয়ে ওঠার সম্ভাবনা অনেকটাই বেড়ে উঠবে। ভারতের বাইরে যে দেশেই আপনারা জমি কিনতে চাইবেন, সবার আগে সেই জমির ব্যাপারে ভালো করে পরীক্ষা করে নিন। বিশেষ করে আইন-কানুন ভালো করে দেখে নিন আর তারপরই সেই জমি কেনার ব্যাপারে চিন্তা-ভাবনা করুন। আপনি যদি একা বিদেশে জমি কিনতে যান, তাহলে পরে হয়তো সমস্যার সৃষ্টি হতে পারে... কারণ তখন আপনি নিজের জমির সাথে একাই থেকে যাবেন। কিন্তু সংযুক্ত রূপে এক গ্রুপ বানিয়ে জমি কিনলে নিশ্চিত রূপে আপনাকে সমস্যার মুখোমুখি হতে হবে না... কারণ যদি কখনো কোন সমস্যা দেখাও দেয়, তখন আপনাদের গ্রুপের সকল সদস্য এক সাথে একজোট হয়ে সেই সমস্যার মোকাবিলা করবেন। এর জন্য আপনারা ইন্টারনেটের মাধ্যমেও অনেক তথ্য প্রাপ্ত করতে পারেন যে, কোথায় কোন্ জমি কতটা মূল্যে পাওয়া যাচেছ?

বিদেশে বর্তমান সময়ে অনেক রাস্ট্রে কৃষিজমি অত্যন্ত সস্তায় পাওয়া যাচ্ছে। কোটিপতি হয়ে ওঠার জন্য এই প্রকারের জমি বেছে নেওয়া যেতে পারে আর এমন জমির ওপরে এক সাথে মিলে নিবেশ করা যেতে পারে। কিন্তু সমস্যা এটা হয় যে, কৃষিজমি কিনলে আমরা সেই জমিতে করব কি ? একটা ব্যাপার সত্য যে, সম্পূর্ণ বিশ্বে আজ মানব জাতির সংখ্যা প্রতি বছর লাগাতার বেড়ে চলেছে। কিন্তু গোটা বিশ্বে জমি আজ যতটা রয়েছে, ভবিষ্যতেও ঠিক ততটাই থাকবে – এটা তো নিশ্চিত ! এজন্য এই জিনিষটার থেকে প্রেরণা প্রাপ্ত করে আমরা এই নিস্কর্ষে পৌঁছতে পারি যে, আজ যদি আমরা বিদেশে কোন বড় কৃষিজমি কিনে রেখেও দিই, তাহলেও ভবিষ্যতে আমাদের লাভই হবে... লোকসান হবে না ! এর সাথে-সাথে পাঠকেরা এটা জেনেও সুখকর আশ্চর্যে ভরে উঠবেন যে, বিদেশের বেশ কিছু রাস্ট্রে কৃষিজমির দাম ভারতের কৃষিজমির দামের থেকে বেশ কয়েক গুণ কম ! এমন পরিস্থিতিতে আপনরা যদি বিশ্বাসের সাথে বিদেশে কোন বড় জমি কেনেন, তাহলে ভবিষ্যতে হয়তো আপনারা সেই জমির ওপরে কোন টাউনশিপও বানাতে পারেন বা অন্য কোন কার্জ করতে পারেন... যাতে আপনাদের উপার্জন বেড়ে উঠবে আর আপনাদের কোটিপতি হয়ে উঠতেও সময় লাগবে না। আমি তো এই স্বপ্ন দেখি যে, বিদেশে যে জায়গায় বিমান বন্দর রয়েছে, সেই জায়গার আশপাশে যদি কোন সমুদ্র তট থাকে... তাহলে সেই সমুদ্র তটের পাশে কোন জমি কিনলে ভবিষ্যতে সেখানে ভালো একটা রিসর্টের নির্মাণ করা যেতে পারে। এজন্য এবার সেই সময় এসে গেছে, যখন আপনারা বিদেশে কোন বড় জমি কেনার ব্যাপারে ভাবনা-চিন্তা করা শুরু করে দিতে পারেন। আমাদের পাঠকেরা এটা জেনে আশ্চর্য হয়ে উঠবেন যে, ভারতের বেশ কিছু শিল্প সমূহ আজ বিদেশে কোন বড় কৃষিজমি কেনার ব্যাপারে ভাবনা-চিন্তা করা শুরু করে দিয়েছে। আর তার সাথে-সাথে গোটা বিশ্বে এমন বেশ কিছু শিল্প ঘরানা রয়েছে, যারা বড় আকারে সস্তা কৃষিজমির খোঁজ করছে সেগুলো কেনার জন্য। এখন এমন পরিস্থিতির সৃষ্টি হয়ে পড়েছে যে, আমরা আজই সস্তা জমি কিনে নিই আর ভবিষ্যতে সেটার লাভ উপভোগ করি ! আমাদের কাজে কিছু-না-কিছু নতুনত্ব জরুরী হয়, একমাত্র তাহলেই ভবিষ্যতে আমাদের উপার্জন অত্যন্ত দ্রুত গতিতে বাড়তে পারবে। এই ব্যাপারটা নিশ্চিত রূপে সত্য আর এটা এই ব্যাপারটা থেকে প্রমাণিত হয় যে, কিছুদিন আগে দিল্লীতে এক 10 মাসের শিশুর পিতার কাছে এক স্কুল থেকে ফোন এসেছিল যে, তিনি যেন নিজের সন্তানকে সেই স্কুলে এ্যাডমিশন দেওয়ানোর জন্য দ্রুত এ্যাডমিশন ফর্ম ভরে দেন। তখন সেই বাচ্চার পিতা জানান যে, তাঁর

বাচ্চার বয়স মাত্র 10 মাস। তখন স্কুলের তরফ থেকে জানানো হয় যে, বাচ্চার পিতা যদি আজই বাচ্চার নাম রেজিস্ট্রেশন করিয়ে নেন, তাহলে ভবিষ্যতে কোন অসুবিধা হবে না... অন্যথা এক-দু বছর পরে যখন বাচ্চা স্কুলে যাওয়ার জন্য তৈরী হবে, তখন তার পক্ষে স্কুলে সীট পাওয়া মুশ্কিল হয়ে পড়বে। আজই বাচ্চার নাম রেজিস্ট্রেশন করালে বাচ্চার পিতা কিছুটা ছাড়ও প্রাপ্ত করবেন। এটা বাস্তবে এক নতুন ধরণের প্রচেস্টা... নিজের ব্যবসাকে এগিয়ে নিয়ে যাওয়ার জন্য এক নতুন ধরণের চিন্তাধারা!

বিদেশের মাটিতে সোনা ফলে

ভারতে জমির দাম দিন-দিন আকাশ ছুঁচেছ! আগে এমনটা ছিল না... কিন্তু গত পাঁচ বছরে ভারতের প্রায় সকল জায়গায় কৃষিজমির দাম অত্যন্ত দ্রুত হারে বেড়ে চলেছে। এমন অবস্থায় আপনারা যদি ভারতে বড় কোন কৃষিজমি কিনতেও চান, তাহলে মন থেকে ইচ্ছা থাকা সত্ত্বেও চড়া দামের কারণে আপনারা সেটা কিনতে পারবেন না। এমন অবস্থায় আপনারা কি করবেন? আপনারা কি কৃষিজমি কেনার কাজ বন্ধ করে দেবেন? না... কক্ষনো নয়! যখন সমস্যা দেখা দেবে, তখন শান্ত হয়ে বসে সেই সমস্যার ব্যাপারে মনন করুন আর সেটার ভেতরেই হয়তো এমন কিছু জিনিষ লুকিয়ে থাকতে পারে, যেটা আপনাদের লাখপতি থেকে কোটিপতি করে তুলবে! আমি নিশ্চিত রূপে এমনটা মনে করি যে, এখন বিদেশে গিয়ে সেখানকার কৃষিজমি কেনার সময় এসে গেছে। হ্যাঁ... ভারতের সীমানা পার করে বিদেশে গিয়ে কৃষিযোগ্য জমি কেনা উচিত। আপনাদের মাথায় যদি এই ব্যাপারটা ঢুকে গিয়ে থাকে, তাহলে সবার আগে বিভিন্ন দেশের রাষ্ট্রদূতেদের থেকে সম্পূর্ণ তথ্য প্রাপ্ত করুন আর তারপর বিদেশে কৃষিযোগ্য জমি কেনার জন্য যান। আপনাদের মনে যদি বিদেশে জমি কেনার ইচ্ছা থাকে, তাহলে সবার আগে সেখানকার নিয়ম-কানুন ভালো করে জেনে নিন। এটাও জেনে নিন যে, সেই সব দেশে সীলিং-য়ের নিয়ম আছে কি না? বিদেশে বেশীর ভাগ জায়গায় ভারতের মত সীলিং-য়ের আইন নেই। আপনারা সেই সব জায়গায় সহজেই কৃষিজমি কিনতে পারেন। অনেক জায়গায় তো অত্যন্ত কম দামে কৃষিজমি পাওয়া যায়। আরও একটা জিনিষ মাথায় রাখুন – সেটা হচ্ছে স্ট্যাম্প ডিউটীর পেমেন্ট! আপনারা নিশ্চয়ই এটা ভালো করে জানেন যে, আপনারা ভারতে যখন কোন কৃষিজমি কেনেন, সেটার রেজিস্ট্রী করান... তখন পাঁচ থেকে দশ শতাংশ পর্যন্ত স্ট্যাম্প ডিউটী দিতে হয় অর্থাৎ

সেই কৃষিজমির মোট মূল্যের পাঁচ থেকে দশ শতাংশ খরচ প্রথম দিনই লেগে যায় সেই জমি রেজিস্ট্রী করানোর জন্য। এই প্রকার ভারতের বিভিন্ন রাজ্যে কৃষিজমি কেনার ওপরে সীলিং আইনও প্রযোজ্য হয় অর্থাৎ আপনি এক নামে এতটার বেশী কৃষিজমি কিনতে পারবেন না। সুতরাং আপনারা যখন বিদেশে গিয়ে সেখানকার কৃষিজমি কেনার ব্যাপারে ভাবনা-চিন্তা করবেন আর সেখানে কাজ করার ব্যাপারে ভাববেন... তখন উপরোক্ত ব্যাপারগুলো বিশেষ ভাবে মাথায় রাখবেন। এই তো কিছুদিন আগেই আমার এক বন্ধু আমেরিকা থেকে এসেছিলেন। আমি তাঁর সাথে কৃষি সম্পত্তির ওপরে আলোচনা করেছিলাম। উনি আমার সাথে এই ব্যাপারে একমত হয়ে উঠেছিলেন যে, আজ যদি আমেরিকায় কোন কৃষিজমি কেনা হয়, তাহলে সেই জমিতে অদূর ভবিষ্যতে সোনা ফলবে। আমি তাঁর থেকে এটাও জানতে পারি যে, আমেরিকায় অনেক জায়গায় সম্পত্তি কিনলে – তা সেটা কৃষিজমি হোক্ বা অন্য সম্পত্তি – স্ট্যাম্প ডিউটী একেবারেই দিতে হয় না। এটাও এক লাভদায়ক ব্যাপার! এর সাথে-সাথে এটাও জানতে পারা গেল যে, আমেরিকায় কৃষিজমির ওপরে হাউস ট্যাক্সও দিতে হয় না। এখানে অবশ্য আপনাদের এটা জানিয়ে রাখতে চাই যে, আমেরিকায় বাসযোগ্য সম্পত্তির ওপরে হাউস ট্যাক্স অত্যন্ত বেশী মাত্রায় দিতে হয়। প্রতি বছর হাউস ট্যাক্স অর্থাৎ সম্পত্তি কর দিতে হয়... কিন্তু কৃষিজমির ওপরে সম্পত্তি কর দিতে হয় না। আপনারা যদি নিজেদের লাখপতি থেকে কোটিপতি হওয়ার স্বপ্ন বিদেশে গিয়ে সাকার করে তুলতে চান, তাহলে বিদেশে কৃষিযোগ্য জমি কেনার প্রক্রিয়া গ্রহণ করুন। আগামী ভবিষ্যতে সেই কৃষিজমির ওপরে আপনারা প্রযুক্তিগত পদ্ধতিতে কৃষিকাজ করতে পারবেন... বিদেশে কৃষি থেকে উপার্জিত আয় করমুক্ত হয়! এবার আপনারা সেই আয়কে ভারতে নিয়ে এলেও সেটা করমুক্তই থাকবে... কারণ ভারতীয় আয়কর আইনের অন্তর্গত এই কৃষি-আয়ের ওপরে এমন কোন কথা বলা হয়নি যে, সেই কৃষি-আয় ভারতেই উপার্জন করতে হবে। সুতরাং আপনারা যদি বিদেশেও কৃষিকাজ করেন আর সেই কৃষিকাজ থেকে উৎপন্ন আয়কে আপনারা যদি ভারতেও নিয়ে আসেন, তাহলেও আপনাদের আয়কর বিভাগের তরফ থেকে কোন প্রকারের সমস্যার মুখোমুখি হতে হবে না।

এবার আসুন... এই ব্যাপারে আলোচনা করা যাক যে, আপনারা বিদেশে যে জমি কিনেছেন... সেটার থেকে ভালোমতন উপার্জন আপনারা কি করে করবেন? কেমন ধরণের কৃষিকাজ আপনাদের কোটিপতি হওয়ার দিকে নিয়ে যেতে পারে? এই প্রশ্নের সোজাসুজি উত্তর হচ্ছে এই যে, সফল ব্যবসা করার

জন্য আপনারা সবার আগে আমেরিকা বা অন্যান্য দেশে কোন বড় শহরের থেকে 25 - 50 কিমি দূরত্বে কোন কৃষিজমি কিনে নিন। সব থেকে ভালো হয়, যদি আপনাদের সেই জমি মুখ্য রাস্তার ধারে হয়। কিছুটা সময় কৃষিকাজ করার পরে আপনারা এবার সেই কৃষিজমিকে আবাসিক ভূমির রূপে পরিবর্তিত করার প্রক্রিয়া শুরু করে দিন। আমেরিকায় এমনটা করা খুব একটা সমস্যার ব্যাপার মোটেই নয়। সুতরাং আপনারা নিজেদের কৃষিজমিকে আবাসিক ভূমিতে পরিবর্তিত করার জন্য প্লটিং করে দিলে অর্থাৎ প্লট কেটে দিলে আর আশপাশে একটা ছোট্ট ক্লাব বানিয়ে দিলে শহরের লোকেরা প্রকৃতির আনন্দ উপভোগ করার জন্য সেখানে আসতে চাইবেন আর এমনটা হলে আপনার কৃষিজমির মূল্য 5 - 10 গুণ বা তারও বেশী হয়ে পড়তে পারে। তবে হ্যাঁ... একটা জিনিষ মাথায় রাখতে হবে যে, আপনারা যখন সেই কৃষিজমিকে আবাসিক ভূমি হিসেবে ঘোষণা করবেন, তখন আমেরিকার নিয়ম অনুসারে সেই ভূমির ওপরে আপনাদের হাউস ট্যাক্স দিতে হবে। হাউস ট্যাক্স দিতে হলেও সেটা এমন কোন সমস্যার কারণ হবে না... কারণ আপনার জমির দাম প্রচুর বেড়ে উঠবে। আপনারা এক কৃষিজমিকে আবাসিক কলোনীর রূপ প্রদান করে দেবেন আর লোকেরা প্লটও কিনে নিজেদের বাড়ী তৈরী করে নেবেন! আপনারা আরও একটু বেশী সাহসী হলে সেই জমির ওপরে ছোট-ছোট বাড়ী তৈরী করে বিক্রী করার প্ল্যানিং-ও করতে পারেন। এতে আপনাদের লাভ আরও বেড়ে উঠবে... কারণ আমেরিকান লোকেদের কাছে সময়ের বড়ই অভাব রয়েছে! আপনারা তাঁদের সময় বাঁচিয়ে নিজেদের কৃষিজমিকে আবাসিক ভূমিতে পরিবর্তিত করে সেখানে ছোট-ছোট কটেজ তৈরী করলে সেই সব কটেজ খুব সহজেই বিক্রী হয়ে পড়বে আর আপনাদের রিয়েল এস্টেটের ব্যবসা অত্যন্ত ভালো ভাবে চলতে শুরু করবে। এই প্রকারের কাজ করার জন্য সব থেকে ভালো হয়, যদি আপনারা আমেরিকায় বসবাসকারী কম পক্ষে একটা পরিবারকে নিজেদের সঙ্গে যুক্ত করে নেন... যাতে আপনাদের দুজনের সমন্বয় ভালো ভাবে চলতে পারে। আমি অনেক দূর পর্যন্ত চিন্তা করি আর সেই চিন্তার অন্তর্গত আমার এমনটা মনে হয় যে, ভারতে বসবাসকারী লোকেরাও সেই কৃষিজমির ওপরে তৈরী এ্যাপার্টমেন্টস্ কিনতে উৎসাহ দেখাবেন... কারণ সেই সব এ্যাপার্টমেন্টস্ দামে সস্তা হবে আর ভারতীয় লোকেদের এমনটা মনে হবে যে, তাঁরা সেখানে এক ভারতীয় কলোনীতেই বাড়ী কিনেছেন। সুতরাং আপনারা নিজেদের ব্যবসা বাড়িয়ে তোলার জন্য এমনটা করতেও পারেন যে, আপনাদের দ্বারা তৈরী কলোনী কেবলমাত্র ভারতীয় লোকেদের জন্যই হবে। আমেরিকায় বাস করতে থাকা প্রবাসী ভারতীয়রা আর

আমাদের ভারতে বসবাসকারী ভারতীয়রা সেই জায়গায় নিবেশ করবেন আর তাঁরা যখনই সেই জায়গায় যাবেন, তাঁরা এক আপনত্ব অনুভব করবেন। আপনারা যদি আমার এই চিন্তাধারার সাথে একমত হন আর নতুন কিছু করে দেখাতে চান... তাহলে এই জিনিষটা করে দেখতে পারেন। আজ নয়তো কাল নিশ্চিত রূপে ভারতের কিছু লোক এই প্রক্রিয়া দ্বারা লাখপতি থেকে কোটিপতি হয়ে উঠবেন। আপনারা যদি আমেরিকান লোকেদের সঙ্গে পরিচিত না হন, তাঁদের সাথে আপনাদের যদি কোন প্রকারের কোন সম্পর্ক না থাকে... আপনারা যদি নিজেদের এই ধরণের প্রোজেক্ট সংযুক্ত রূপে কেবলমাত্র ভারতীয় লোকেদেরই বিক্রী করার প্রক্রিয়া গ্রহণ করেন... তাহলেও আপনারা নিজেদের ব্যবসায় নিশ্চিত রূপে সফলতা প্রাপ্ত করবেন !

ooo

05

লণ্ডন থেকে লাডনুঁ পর্যন্ত সফর আপনাকে কোটিপতি করে তুলতে পারে

লণ্ডনের নাম তো সবাই জানেন... কিন্তু লাডনুঁ নামটাকে লণ্ডনের সাথে কেন যুক্ত করা হল ? এই ব্যাপারটা হয়তো পাঠকদের মাথায় নাও ঢুকতে পারে। এখানে আমি পাঠকদের লাভের জন্য আর তাঁদের প্রেরিত করে তোলার জন্য একটা কথা বলতে চাই। আর সেই কথাটা হচ্ছে এই যে, আজ থেকে কয়েক মাস আগে দিল্লীতে লণ্ডনের এক কোম্পানী এসেছিল আর তারা দিল্লীর প্রগতি ময়দানে এক বিরাট বড় স্টলও লাগিয়েছিল, যেখানে তারা ভারতবাসীদের লণ্ডনে গিয়ে নিবেশ করার লোভ দেখাচ্ছিল। তারা লণ্ডনের জমি ভারতবাসীদের বিক্রী করছিল। সেই স্টলে বেশ ভালোমতন ভীড়ও জমা হয়ে পড়েছিল। লোকেরা লণ্ডনে জমি কেনার ব্যাপারে যথেস্ট আগ্রহও দেখাচ্ছিল আর অনেকে তো প্লট কিনেও নিয়েছিল। হ্যাঁ... বেশ কিছু নিবেশক এজন্যও লণ্ডনের প্লট কিনেছিল... কারণ তাদের বাচ্চারা নিজেদের বায়ো-ডাটায় এই কথাটা লিখতে পারবে যে, লণ্ডনেও আমাদের একটা প্লট আছে। যাক্‌গে, সব মিলিয়ে লণ্ডনের সেই কোম্পানী এখানে এসে ভালো ব্যবসা করেছিল... কিন্তু আমি যখন সেই কোম্পানীর ব্যাপারে সকল তথ্য প্রদান করা ব্যবসায়িক ফোল্ডারের ওপরে চোখ বোলালাম... তাতে বড়-বড় অক্ষরে লেখা ছিল যে, তারা যে জমি বিক্রী করছে, সেটা লণ্ডন থেকে অনেকটাই দূরে... সেই জায়গাটা আবাসিক ক্ষেত্রের মধ্যে নয় আর সেখানে বর্তমান সময়ে কোন প্রকারের ভবন তৈরী করা যেতে পারে না। সেখানে বাড়ী তৈরী করার জন্য কোন প্রকারের নক্‌শাও পাশ হবে না। এত কিছু তথ্য প্রদান করার পরেও লণ্ডনের সেই

কোম্পানী ভারতের লোকেদের থেকে বেশ ভালোমতন টাকা-পয়সা নিয়ে চলে গেল। লণ্ডনের সেই কোম্পানীর থেকে আমি একটা প্রেরণা প্রাপ্ত করলাম আর আমি সেটাই পাঠকদের উদ্দেশ্যে জানাতে চাই যে, যদি লণ্ডনের এক কোম্পানী ভারতে এসে ভারতের লোকেদের এমন জমি বেচতে পারে, যে জমির আজ পর্যন্ত আইনতঃ কোন অস্তিত্বই নেই... তাহলে আমরা ভারতবাসীরা লাডনুঁ বা ভারতের অন্য যে কোন ছোট-বড় শহরের কাছে অবস্থিত কৃষিজমি বিদেশে বেচতে পারব না কেন ? আমার বক্তব্যের অর্থ হচ্ছে এই যে, আমরা যদি কোটিপতি হতে চাই... তাহলে ভারতের যে কোন প্রান্তে আমরা জমি নিয়ে নিই আর সেই জমিকে টুকরো-টুকরো প্লটে বিভক্ত করে বিদেশে গিয়ে প্রদর্শনী লাগিয়ে বিক্রী করে দিই। হ্যাঁ... আপনারা যে মিথ্যে কথা কিছুই বলছেন না, সেটা প্রমাণ করার জন্য আপনারা নিশ্চিত রূপে এমনটা লিখে দিন যে, সেই জমি এখনও গ্রামের জমি... যে জমির কোন নক্‌শা ইত্যাদি পাশ করা যাবে না আর না-ই সেই জমির ওপরে এখন কোন নির্মাণ কার্য করা যেতে পারে... কিন্তু ভবিষ্যতে এমন আশা করা যেতে পারে যে, সব কিছু ঠিক হয়ে পড়বে আর এই জমির নক্‌শা পাশ হওয়ার যোগ্য হয়ে উঠবে। লণ্ডনের সেই কোম্পানীও এমনটাই কিছু লিখে আমাদের দেশের লোকেদের ফুসলিয়েছিল। আমরাও ফুসলিয়ে গিয়েছিলাম আর প্রচুর লোক লণ্ডনের সেই কোম্পানী দ্বারা বেচতে থাকা জমি কিনেও নিয়েছিল। একটা ব্যাপার তো স্পষ্ট যে, লণ্ডনের কোম্পানী এই সব কিছু বড়ই বড়-বড় অক্ষরে লিখে জানিয়ে আমাদের দেশের লোকেদের জমি বিক্রী করেছিল যে, সেই জমির নক্‌শা এখন পাশ হতে পারে না... সেই জমি এখনও রেসিডেন্সিয়াল প্ল্যানে আসেনি। কিন্তু তাদের আশা যে, অদূর ভবিষ্যতে সেই জমি আবাসিক প্ল্যানে চলে আসবে।

উপরোক্ত কোম্পানী যা কিছু করেছিল... সেটার থেকে প্রেরণা নিয়ে আজ ভারতের লোকেদের এটা ভেবে দেখা উচিত যে, যখন লণ্ডনের লোক ভারতে এসে আমাদের দেশের লোকেদের এমন জমির টুকরো বেচতে পারে, যে জমির ওপরে আইনতঃ আজ ভবন নির্মাণ করা যেতে পারে না... তাহলে আমরাও কি এমন জমির টুকরো বিদেশে বেচতে পারি না, বিশেষ করে এমন লোকেদের... যাঁরা মূল রূপে ভারতীয় হওয়া সত্ত্বেও আজ বিদেশে বসবাস করছেন। আজ আমরা এমন লোকেদের সস্তায় এমন জমি বেচতে পারি, যে জমি ভবিষ্যতে রেসিডেন্সিয়াল জমির রূপ নিয়ে নেবে। আপনাদের যখন এই প্রকারের কাজ করার ইচ্ছা হবে... তখন সবার আগে লণ্ডনের সেই কোম্পানীর মত এক বিজ্ঞাপন দিন... একটা বড় দেখে ফোল্ডার ছাপান আর ওদের মতই বড়-বড়

স্থানে প্রদর্শনীর আয়োজন করুন। আপনাদের জমি বেচার জন্য বিদেশেও প্রদর্শনীর আয়োজন করতে হবে আর তার সাথে-সাথে এক সুন্দর ফোল্ডার ছাপাতে হবে এবং এক ওয়েবসাইটও বানাতে হবে। এই কাজটা এতটাই বড় আর এতটাই লাভদায়ক যে, আমার মতে যদি এক সাথে অনেক লোকও এই কাজে লেগে পড়েন... তাহলে নিশ্চিত রূপে এতটা লাভ অর্জন করতে পারবেন যে, তাঁরা সকলেই কোটিপতি হয়ে উঠবেন। কিন্তু এমনটা একমাত্র তখনই সম্ভবপর হতে পারবে, যখন আপনারা এই ব্যাপারটার ওপরে বিশ্বাস রাখবেন যে, অদূর ভবিষ্যতে সেই জমির নিশ্চিত রূপে বাড়বে। আপনাদের এই জিনিষটার ওপরেও বিশ্বাস রাখতে হবে যে, গোটা বিশ্ব জুড়ে জমি দিন-দিন ক্রমশঃ কমে আসছে আর গোটা বিশ্বের সাথে-সাথে ভারতেও জমি কমে আসবে আর জমি কেনার জন্য ব্যক্তির সংখ্যা বেশী হয়ে পড়বে। এজন্য আপনারা এই প্রক্রিয়া গ্রহণ করলে আপনাদের কোটিপতি হয়ে উঠতে বেশী সময় লাগবে না। এর জন্য সর্বোত্তম এটাই হবে যে, আপনারা 8 বা 10 বন্ধু মিলে এক সাথে এই কাজ হাতে নিন আর ভারতের একটা শহরে নয়... বরং 5 বা 10 শহরে ল্যাণ্ড ব্যাঙ্ক গড়ে তুলুন। তারপর সেই জমির ছোট-ছোট টুকরো বিদেশে বেচার জন্য বেরিয়ে পড়ুন। এতে বিদেশে বসবাসকারী ভারতীয়দের এই সুবিধা হবে যে, তাঁরা একটা জায়গায় নয়... দশটি আলাদা-আলাদা জায়গার জমির ভেতর থেকে যেখানে ইচ্ছে, সেখানে জমি বুকিং করতে পারবেন। আর তারপর সেই জমির বিকাশ করার কাজে লেগে থাকুন। আপনারা তেমন কিছু না করলেও আগামী ভবিষ্যতে সেখানকার জমি-জায়গার দাম বেড়ে উঠবে... শহরও সেই গ্রামের জমির কাছাকাছি চলে আসবে। তখন আপনারা এটা দেখতে পাবেন যে, আপনারা যে জমি 5 বা 10 বছর আগে জলের দরে কিনেছিলেন... সেই জমি আপনারা ভালো দামে বিক্রী করতে পারছেন। এতে আপনাদেরও ভালো উপার্জন হবে আর আপনাদের সাথে-সাথে আপনাদের নিবেশকরাও ভালো উপার্জন করবেন।

বন্ধুরা ! এটা মাথায় রাখবেন যে, আপনারা যত নতুন-নতুন চিন্তাধারা নিয়ে আসবেন... আপনারা তত দ্রুত কোটিপতি হয়ে উঠতে সফলতা প্রাপ্ত করবেন !

০০০

06

চাষের নতুন পক্ষ দ্বারা কোটিপতি হোন্

এমনিতে আজকের যুগের নতুন প্রজন্ম গ্রামে গিয়ে কৃষিকাজ করার প্রতি আগ্রহ দেখায় না আর এমনটা একটা নয়... লাখো-লাখো পরিবারে দেখতে পাওয়া যাচ্ছে। ভারতের বেশীর ভাগ গ্রামগুলোয় এখন এমন অবস্থা হয়েছে যে, সেই সব গ্রামে বাস করা আজকের যুগের শিক্ষিত বাচ্চারা কৃষিকাজের প্রতি মোটেই আগ্রহী নয়। কিন্তু বন্ধুরা! আপনাদের তো কোটিপতি হতে হবে আর কোটিপতি হওয়ার জন্য এমনই কিছু করতে হবে, যেটা অন্য লোকেরা করছে না। অন্যদের থেকে আলাদা কিছু কাজ যদি আমরা করি, একমাত্র তাহলেই আমরা কোটিপতি হয়ে উঠতে পারব। এখন আপনারা যদি এমনটা চান যে, কৃষিক্ষেত্রে নতুন কিছু করা যাক... তাহলে নিশ্চিত রূপে আপনাদের কোটিপতি হয়ে ওঠার সম্ভাবনা আরও বেশী উজ্জ্বল হয়ে উঠবে! উদাহরণস্বরূপ, আপনারা কৃষিজমিতে আয়ুর্বেদের সঙ্গে সম্বন্ধিত শেকড়-বাকড় ইত্যাদির গাছ লাগালে আপনাদের উপার্জন সাধারণ কৃষির তুলনায় 10 থেকে 20 শতাংশ বেশী হয়ে পড়বে। আরও একটা লাভের কথা হচ্ছে এটা যে, কৃষিক্ষেত্র থেকে হওয়া উপার্জন ভারতীয় আয়কর আইনের অন্তর্গত সম্পূর্ণ রূপে করমুক্ত হয়। এর অর্থ হচ্ছে – লাভই লাভ!

জট্রৌফার মত গাছ লাগানোর প্রক্রিয়া আপনারা যদি গ্রহণ করেন, তাহলে সেটা আপনাদের কোটিপতি হয়ে উঠতে সহায়তা করবে। আগত ভবিষ্যতে জট্রৌফা গাছ থেকে পেট্রোলের মত পদার্থ উৎপন্ন করা যেতে পারবে... যেটা আমাদের বাহনগুলোকে চালানোর কাজে ইন্ধনের কাজ করবে। সুতরাং কোটিপতি হয়ে ওঠার জন্য বিশেষ প্রকারের কৃষি উদ্যোগে আপনারা যদি পদার্পণ করেন, তাহলে উপার্জন নিশ্চিত রূপে হবেই... বিশেষ করে আয়ুর্বেদের সঙ্গে সম্বন্ধিত

গাছ লাগালে ভবিষ্যতে সেগুলোর চাহিদা বাড়বে, আয়ুর্বেদিক উদ্যোগও বাড়বে আর আয়ুর্বেদের প্রতি লোকেদের আগ্রহও বৃদ্ধি পাবে। এজন্য আমাদের এখনই বড় কোন জমি নিয়ে সেই জমিতে বিশেষ প্রকারের কৃষিকাজ শুরু করে দেওয়া উচিত। আপনারা যখন কৃষিকাজের মাধ্যমে টাকা-পয়সা উপার্জন করার ব্যাপারে মনস্থির করে নেবেন... তখন একটা ব্যাপার মাথায় রাখবেন যে, ভারতের বিভিন্ন রাজ্যে একজন ব্যক্তি ঠিক কতটা জমি নিজের নামে রাখতে পারে – সেই ব্যাপারে একটা নির্দিষ্ট নিয়ম আছে। আমরা যত খুশী জমি নিজের নামে রাখতে পারি না। সুতরাং পরিবারের আলাদা-আলাদা সদস্যদের নামে অথবা আলাদা-আলাদা কোম্পানী গড়ে তুলে আপনারা কৃষিজমি কেনার প্রক্রিয়া গ্রহণ করুন আর সেটাকে বাড়িয়ে চলুন।

কিছুদিন আগে আমার সাথে এক শিল্পপতির দেখা হয়েছিল। উনি আমাকে বলেছিলেন যে, উনি টম্যাটোর এক বিশেষ প্রকারের বীজের চাষ করেন... যার থেকে টম্যাটোর যে বীজ বেরোবে, সেটা প্রতি কিলো এক লক্ষ টাকায় বিক্রী হবে। আমি তো শুনে প্রথমে প্রচণ্ড আশ্চর্য হয়ে উঠেছিলাম... কিন্তু পরে আমি এটা বুঝতে পারলাম যে, সেই ভদ্রলোক টম্যাটোর বীজ তৈরী করার কাজ করেন আর সেজন্যই টম্যাটোর বীজ প্রতি কিলো এক লক্ষ টাকায় বিক্রী হবে। এই প্রকার ফুলের বীজের চাষও এক উত্তম বিকল্প হতে পারে।

আপনারা যদি সত্যি-সত্যি নিজেদের সুপার ডায়নামিক পাওয়ার হিসেবে মনে করেন... তাহলে বর্তমানে বিদেশে কয়েক হাজার একর জমি বড়ই সস্তা দামে পাওয়া যাচ্ছে। সেখানে কৃষিকাজ করার প্রক্রিয়ার ব্যাপারে ভাবনা-চিন্তা করুন। এই কাজটা ওপর থেকে কিছুটা মুশ্কিল বলে মনে হলেও ইচ্ছে করলে এর থেকে কোটি-কোটি টাকা উপার্জন করা যেতে পারে। আমাদের নতুন কিছু তো করতেই হবে... অন্যদের থেকে আলাদা কিছু করতেই হবে। আগত ভবিষ্যত হচ্ছে ন্যানো টেক্নোলোজীর যুগ আর আমার মনে হয় যে, তার জন্য প্রচুর মাত্রায় হার্বাল *(আয়ুর্বেদিক)* ঔষধি বিক্রী হবে।

আজকাল লোকেরা নিজেদের স্বাস্থ্যের প্রতি যথেষ্ট মাত্রায় জাগরুক হয়ে উঠেছেন। সেই ব্যাপারটাকে মাথায় রেখে যদি অর্গানিক ফার্মের কাজ করা যায়, তাহলে নিশ্চিত রূপে কোটিপতি হয়ে উঠতে সহায়তা প্রাপ্ত হবে। আপনারা যদি কোন প্রকারের কীটনাশক ঔষধির প্রয়োগ না করে সব্জী ইত্যাদির চাষ শুরু করেন... তাহলে তাতেও ভবিষ্যতে লাভই হবে!

OOO

07

বেশী জানুন - বেশী পান

আজকের যুগে আপনারা যদি কোন ব্যবসা বা শিল্পের সঙ্গে যুক্ত হয়ে থাকেন... তাহলে আপনাদের শহরে সেই ব্যবসা বা শিল্পের ক্ষেত্রে কি-কি ঘটছে, সেই সব ব্যাপারে আপনাদের অত্যন্ত বেশী তথ্য সংগ্রহ করতে হবে। আর আপনারা যদি নিজেদের কার্যক্ষেত্রে গোটা বিশ্বে কি-কি ঘটছে, সেই ব্যাপারে তথ্য রাখেন... তাহলে আপনারা প্রযুক্তিগত রূপে অত্যন্ত সক্ষম হয়ে উঠতে পারবেন... তাহলে আপনাদের উপার্জনও অনেকটাই বেড়ে উঠবে আর আপনারা দ্রুত কোটিপতিও হয়ে উঠবেন। সুতরাং যে ব্যবসা বা শিল্পের প্রতি আপনার ভেতরে আগ্রহ রয়েছে, সেই ব্যবসা বা শিল্পের ব্যাপারে পূর্ণ তথ্য প্রাপ্ত করাটা অত্যন্ত আবশ্যক হয়। উদাহরণস্বরূপ আমি এখানে পাঠকদের এটা জানাতে চাই যে, আমেরিকা থেকে একটা মাসিক পত্রিকা প্রকাশিত হয়... যাতে আমেরিকার অসংখ্য নতুন উৎপাদকদের বিবরণ থাকে। সেই পত্রিকার নাম হচ্ছে – *"কমার্শিয়াল ন্যুজ, ইউ.এস.এ."* *(Commercial News, USA)*! এই মাসিক পত্রিকা বিনা পয়সায় চেয়ে পাঠানো যেতে পারে আর আমেরিকান লাইব্রেরীতে বসেও এই পত্রিকা পড়া যেতে পারে। কিন্তু আপনারা ইচ্ছা করলে বাড়ী বসেই এই পত্রিকার সম্পূর্ণ তথ্য প্রাপ্ত করতে পারেন। তার জন্য আপনাদের এই পত্রিকার ওয়েবসাইটwww.cnewsusa.com-তে যেতে হবে। এই পত্রিকায় অসংখ্য উৎপাদকদের ব্যাপারে আপনারা তথ্য প্রাপ্ত করতে পারবেন। এবার আপনারা সেই সব কোম্পানীর নতুন-নতুন উৎপাদন থেকে প্রেরণা প্রাপ্ত করতে পারবেন। আপনারা এটা জানতে পারবেন যে, সেই ক্ষেত্রে নতুন কি-কি হচ্ছে ? সুতরাং যেসব ব্যক্তি এমনটা চান যে, তাঁদের ব্যবসা উন্নতি করুক, তাঁরা কোটি-কোটি টাকা উপার্জন করুন... তাঁদের নিজেদের ঘরের

বাহিরে বেরিয়ে এসে, নিজেদের শহরের বাহিরে বেরিয়ে এসে, নিজেদের দেশের বাহিরে বেরিয়ে এসে বাকী দুনিয়ায় কি-কি হচ্ছে... সেই ব্যাপারে সমুচিত রূপে তথ্য সংগ্রহ করতে হবে। সেই তথ্যের অন্তর্গতই আপনারা এটা জানতে পারবেন যে, আপনারা যে শিল্পে কার্যরত হয়ে রয়েছেন, সেই শিল্পের ক্ষেত্রে নতুন প্রযুক্তি কি এসেছে আর তারপর আপনারা নিজেদের উৎপাদনকে আরও ভালো ভাবে লোকেদের সামনে পেশ করতে পারবেন।

আজকের যুগে ইন্টারনেটের প্রক্রিয়া অত্যন্ত গভীরতায় পৌঁছে গেছে আর সেই প্রক্রিয়াকে মূর্ত্য রূপ প্রদান করার জন্য আপনারা প্রতি দিন কম পক্ষে আধ ঘন্টা ইন্টারনেটে বসুন আর দেশ-বিদেশে হতে থাকা নতুন প্রযুক্তির ব্যাপারে তথ্য সংগ্রহ করুন। এমনটা করলে আপনাদের ব্যবসাতে নিশ্চিত রূপে লাভ হবে। এই প্রকার বিভিন্ন দেশের দূতাবাস থেকেও আপনারা সেই দেশের নতুন প্রযুক্তিগত উন্নতির ব্যাপারে তথ্য সংগ্রহ করতে পারবেন। এই তথ্য সংগ্রহ করাটা অত্যন্ত জরুরী হয়, কারণ একমাত্র তাহলেই আপনারা নতুন পরিবেশে, নতুন পদ্ধতিতে হতে থাকা উৎপাদনের ব্যাপারে গভীর তথ্য প্রাপ্ত করতে পারবেন... নিজেদের ব্যবসাকে উন্নত করে তুলতে পারবেন এবং আজকের এই ব্যবসায়িক প্রতিযোগিতার যুগে আপনারা টিঁকে থাকতে পারবেন। এর সাথে-সাথে এটাও মাথায় রাখুন যে, যখন কোথাও কোন ট্রেড ফেয়ারের আয়োজন করা হবে আর বিশেষ করে সেটা যদি আপনাদের শিল্পের সঙ্গে সম্বন্ধিত হয়... তাহলে আপনারা সেটা দেখার জন্য অবশ্যই যাবেন... কারণ আপনারা যখন সেটা দেখবেন, তখন আপনাদের নতুন-নতুন তথ্য প্রাপ্ত হবে, যেগুলো আপনাদের শিল্পের পক্ষে লাভদায়কই হবে!

OOO

08

নিজের কোটি-কোটি টাকা আয়কর বিভাগকে ছুঁতে দেবেন না

এই ব্যাপারে এবার আমার বিশ্বাস হয়ে পড়েছে যে, এবার আমাদের পাঠকেরা কোটি-কোটি টাকা উপার্জন করতে শুরু করে দেবেন। বিশেষ করে মনে যখন সত্যিকারের নিষ্ঠা থাকবে, নিষ্ঠা সহকারে প্রচেষ্টা করা হবে... গুরুজনেদের আশীর্বাদিও প্রাপ্ত হবে। কিন্তু আরও একটা ব্যাপার মাথায় রাখতে হবে। সেটা হচ্ছে এই যে, আপনাদের এদিকে দৃষ্টি রাখতে হবে যে, আপনারা যে কোটি-কোটি টাকা উপার্জন করেছেন... সেটা যেন আপনাদের বাড়ীতেই থাকে আর সেটার এক বিরাট বড় অংশ যেন আয়কর বিভাগ উঠিয়ে না নিয়ে যায়। সাধারণতঃ আমাদের পাঠকদের এটা জানই থাকে যে, আপনাদের উপার্জনের 30 শতাংশ অর্থ আয়কর বিভাগ আয়করের রূপে নিয়ে যায়। তার সাথে-সাথে তার ওপরে সারচার্জও লাগানো হয় আর এডুকেশন সেসও লাগানো হয়। এই প্রকার সব মিলিয়ে আপনার দ্বারা উপার্জিত 100 টাকার থেকে প্রায় 35 টাকাই চলে যায় আয়কর বিভাগের পকেটে! সুতরাং আপনারা এখন যখন কোটিপতি হয়ে ওঠার স্বপ্ন দেখছেন আর কাজ শুরু করার ব্যাপারে ভাবনা-চিন্তা করছেন... তার আগে যতটা সম্ভব এই চেষ্টা করুন যে, আপনার ব্যবসা যেন ভারতের সেই সব প্রান্তে হয়, যেখানে পূর্ণ আয়কর ছাড় দেওয়ার ব্যবস্থা রয়েছে। কিন্তু হ্যাঁ... একটা ব্যাপার অবশ্যই মাথায় রাখবেন যে, আয়কর আইনে যে ছাড়ের ব্যবস্থা রয়েছে, সেটা কেবল শিল্পের ওপরে দেওয়া হয়, ব্যবসার ওপরে নয়। সুতরাং আপনাদের যদি ব্যবসা করার ইচ্ছে রয়েছে, তাহলে আপনারা ভারতের যে কোন প্রান্তেই নিজের ব্যবসা শুরু করুন না কেন...

আপনাদের ওপরে একই প্রকারের আইন প্রযোজ্য হবে আর আপনারা কোন অতিরিক্ত বিশেষ ছাড় পাবেন না। কিন্তু ভারতের কিছু বিশেষ রাজ্যে যদি আপনারা শিল্প গড়ে তোলেন, তাহলে আপনারা আয়কর আইনের ধারায় বিশেষ প্রকারের ছাড় প্রাপ্ত করবেন আর সেই ছাড়ের মাধ্যমে আপনাদের ক্যাশ ফ্লো উন্নত হয়ে উঠবে আর আপনারা আরও ভালো ভাবে উপার্জন করতে পারবেন এবং বেশী টাকা-পয়সাও আপনাদের পকেটে আসবে।

আয়করের আইনের ধারা 80 আই.সি.-র অন্তর্গত একটা আইন রয়েছে... যার অন্তর্গত যদি সিকিমে, হিমাচল প্রদেশে, উত্তরাখণ্ডে অথবা ভারতের উত্তর-পূর্ব রাজ্যগুলোয় নতুন কোন শিল্প গড়ে তোলা হয়... তাহলে সেই শিল্প থেকে যে উপার্জন হবে, তার ওপরে আয়কর একেবারেই দিতে হবে না। সুতরাং সম্ভব হলে এমন রাজ্যেই নিজেদের শিল্প গড়ে তুলুন, যাতে 30 শতাংশেরও বেশী সঞ্চয় আয়করের রূপেই হয়ে পড়ে আর এর সাথে-সাথে এমন রাজ্যগুলোয় শিল্প গড়ে তুললে রাজ্য সরকারের তরফ থেকেও অন্যান্য আরও বেশ কয়েক প্রকারের ছাড় প্রাপ্ত হয়। সব মিলিয়ে আপনারা যদি এই সব রাজ্যগুলোয় নিজেদের শিল্প গড়ে তোলেন, তাহলে আপনারা আরও ভালো ভাবে বাজারের প্রতিযোগিতার মোকাবিলা করতে পারবেন আর আইনতঃ রূপে আয়কর এবং অন্যান্য করের ব্যাপারে সঞ্চয়ও করতে পারবেন। আরও একটা ব্যাপার মাথায় রাখতে হবে যে, আপনারা যখনই এই সব রাজ্যে নিজেদের শিল্প গড়ে তুলবেন, তখন সেই শিল্প একেবারে নতুন হওয়া উচিত। পুরোন শিল্পকে অন্য কোন রাজ্য থেকে এই সব রাজ্যে তুলে নিয়ে গেলে আয়করের ছাড় পাওয়া যাবে না। তবে আপনারা কিছুটা মাত্রায় আপনাদের পুরোন মেশিনগুলো এই সব রাজ্যে শিল্প গড়ে তোলার কাজে লাগানোর জন্য নিয়ে যেতে পারবেন। সুতরাং আয়কর আইনের ধারা 80 আই.সি. এবং 80 আই.ই.-র অন্তর্গত আপনারা যদি নিজেদের শিল্প এই সব রাজ্যগুলোয় গড়ে তোলেন, তাহলে আইনতঃ আপনারা আয়কর বাঁচাতে পারবেন। এই সব রাজ্যে শিল্প গড়ে তোলার প্রতি যেসব লোকেদের আগ্রহ রয়েছে, তাঁদের আইন আরও একটু গভীরতার সাথে অধ্যয়ণ করা উচিত আর সেগুলোকে ভালো করে বুঝে নেওয়া উচিত। কিছু-কিছু শিল্পে এই ছাড় 5 বছরের জন্য দেওয়া হলে অন্য কিছু শিল্পের ক্ষেত্রে এই ছাড় 10 বছরের জন্যও দেওয়া হয়ে থাকে!

ooo

09

দৈনিক কার্যসূচী কোটিপতি হওয়ার প্রথম সোপান

আপনারা যখন কোটিপতি হতে চাইবেন... তখন এটা অত্যন্ত জরুরী হয়ে ওঠে যে, আপনারা নিজেদের সময় সম্পূর্ণ রূপে লাভদায়ক পদ্ধতিতে কাটাবেন। নিজেদের সময় নষ্ট হতে দেবেন না আর তার জন্য আপনাদের একটা দৈনিক কার্যসূচী প্রস্তুত করা উচিত। তার সাথে-সাথে সাপ্তাহিক কার্যসূচী আর একটা মাসিক কার্যসূচীও তৈরী করুন। কার্যসূচী তৈরী করলে আপনারা নিজেরা এটা জানতে পারবেন যে, আপনাদের ঠিক কোন্ কাজটা সব থেকে জরুরী! কার্যসূচীর ওপরে এক নজর তাকালেই আপনারা নিজেরা এমনটা অনুভব করবেন যে, কোন্ কাজটা বেশী জরুরী আর কোন্‌টা নয়... যাতে আপনারা জরুরী কাজগুলোকে সময় মত দ্রুত শেষ করতে পারেন আর যে কাজটা ততটা জরুরী নয়, সেই কাজটাকে পেছনের দিকে সরিয়ে দিতে পারেন। এক সফল শিল্পপতির কার্যসূচী প্রস্তুত করার প্রক্রিয়াকে নিজে শতকরা 100% পালন করা উচিত আর তার সাথে-সাথে নিজের কর্মচারীদেরও এমন প্রেরণা প্রদান করা উচিত, যাতে তাঁরাও নিজেদের কার্যসূচী তৈরী সেই অনুসারে কাজ করেন।

এক সন্তুলিত কার্যসূচী তৈরী করলে আপনারা কোন গুরুত্বপূর্ণ কাজ ছেড়ে যাবেন না আর সব কাজ সময় মত হতে থাকবে। অন্যথা কাজের অধিকতা আর অব্যবস্থার ফলস্বরূপ হয়তো আপনাদের কোন জরুরী কাজ ছেড়ে যেতে পারে। সুতরাং যে ব্যক্তিই নিজের জীবনকালে কোটিপতি হতে চাইবেন, তাঁর নিজের দৈনিক কার্যসূচী প্রস্তুত করা উচিত এবং সারা দিনে অন্ততঃ পক্ষে একবার সেই কার্যসূচীর ওপরে দৃষ্টি দেওয়া উচিত। কম্প্যুটারের যুগে এটাই ভালো হবে যে, একটা দৈনিক কার্যসূচী তৈরী করে নেওয়া হোক্ আর দুই বা তিন

দিনে সেটায় পরিবর্তন করে নেওয়া হোক্। আরও ভালো হবে যদি আপনারা নিজেদের ল্যাপটপে নিজেদের বিভিন্ন কাজের সূচী রাখেন... যাতে আপনারা যেখানেই থাকুন না কেন, একটু সময় পেলেই আপনারা নিজেদের কার্যসূচী আপ-টু-ডেট করে নিতে পারেন। এই প্রকার আপনাদের সারা দিনে চারজন ম্যানেজার, দুজন ম্যানেজার বা বেশ কিছু লোকেদের সঙ্গে কথা বলতে হলে আর তাঁদের কাজের সমীক্ষা করতে হলে তার জন্য আলাদা লিস্ট তৈরী করুন, যাতে তাঁদের সঙ্গে সম্বন্ধিত কাজ লিখে রাখুন। আমরা এখানে যে কার্যসূচীর ব্যাপারে আলোচনা করছি, সেই প্রকারের কার্যসূচী তৈরী করার জন্য নিজেদের অধীনস্থ কর্মচারীদেরও প্রেরিত করে তুলুন। এমনটা করলে আপনারা কম সময়ে বেশী কাজ করে উঠতে পারবেন আর বেশী কাজ করে কম সময়ের মধ্যে আপনারা কোটিপতি হয়ে উঠতেও সহায়তা প্রাপ্ত করবেন। আর হ্যাঁ... সব থেকে ভালো হয়, যদি আপনার অফিসের সিনীয়র কর্মচারীরা নিজেদের কার্যসূচীর একটা কপি আপনাকে দিতে থাকেন... যাতে আপনি নিজের চেম্বারে বসে-বসেই এটা জানতে পারবেন যে, কোন্ ব্যক্তির হাতে কতটা কাজ রয়েছে আর সেই কাজটা যেদিন শেষ হওয়ার কথা ছিল... সেটা সেদিন শেষ হয়েছে কি না?

কার্যসূচী তৈরী করাকে নিজেদের দৈনন্দিন কাজগুলোর মধ্যে এক বিশেষ স্থান প্রদান করুন, যাতে আপনাদের কোন জরুরী কাজ শেষ করা বাকী না থেকে যায়।

এজেণ্ডার মহিমা

সফলতার সাথে ব্যবসা করতে হলে কাজও বেশী করতে হবে... সময়ের সীমারেখার মধ্যে সব কাজ করতে হবে আর এমনটাও হতে পারে যে, সারাটা দিনের জরুরী কাজগুলোর মধ্যে আপনারা কিছু কাজ করা ভুলেও যেতে পারেন। এর জন্য প্রতিটি ব্যক্তিরই নিজস্ব এক এজেণ্ডা বানানো উচিত। ব্যবসা করতে থাকা ব্যক্তিদের পক্ষে এজেণ্ডা তৈরী করাটা বিশেষ রূপে গুরুত্বপূর্ণ হয়! কারণ আপনারা বিভিন্ন প্রকারের কাজ করতে গিয়ে যদি কোন জরুরী কাজ ভুলে যান, তাহলে আপনাদের ব্যবসায়িক লোকসান হতে পারে। সব কিছুকে মনে রাখাটা সব সময় সম্ভব হয় না। এজন্য আমাদের প্রতি দিনের এজেণ্ডা বানানো উচিত। এজেণ্ডা তৈরী করাটা অত্যন্ত সোজা হয়। সবার আগে একটা কাগজে বা খাতায় আজকের তারিখে আপনাদের যতগুলো কাজ শেষ করা বাকী রয়ে গেছে, সেগুলো লিখে ফেলুন আর তারপর সেদিনের এজেণ্ডা তৈরী করুন। আজ্ঞে হ্যাঁ... সময় অনুসারে আজকের এজেণ্ডা তৈরী করুন। পুরো দিনকে তিন বা চার টুকরোয় ভাগ করে নিন আর নিজেদের কাজগুলোকে সকাল, দুপুর আর সন্ধ্যায় ভাগ করুন। এজেণ্ডা তৈরী করার এই অভ্যাস আপনারা নিজেদের মধ্যে গড়ে তুলুন আর তার সাথে-সাথে নিজেদের অধীনস্থ কর্মচারীদেরও

এজেণ্ডা তৈরী করার জন্য প্রেরিত করে তুলুন। আমরা যদি প্রতি দিনের এজেণ্ডা তৈরী করি, তাহলে আমাদের কোন জরুরী কাজ বাকী থেকে যাবে না... অন্যথা দশ-বিশটা জরুরী কাজের ভীড়ে দু-চারটে কাজ মন থেকে সরে যেতেও পারে আর এমন কাজও আমাদের মন থেকে সরে যেতে পারে, যেগুলো শেষ করা অত্যন্ত জরুরী ছিল... কিন্তু সেগুলোর করার মত সময় আর আর পাওয়া গেল না! সত্যি কথা তো হচ্ছে এটা যে, সারাটা দিন আপনারা কিছু-না-কিছু কাজ করে চলেন... কিন্তু সেদিনের সব থেকে জরুরী কাজটার ব্যাপারে আপনাদের মনেই পড়ে না। জরুরী কোন কাজ শেষ করা বাকী থেকে গেলে আপনাদের ব্যবসাতে ক্ষতি হতে পারে। অনেক বার সেই ক্ষতি যথেষ্ট গভীরও হতে পারে। এজন্য আপনাদের সর্বদা নিজেদের দৈনিক এজেণ্ডা বানানো উচিত। সবার আগে সর্বদা দৈনিক এজেণ্ডা কাছে রাখুন আর তার সাথে-সাথে সাপ্তাহিক এজেণ্ডা আর মাসিক এজেণ্ডাও তৈরী করুন। প্রতি দিন পাঁচ মিনিট সময় বার করে দৈনিক এজেণ্ডা আপ্‌ডেট করে নিন। জরুরী কাজগুলো এক জায়গায় লিখে রাখুন আর যেসব কাজ কর্মচারীদের দিয়ে করাতে হবে, সেগুলোও এই দৈনিক এজেণ্ডায় লিখে নিন। এমনটা করলে আপনাদের ব্যবসার সব কাজ সন্তুলিত ভাবে হয়ে চলবে আর কোন জরুরী কাজ ছেড়ে যাবে না। নিজেদের কর্মচারীদেরও এই ব্যাপারে প্রেরিত করুন, যাতে তাঁরাও নিজেদের দৈনন্দিন এজেণ্ডা লেখেন, সাপ্তাহিক এজেণ্ডা লেখেন এবং মাসিক এজেণ্ডাও লেখেন! এর সাথে-সাথে নিজের প্রতি দিনের এ্যাপয়েন্টমেন্ট ডায়রীতে ব্যবসায়িক মীটিং-গুলোর বিবরণ লিখে রাখুন। কেবলমাত্র মনে রাখার ওপরে ভিত্তি করে কোন কাজ করবেন না। কার্যসূচী তৈরী না করলে আপনাদের কোন-না-কোন জরুরী এ্যাপয়েন্টমেন্ট মিস্ হয়ে যেতে পারে। ব্যবসাতে সময়ের বিশেষ গুরুত্ব থাকে। এজন্য এটা অত্যন্ত জরুরী হয় যে, আপনারা নিজেদের মোট সময়কে বিভিন্ন ভাগে ভাগ করে নিন, ডায়রীতে সারা দিনের এ্যাপয়েন্টমেন্ট লিখে রাখুন, এজেণ্ডা লিখুন আর সারা দিনে সেই এজেণ্ডাকে কম পক্ষে অন্ততঃ দু বার অবশ্যই পড়ুন। আপনারা যদি এজেণ্ডা বানানোর পরেও সেটা না দেখেন, তাহলে আপনাদের কোন লাভই হবে না। একটা ভেবে দেখুন যে, যেসব ব্যক্তি লাখপতি থেকে কোটিপতি হয়ে ওঠেন... তাঁরা নিশ্চিত রূপে অত্যন্ত ব্যবস্থিত হন আর তাঁরা অত্যন্ত তৎপরতার সাথে নিজেদের ব্যবসার সব কাজ সুচারু রূপে সম্পন্ন করেন। এমন ব্যক্তিরা অত্যন্ত সময়ানুবর্তী হন! ওনারা লোকেদের যে এ্যাপয়েন্টমেন্ট দেন... সেই সব এ্যাপয়েন্টমেন্টে ঠিক সময়ে পৌঁছে যান আর তার সাথে-সাথে যেসব ব্যবসায়িক কাজ সারার থাকে, তাঁরা সেই সব কাজ সেদিনই সম্পন্ন করে নেন। এই প্রকার ওনাদের সব কাজ নিয়মিত রূপে চলতে থাকে আর তাঁদের ব্যবসায় লাগাতার উন্নতি হতে থাকে।

OOO

10

অহংকার ভুলে যান

এক সফল ব্যবসায়ী হয়ে ওঠার জন্য এটা অত্যন্ত জরুরী হয় যে, আপনারা নিজেদের অহংকার ভুলে যাবেন। প্রায় ক্ষেত্রেই এমনটা দেখতে পাওয়া যায় যে, একজন ব্যবসায়ী সফলতার সিঁড়ি পার করার প্রস্তুতি নিচ্ছেন... কিন্তু হঠাৎ করে তাঁর পতন হয়ে পড়ে। আর তাঁর সেই পতনের মুখ্য কারণ হয় সেই ব্যবসায়ীর অহংকার! সুতরাং আপনাদের ব্যবসা যখন ফুলে-ফেঁপে উঠবে... তখন সেই অবস্থাতেও নিজেদের সন্তুলিত রাখুন আর কখনো অহংকার প্রকাশ করবেন না।

নিজেদের ব্যবসায়িক সাথীদের সাথে আপনাদের মধুর সম্পর্ক আপনাদের কোটিপতি করে তুলবে! আজ্ঞে হ্যাঁ... ভালো ভাবে বেঁচে থাকার নামই হচ্ছে জীবন আর এই জীবনে একে-অপরকে আপন করে নেওয়ার মত সময় রয়েছে এবং নিজে অন্যদের আপন হয়ে ওঠার মত সময়ও রয়েছে! সুতরাং আপনারা ব্যবসায়ীর থেকে বন্ধু হয়ে ওঠার চেষ্টা বেশী করে করুন। এমনটা করলে আপনাদের ব্যবসাও বেড়ে উঠবে আর ব্যবসায় আসতে থাকা ছোটখাটো সমস্যাও দূর হয়ে পড়বে। সুতরাং কখনো অহংকার করবেন না! না কখনো অহংকার প্রকাশ করবেন, না কখনো সেই ব্যাপারে ভাবনা-চিন্তাও করবেন।

আমাদের বেদগুলোতেও এমনটা বলা হয়েছে যে, অহংকার করতে থাকা ব্যক্তির পতন সুনিশ্চিত হয়! এজন্য আপনারাও নিজেদের ব্যবসায়িক কাজগুলো সুচারু রূপে চালিয়ে যান আর অহংকার নামক বস্তুটিকে পূর্ণ রূপে পরিত্যাগ করুন! যে ব্যক্তি নিজের কাজে অহংকার প্রকাশ করেন না আর সোজাসুজি ভাবে নিজের ব্যবসা চালিয়ে যান এবং সর্বদা সরল অবস্থায়

থাকেন... সেই ব্যক্তির কেবলমাত্র উত্থানই হয়! অহংকার প্রকাশ করার প্রক্রিয়া এমন এক কালসর্প হয়, যার প্রভাব ব্যবসা আর ব্যবসায়ীদের ক্ষেত্রে তৎক্ষনাত দেখতে পাওয়া যায় না... কিন্তু পরে কখনো সেটার দুস্প্রভাব নিশ্চিত রূপে সামনে প্রকট পায়। সুতরাং এই ছোট্ট জিনিষটাকে সর্বদা মাথায় রাখা উচিত যে, আমরা যখন নিজেদের ব্যবসায় লেগে থাকব... তখন আমাদের সবার সাথে ভালো ব্যবহার করা উচিত... লোকেদের সাথে ভালোমতন মেলামেশা করার নীতি গ্রহণ করা উচিত আর অহংকার থেকে শত যোজন দূরে থাকা উচিত। নিজেদের অধীনস্থ কর্মচারীদের সাথে ভালো ব্যবহার আর তার সাথে-সাথে নিজেদের ব্যবসায়িক সাথীদের সাথে ভালো ব্যবহার – দু জায়গাতেই সদ্ব্যবহার বজায় রাখলে আর অহংকারকে কাছে ঘেঁযতে না দিলে আপনাদের ব্যবসায় নিশ্চিত রূপে উন্নতি হবে। সুতরাং অহংকার থেকে নিজেদের শত যোজন দূরে সরিয়ে রাখুন!

○○○

11

কিনুন দুটো, বেচুন একটা আর রাখুন একটা

আজ্ঞে হ্যাঁ, বন্ধুরা ! নিজেদের ব্যবসায় উন্নতি করার জন্য এবং নিজেদের টাকা-পয়সাকে দ্বিগুণ করে তোলার জন্য এক অব্যর্থ মন্ত্র রয়েছে... যেটা হচ্ছে – *"কিনুন দুটো, বেচুন একটা আর রাখুন একটা !"* আপনারা চট্ করে হয়তো এই ধাঁধাটাকে বুঝে উঠতে পারবেন না ! কিন্তু এটা অত্যন্ত সোজা ব্যাপার যে, আপনারা যখনই নিজেদের জন্য বাড়ী কিনবেন – তখন এক সঙ্গে দুটো বাড়ীর জন্য এ্যাডভান্স দেবেন আর তার সাথে-সাথে দুটো বাড়ীর জন্য মাসিক, ত্রৈমাসিক বা যাণ্মাসিক ইন্স্টলমেন্ট দেওয়ার ব্যবস্থা রাখবেন ! দুই বা তিনটে ইন্স্টলমেন্ট দেওয়ার পরে আপনারা সেই দুটো বাড়ীর মধ্যে যে কোন একটা বাড়ী বিক্রী করে দিন। এমনটা করলে আপনাদের ঘরে লক্ষ্মী বৃদ্ধি হবে ! এই প্রক্রিয়ারই নাম হচ্ছে – *"কিনুন দুটো, বেচুন একটা আর রাখুন একটা !"* কেবলমাত্র কম মেয়াদের জন্যই দুটো বাড়ীর মাসিক বা অন্যান্য ইন্স্টলমেন্ট পেমেন্ট করে দিলেই অনেক বার আপনাদের একটা বাড়ী ফ্রীতে প্রাপ্ত হয়ে পড়তে পারে। উপরোক্ত প্রক্রিয়া নিজেদের ব্যবসার ক্ষেত্রেও প্রয়োগ করুন। আপনারা যখন কোন শিল্প গড়ে তোলার জন্য নতুন জায়গায় জমি নেবেন, তখন আপনাদের ঠিক যত বড় প্লটের প্রয়োজন, তার ঠিক দ্বিগুণ আকারের প্লট কিনুন। আপনারা হয়তো এমনটা ভাবতে পারেন যে, আপনাদের ব্যবসার জন্য এত বড় প্লটের কোন প্রয়োজন নেই... একটা প্লটেই আপনাদের কাজ হয়ে পড়বে ! কিন্তু অভিজ্ঞতার ভিত্তিতে আমি এমনটা বলতে পারি যে, আপনারা যদি এই প্রক্রিয়া গ্রহণ করে দুটো প্লট কেনার প্রস্তুতি নেন... তাহলে একটা

প্লটের ওপরে নিজেদের ফ্যাক্টরী গড়ে তুলে অন্য প্লটটা সোজাসুজি বেচে দিলেও আপনাদের উপার্জন নিশ্চিত রূপে বেশী হবে। কল্পনা করুন যে, যে জায়গায় আপনারা ফ্যাক্টরী লাগাতে চাইছেন... সেই জায়গাটায় আশপাশে আর কিছু তৈরী হয়নি। আপনারা যদি শিল্প গড়ে তোলার জন্য এমন এক এলাকায় জমি নিচেছন, যার চার পাশে আর কিছু তৈরী হয়নি... তাহলে এমনটা নিশ্চিত রূপে আপনাদের পক্ষে ভালো হবে যে, ঠিক যতটা জমি আপনাদের প্রয়োজন... তার থেকে কিছুটা বেশী জমি আপনারা কিনে রেখে দেবেন আর যেদিন আপনাদের ফ্যাক্টরী তৈরী হয়ে পড়বে... সেই সময় আপনারা অতিরিক্ত জমি বেচে দেবেন! এমনটা করলে আপনাদের অনেক বেশী টাকা-পয়সা উপার্জন হবে। আবার এমনটাও হতে পারে যে, আপনারা নিজেদের ফ্যাক্টরী গড়ে তোলার জন্য যতটা জমি রেখেছেন... কিছুদিন পরে তার থেকে বেশী জমির প্রয়োজন হয়ে পড়ল। এমন পরিস্থিতিতে আপনারা যখন কয়েক বছর পরে আবার জমি কিনতে যাবেন, তখন হয়তো ভালো জমি পাবেন না আর ভালো জমি পেলেও ততদিনে হয়তো জমির দাম আকাশ ছুঁতে লেগেছে! এজন্য সব থেকে ভালো বিকল্প হচেছ এটা যে, যে ব্যক্তি মুখ্য রূপে কোন শিল্প গড়ে তোলার জন্য কোন জমি কিনবেন... তিনি যেন সেই জমির পাশের জমিটাও এক সাথে কিনে রেখে নেন আর সেই মুহূর্তে যদি তাঁর পক্ষে সেই জমিটা কেনা সম্ভব না-ও হয়... তাহলেও যেন তিনি কম পক্ষে সেই জমিটার এ্যাডভান্স দিয়ে জমিটা নিজের হাতে নিয়ে রাখেন আর তার কিছু সময় পরে সেই জমিটা অন্য কাউকে বিক্রী করে দেন। এমনটা করলে সেই ব্যক্তির উপার্জন প্রচুর বেড়ে উঠবে। এটা হচেছ আমার তরফ থেকে আপনাদের উদ্দেশ্যে এক ব্যক্তিগত অনুরোধ। এই জিনিষটাকে একবার গ্রহণ করে তো দেখুন যে, এতে আপনাদের কতটা লাভ হবে! অনেক শিল্পপতি নিজেদের শিল্পের জন্য প্রয়োজনীয় জমির তুলনায় 5 - 10 গুণ বেশী জমি কিনে রেখে নেন আর সেই জমি কেনার মত টাকা-পয়সা হাতে না থাকলেও দীর্ঘ মেয়াদের জন্য এ্যাডভান্স দিয়ে সেই জমি নিজের হাতে রেখে নেন। এমনটা করলে আগামী কয়েক মাসের মধ্যে যখন আপনাদের জমির ওপরে ফ্যাক্টরী গড়ে তোলার প্রক্রিয়া শুরু হয়ে পড়বে... তখন পাশের সেই জমির দাম বেড়ে উঠবে। এমনটা দেখতে পাওয়া গেছে যে, এই প্রক্রিয়া গ্রহণ করা শিল্পপতিরা কেবলমাত্র সেই পাশের জমি কেনা-বেচা করেই প্রচুর মাত্রায় ধন উপার্জন করে নেন। মুখ্য রূপে উপরোক্ত আইডিয়ার লাভ সেই সময় আপনারা প্রাপ্ত করবেন... যখন আপনারা এমন এক এলাকায় জমি কিনবেন, যার আশপাশে কোন ফ্যাক্টরী ইত্যাদি নেই আর সেখানে কেবলমাত্র আপনার ফ্যাক্টরীই তৈরী

হতে চলেছে। তাহলে আপনারা যেদিন সেই জায়গায় নিজেদের ফ্যাক্টরীর ভিত্তি স্হাপন করবেন... সেদিন থেকেই আপনাদের জমির দাম নিশ্চিত রূপে বেড়ে চলবে। সুতরাং ভবিষ্যতে ভালোমতন লাভ প্রাপ্ত করার জন্য এটা অত্যন্ত জরুরী হয় যে, আপনারা নিজেদের ফ্যাক্টরী লাগানোর জন্য যে জমি কিনছেন... তার ঠিক পাশের জমি বা সেটার পেছনের জমি আপনারা আজই সস্তায় কিনে নিন বা কম পক্ষে এ্যাডভান্স দিয়ে সেই জমিটার ওপরে নিজেদের কব্জা করে নিন আর সঠিক সময় এলে তৎক্ষনাত সেই জমিটা উঁচু দামে বেচে দিন। সব থেকে ভালো এটা হবে যে, আপনারা নিজেদের ফ্যাক্টরীর ঠিক পাশের জমিটা কিনে নিজেদের কাছেই রেখে নিন আর ঠিক দু বছর পরেই সেটা বেচার কথা চিন্তা করুন। পরবর্তী দু বছরে আপনাদের শিল্প গড়ে উঠবে... আপনাদের ফ্যাক্টরী কাজ করা শুরু করে দেবে... আশপাশের এলাকাগুলোয় গতিবিধি শুরু হয়ে পড়বে আর এমন পরিস্হিতিতে আপনার ফ্যাক্টরীর পাশের জমিটার দাম দ্বিগুণেরও বেশী হয়ে পড়বে। আপনারাও যদি এই ভাবে নিজেদের টাকা-পয়সাকে দ্বিগুণ করে তোলার এই প্রক্রিয়া গ্রহণ করেন... তাহলে নিশ্চিত রূপে সেটা আপনাদের কোটিপতি হয়ে ওঠার পক্ষে এক অব্যর্থ প্রয়োগ হবে!

ooo

12

এস.আই.পি.-র শরণ নিন

আপনারা মিউচ্যুয়াল ফাণ্ডে নিবেশ করার পদ্ধতির ব্যাপারে জানেন না আর আপনারা এটাও জানেন না যে, মিউচ্যুয়াল ফাণ্ডে নিবেশ কি ভাবে করা হয় আর এতে উপার্জন ঠিক কি ভাবে হয় ? এটা সত্যি যে, বর্তমান যুগে যে ব্যক্তি স্টক মার্কেটের মারপ্যাঁচ জানেন না... তিনি মিউচ্যুয়াল ফাণ্ডেই নিবেশ করেন। মিউচ্যুয়াল ফাণ্ডে নিবেশ করার পরে লোকসান হয়ে পড়লে আমাদের অত্যন্ত দুঃখ হয়। এই দুঃখ দূর করার একটাই রাস্তা আছে আর সেটা হচ্ছে – এস.আই.পি. ! এস.আই.পি.-র অর্থ হচ্ছে – *'সিস্টেমেটিক ইনভেস্টমেন্ট প্ল্যানিং'*! আপনারাও এস.আই.পি.-র আশ্রয় গ্রহণ করে মিউচ্যুয়াল ফাণ্ডে নিবেশ করতে পারেন। তখন আপনারা এটা দেখতে পাবেন যে, আগত ভবিষ্যতে আপনাদের টাকার মূল্য অনেকটাই বেড়ে উঠেছে। এর সাথে-সাথেই গোটা বিশ্বে যেখানেই লোকেরা মিউচ্যুয়াল ফাণ্ডের এস.আই.পি.-র লাভ ওঠাচেছন... তাঁরা দীর্ঘ মেয়াদে নিশ্চিত রূপে লাভই প্রাপ্ত করছেন।

এস.আই.পি.-র ব্যাপারে আলোচনা শুরু করার আগে আসুন... আমরা মিউচ্যুয়াল ফাণ্ডের ব্যাপারে একটু আলোচনা করে নিই। বিভিন্ন প্রকারের মিউচ্যুয়াল ফাণ্ড আজ বাজারে রয়েছে। সেগুলোর মধ্যে কয়েকটা এমন মিউচ্যুয়াল ফাণ্ড রয়েছে... যেগুলো কেবলমাত্র স্টক মার্কেটে পয়সা লাগিয়ে রেখেছে। আবার এমন কিছু মিউচ্যুয়াল ফাণ্ডও রয়েছে... যেগুলোর কিছুটা পয়সা স্টক মার্কেটে আর কিছুটা ইনকাম সিকিউরিটি ইত্যাদিতে লাগানো রয়েছে। এবার আপনারা নিবেশক হিসেবে এটা বুঝে উঠতে পারেন না যে, আপনারা ঠিক কোন্ মিউচ্যুয়াল ফাণ্ডে নিজেদের টাকা নিবেশ করবেন ?! আজ আপনাদের কাছে টাকা-পয়সা রয়েছে... সেটা আপনারা নিবেশও করতে

চান – কিন্তু কোথায় নিবেশ করা উচিত, সেই ব্যাপারে এক বিরাট বড় প্রশ্নচিহ্ন লেগে রয়েছে। এমন পরিস্থিতিতে ভালো এটাই হবে যে, আপনারা প্রতি মাসে এক নির্দিষ্ট পরিমাণ অর্থ মিউচ্যুয়াল ফাণ্ডে নিবেশ করে চলুন। যে কোন একটা মিউচ্যুয়াল ফাণ্ড বেছে নিলেও প্রতি মাসে তাতে পাঁচ হাজার, দশ হাজার বা পঞ্চাশ হাজার টাকা নিবেশ করে চলুন। এমন প্রক্রিয়াকেই *'সিস্টেমেটিক ইন্‌ভেস্টমেন্ট প্ল্যানিং'* বা এস.আই.পি. বলা হয়। এমনটা করলে নিবেশকের নেট প্রফিট হয়... কারণ আপনাদের ইন্‌ভেস্টমেন্টের মূল্য সময় মত সব মিলিয়ে গড়পড়তা হয়ে পড়ে। সুতরাং যখনই মিউচ্যুয়াল ফাণ্ডে নিবেশ করার কথা চিন্তা করবেন... আপনারা যদি ইন্‌ভেস্টমেন্টের প্রক্রিয়া গ্রহণ করার জন্য এস.আই.পি.-র দরজা দিয়ে চলেন, তাহলে আপনাদের কোটিপতি হয়ে ওঠার স্বপ্ন সাকার হয়ে উঠবে!

বর্তমানে বাজারে একটা-দুটো নয়... পঞ্চাশটা মিউচ্যুয়াল ফাণ্ড রয়েছে। কাদের মিউচ্যুয়াল ফাণ্ড সব থেকে ভালো ? কোন কোম্পানী নিজেদের পুরোন লোভনীয় রিটার্ন দেখিয়ে এটা বলতে চাইছে যে, তাদের মিউচ্যুয়াল ফাণ্ড সব থেকে ভালো... তো অন্য আরেকটা কোম্পানী বর্তমান এক মাসের বিবরণ দেখিয়ে এটা প্রমাণ করতে চাইছে যে, তাদের মিউচ্যুয়াল ফাণ্ড অন্য সব মিউচ্যুয়াল ফাণ্ডের থেকে সর্বোত্তম... সব থেকে তীব্র গতিসম্পন্ন আর সব থেকে বেশী উপার্জন প্রদানকারী মিউচ্যুয়াল ফাণ্ড ! এমন অবস্থায় নিবেশকরা ঘাবড়ে ওঠেন। তাঁরা কি করবেন ? এটাই সমস্যা হয়ে দাঁড়ায়। আর এই সমস্যার সমাধান খুঁজে পাওয়ার জন্য সব থেকে ভালো পদ্ধতি এটাই হবে যে, আপনারা যে কোন পাঁচটা বড় মিউচ্যুয়াল ফাণ্ড বেছে নিন আর এস.আই.পি.-র সহায়তায় এই পাঁচটা মিউচ্যুয়াল ফাণ্ডে প্রতি মাসে টাকা-পয়সা নিবেশ করে চলুন। এমনটা করলে আপনাদের ইন্‌ভেস্টমেন্টের যে মোট মূল্য, সেটা গড়পড়তার থেকে ভালো হয়ে উঠবে আর নিশ্চিত রূপে আপনাদের লাভও বেশী হবে। হ্যাঁ... যদি আপনাদের সময় খারাপ চলে, তাহলেও চিন্তার কিছু নেই। আপনারা কিছুটা দীর্ঘ মেয়াদের জন্য মিউচ্যুয়াল ফাণ্ডের সঙ্গে যুক্ত হয়ে থাকুন। আপনারা যত বেশী সময়ের জন্য মিউচ্যুয়াল ফাণ্ডের সঙ্গে যুক্ত হয়ে থাকবেন, সেটা আপনাদের তত বেশী উপার্জন দিতে পারবে। সুতরাং আমরা মিউচ্যুয়াল ফাণ্ডে নিবেশ তো করব... কিন্তু সেটা এক সিস্টেমেটিক পদ্ধতিতে করব আর লাগাতার ছোট-ছোট মেয়াদের পরে করব। সব থেকে ভালো এটাই হবে যে, আপনারা যে পাঁচটা মিউচ্যুয়াল ফাণ্ড বেছে নিয়েছেন... প্রতি মাসে সেগুলোর প্রত্যেকটায় এক-এক হাজার বা পাঁচ-পাঁচ হাজার টাকা নিবেশ করুন আর আপনাদের কাছে বেশী টাকা

থাকলে বেশী টাকা নিবেশ করুন... কিন্তু অবশ্যই নিবেশ করুন। এই ভাবে আপনারা যদি প্রতি মাসে নিশ্চিত রূপে মিউচ্যুয়াল ফাণ্ডে নিবেশ করে চলেন... তাহলে *"সিস্টেমেটিক ইন্‌ভেস্টমেন্ট প্ল্যানিং"* অর্থাৎ এস.আই.পি. দ্বারা আপনাদের ইন্‌ভেস্টমেন্টের গড় ভালো হয়ে উঠবে আর আপনারা প্রতিদানে বেশ ভালোমতন টাকা পাবেন। এমনটাও হতে পারে যে, আপনাদের কোটিপতি হয়ে ওঠার পথে এমনই কিছু মিউচ্যুয়াল ফাণ্ডের ভালোমতন অবদান থাকবে!

আমেরিকার মত দেশগুলোয় তো প্রায় ক্ষেত্রে নিবেশকরা কোম্পানীর শেয়ার কেনেনই না। সাধারণ নিবেশকরা তো মিউচ্যুয়াল ফাণ্ডের স্কীমেই নিজেদের অর্থ নিবেশ করেন। এমন নিবেশ করার জন্য সেখানকার লোকেরাও এস.আই.পি.-র সহায়তা গ্রহণ করেন আর নিজেদের অর্থকে দ্বিগুণ বা চার গুণ করে তোলেন। ভারতীয় পরিবেশেও আপনারা যদি স্টক মার্কেটে নিবেশ করেন আর আপনাদের কাছে যদি সময়ের অভাব থাকে এবং আপনারা যদি স্টক মার্কেটের গতিবিধি ভালোমতন বুঝতে না পারেন...তাহলে আপনাদের পক্ষে নিশ্চিত রূপে এটাই ভালো হবে যে, আপনারা এস.আই.পি.-র নীতি গ্রহণ করে মিউচ্যুয়াল ফাণ্ডে নিবেশ করুন আর এক বিরাট মাত্রায় অর্থ উপার্জন করুন! মিউচ্যুয়াল ফাণ্ডের আরও একটা লাভ হচ্ছে এটা যে, এর থেকে প্রাপ্ত আয় পূর্ণ রূপে করমুক্ত হয়। আর হ্যাঁ... আমরা যদি 12 মাস পর্যন্ত ইক্যুইটি মিউচ্যুয়াল ফাণ্ড ইত্যাদিতে নিজেদের অর্থ নিবেশ করি... তাহলে সেটা বিক্রী করার সময় আমাদের যে পুঁজিগত লাভ হয়, সেটা পূর্ণ রূপে করমুক্ত হয়ে ওঠে!

আপনারা যদি চাকরী করছেন আর আপনাদের হাতে যদি তেমন বেশী টাকা-পয়সা না থাকে বা আপনারা যদি ছোটখাটো কোন ব্যবসা শুরু করেছেন, আপনাদের বয়স যদি কম হয় – তাহলেও আমি অত্যন্ত জোরের সাথে আপনাদের এই ব্যাপারটার জন্য প্রেরিত করতে চাইব যে, আপনারা ছোটখাটো কর্মচারী হলেও *"সিস্টেমেটিক ইন্‌ভেস্টমেন্ট প্ল্যানিং"*-য়ের প্রক্রিয়া গ্রহণ করে মিউচ্যুয়াল ফাণ্ডে অর্থ নিবেশ করুন, যাতে আগত সময় আপনাদের উজ্জ্বল ভবিষ্যতের সাথে ভালো রিটার্ন প্রদান করতে পারে!

OOO

13

আতংকবাদ হোক্ বা দেশে শাসনের অনিশ্চয়তা – স্টক মার্কেটে টিঁকে থাকুন

যেসব ব্যক্তি স্টক মার্কেটে নিবেশ করেন আর তাঁরা যদি এক দীর্ঘ মেয়াদ ধরে নিবেশ করে আসেন... তবুও আজ তাঁদের পক্ষে এটা বলা অত্যন্ত মুশ্কিল হয়ে ওঠে যে, আজ সকালে যখন স্টক মার্কেট খুলবে... তখন শেয়ারের দাম বাড়বে না কমবে ? স্টক মার্কেট সেন্টিমেন্টের ওপরে চলে ! আর এমনটা শুধু ভারতেই নয়... বরং বিশ্বের অন্যান্য স্টক মার্কেটগুলোতেও এমন প্রক্রিয়াই চলে। ভারতে তো এই প্রক্রিয়া এক অত্যন্ত সাধারণ ব্যাপার হয়ে উঠেছে যে, আশপাশের পরিবেশ দেখে স্টক মার্কেট ওঠানামা করে। অনেক বার এমনটা দেখতে পাওয়া গেছে যে, দেশের কোন বড় শহরে আতংকবাদী হামলা হল... শেয়ার বাজার স্তব্ধ হয়ে পড়ল ! 24 ঘণ্টা টি.ভি.-তে সেই আতংকবাদী হামলার ব্যাপারে হেডলাইন্স দেখানো হতে থাকল আর শেয়ার বাজার সারাটা দিন নীচের দিকেই রয়ে গেল ! পরের দিন সকালেও স্টক মার্কেট নীচেই রইল... কারণ আতংকবাদীদের হামলায় প্রচুর লোকেদের মৃত্যু হয়েছে । এমন অবস্থায় স্টক মার্কেট তৎক্ষনাত নীচের দিকে নেমে এসে নিবেশকদের লোকসান প্রদান করা শুরু করে দেয়।

কেবল আতংকবাদই নয়... অন্যান্য যে কোন রাজনৈতিক সংবাদ... যে সংবাদে শাসক গোষ্ঠীর অবস্থা নড়বড়ে হয়ে ওঠার সম্ভাবনা রয়েছে... আসামাত্রই স্টক মার্কেটের অবস্থান বদলে যায়। আপনারা যদি অতীতে দেশে

নির্বাচন হওয়ার সময়ের অবস্হা লক্ষ্য করেন... তাহলেও আপনারা এটা দেখতে পারেন যে, সেই সময় স্টক মার্কেটে হৈ-চৈ পড়ে যায় আর জিনিযপত্রের দাম হু-হু করে নীচের দিকে নেমে আসতে থাকে! এমন অবস্হায় নিবেশকরা কি করবেন ? আমার তো এমনটাই মনে হয় যে, আপনারা যদি কোটিপতি হওয়ার স্বপ্ন দেখছেন... তাহলে নিশ্চিত রূপে এটা মাথায় রাখবেন যে, দেশে আতংকবাদ হোক্ বা শাসনের অনিশ্চয়তা অথবা যদি রাজনৈতিক ক্ষেত্রে বিরাট কোন ওঠা-নামার সৃষ্টি হয়ে পড়ে বা বিশ্বের অন্য কোন দেশে যদি অরাজকতার সৃষ্টি হয়ে পড়ে – প্রতিটি সময়েই স্টক মার্কেট ভেঙে পড়ে আর এটাই হচেছ আপনাদের পক্ষে স্টক মার্কেটে পা রাখার সব থেকে ভালো সময়! আর আপনারা যদি এমন সিদ্ধান্ত নিয়ে থাকেন, তাহলে এই একটা সিদ্ধান্তই আপনাদের কোটিপতি করে তুলবে। আমার একটা ঘটনার কথা মনে পড়ে যাচেছ – একটা সময় কোন এক কোম্পানীতে বিরাট বড় অগ্নিকাণ্ড হয়ে পড়েছিল... সেটা সেই কোম্পানীর পক্ষে এক বিরাট বড় দুর্ঘটনা ছিল। সেই সময় সেই কোম্পানীর শেয়ারের দাম অত্যন্ত নীচে নেমে এসেছিল... বেশীর ভাগ নিবেশক সেই কমে আসা দামেও সেই কোম্পানীর শেয়ার কেনার জন্য প্রস্তুত ছিলেন না। সেই কোম্পানীর নাম শুনেই নিবেশকরা পেছিয়ে যাচিছলেন... কিন্তু যেসব ব্যক্তি সাহস করে সেই কোম্পানীতে নিবেশ করেছিলেন... তাঁদের পয়সা আগামী চার বছরে চার-পাঁচ গুণ বেড়ে উঠেছিল। সুতরাং যখনই আপনারা এমনটা দেখবেন যে, দেশে আতংকবাদ ছড়িয়ে পড়েছে বা দেশে অন্য কোন বড় প্রকারের সমস্যা দেখা দিয়েছে... দেশে মুদ্রাস্ফীতি দেখা দিয়েছে অথবা দেশের শাসন ক্ষমতায় থাকা পার্টির অবস্হা খারাপ হয়ে উঠেছে – এই সব সময় স্টক মার্কেটে শেয়ারের দাম নীচের দিকে নেমে আসে। আর এই সময়েই আপনাদের স্টক মার্কেটে নিজেদের পয়সা নিবেশ করা উচিত আর আপনাদের সেটার জন্য প্রস্তুত হয়ে থাকা উচিত। তাহলে আপনারা সমস্যার সময় যে নিবেশ করেছিলেন... দেশ যখন বিভিন্ন প্রকারের দুঃসময়ের ভেতর দিয়ে যাচিছল, সেই সময়ও যদি আপনারা নিবেশ করে থাকেন, তাহলে নিশ্চিত রূপে পরে আপনাদের আর কোন প্রকারের সমস্যার মুখোমুখি হতে হবে না। আপনারা যদি স্টক মার্কেটের পুরোন ইতিহাস দেখেন... তাহলে আপনারা এটা দেখতে পাবেন যে, এই ব্যাপারটা একেবারে সত্য! আর হ্যাঁ... শেয়ার মার্কেটের এমন কঠিন সময়ে যদি আপনারা নিবেশ করেন আর পয়সা কামাতে চান আর কোটিপতি হয়ে উঠতে চান... তাহলে কেবলমাত্র একটা ব্যাপার মাথায় রাখুন যে, আপনারা কিছুটা লম্বা সময়ের জন্য স্টক মার্কেটে টিকে থাকার জন্য প্রস্তুত হয়ে থাকুন। কম সময়ের জন্য

স্টক মার্কেটে থাকলে চলবে না। আমার ব্যক্তিগত অভিজ্ঞতা এটা বলে যে, যখনই উপরোক্ত পরিস্থিতিগুলোয় স্টক মার্কেটের শেয়ার কেনা হয়েছে... 6 মাস বা এক বছরের মধ্যে সেই শেয়ারের দাম নিশ্চিত রূপে বেড়ে উঠেছে। আর আপনারা যদি এমনটা চিন্তা করেন যে, আজ আমরা সস্তায় কিছু শেয়ার কিনে নেব আর কাল সকালেই সেই সব শেয়ার বেচে কিছু পয়সা কামিয়ে শেয়ার বাজার ছেড়ে বেরিয়ে আসব... এমনটা সম্ভব নয়! সুতরাং যখনই আপনারা খারাপ সময়ে স্টক মার্কেটে পা রাখবেন... তখনই আপনারা একটা কথা মাথায় রাখবেন যে, গুজবে কান দেবেন না... তাহলেই আপনারা লাভ প্রাপ্ত করবেন।

OOO

14

লোকেদের মুখের ভাব পড়ার আর্ট শিখুন

এক সফল ব্যবসায়ী হয়ে ওঠার পেছনে এটাও এক রহস্য থাকে যে, আপনারা বার্তালাপের সময় সামনের ব্যক্তির মুখের ভাব পড়তে শিখবেন। এই আর্টে আপনারা যদি নিপুণ হয়ে ওঠেন, তাহলে নিশ্চিত রূপে আপনারা নিজেদের কাজে সফলতা প্রাপ্ত করবেন। আজ পর্যন্ত যতজন ব্যক্তি কোটিপতি হয়ে উঠেছেন... তাঁদের মধ্যে অধিকাংশই এই আর্টে নিপুণ! কিন্তু কোন ব্যক্তিই এই আর্টের প্রশংসা করেন না আর না-ই তিনি এমনটা চান যে, সাধারণ জনতাও এই ব্যাপারে জানতে পারুন।

মুখের ভাব পড়ার আর্টে নিপুণ হয়ে ওঠার সরাসরি অর্থ হচেছ এই যে, আপনারা যে ব্যক্তির সাথে ব্যবসা সংক্রান্ত বিষয়ে কথাবার্তা বলছেন – তা তিনি আপনাদের খরিদ্দার হন্ বা আপনারা সেই ব্যক্তির থেকে মাল কিনছেন – দুটি অবস্থাতেই যখন আপনাদের মধ্যে বার্তালাপ চলছে, তখন আপনারা সেই ব্যক্তির মনের কথা তাঁর মুখের হাব-ভাব দেখে বুঝতে পেরে যাবেন। এমনটা করতে পারলে আপনাদের কখনোই লোকসান হবে না।

প্রতি দিন সকালে 10 মিনিট পর্যন্ত চোখের ব্যায়াম করতে থাকলে সামনের ব্যক্তির মুখের ভাব পড়তে সহায়তা প্রাপ্ত হয়। এই ক্রিয়া অত্যন্ত সরল। আপনারা নিজেদের বাঁ হাতের বৃদ্ধাঙ্গুষ্ঠ নিজেদের চোখের সামনে প্রায় এক ফুট দূরত্বে রাখুন আর পাঁচ মিনিট পর্যন্ত সেটাকে এক দৃষ্টিতে দেখতে থাকুন। এই প্রকারের সরল অভ্যাস লাগাতার করে চললে আপনাদের চোখের দৃষ্টিশক্তি এতটাই বেড়ে উঠবে যে, আপনারা সামনের ব্যক্তির মুখের ভাব পড়তে সফলতা

প্রাপ্ত করে নেবেন। এই ক্রিয়াকে ক্রিয়ান্বিত করা অন্য আরেকটি পদ্ধতি হচেছ এই যে, আপনারা যেখানে বসে রয়েছেন... তার থেকে কিছুটা দূরত্বে একটা জ্বলন্ত মোমবাতি রেখে নিন আর বেশ কিছুক্ষন পর্যন্ত সেই মোমবাতির শিখার দিকে এক দৃষ্টিতে তাকিয়ে থাকুন। এমনটা করলেও আপনারা অন্যের মুখের ভাব পড়তে সহায়তা প্রাপ্ত করবেন। প্রভুর আশীর্বাদের রূপে আপনারা যদি প্রতি দিন সকালে সূর্যোদয়ের পরে 10 থেকে 15 মিনিট পর্যন্ত সূর্যের দিকে তাকিয়ে থাকেন, তাহলে আপনারা লোকেদের মুখের ভাব পড়ার আর্টে নিপুণতা প্রাপ্ত করে নিতে পারবেন। উপরোক্ত পদ্ধতি গ্রহণ করা আর আমাদের সঙ্গতে থাকা বেশ কিছু ব্যক্তির এই জিনিষটার পূর্ণ লাভ প্রাপ্ত হয়েছে। সব থেকে জরুরী ব্যাপার হচেছ এই জিনিষটার ওপরে বিশ্বাস রাখা যে, আপনারা যদি নিজেদের ব্যবসায়িক মিত্রের মুখের ভাব পড়ে নিতে পারেন... তাহলে আপনারা এটা জানতে পারবেন যে, তিনি কি ভাবছেন আর শেষে তাঁর উত্তর কি হবে ? আর সেই প্রক্রিয়ার অনুরূপ আপনারা নিজেদের ব্যবসায়িক বার্তালাপকে অন্য দিকে ঘুরিয়ে নিতে পারবেন।

নিজেদের ব্যবসায়িক মিত্রদের সাথে ব্যবসায়িক ব্যাপারে আলোচনা করার সময় আপনাদের নিজেদের ভেতরে অসীম শান্তি বজায় রাখতে হবে। প্রতি দিন সকালে 5 থেকে 10 মিনিট পর্যন্ত প্রভুর নাম জপ করার পরে আপনারা যদি 10 মিনিটের জন্য ধ্যান করে নেন... তাহলে আপনাদের মুখের কান্তি বেড়ে উঠবে আর তার সাথে-সাথে আপনাদের চোখের দৃষ্টিশক্তিও অনেকটাই বেড়ে উঠবে। আপনাদের চোখের দৃষ্টিশক্তি বেড়ে ওঠায় অন্য কেউ আপনাদের ওপরে প্রভাব বিস্তার করতে পারবে না। এটাও এক পরীক্ষিত জিনিষ ! এজন্য যেসব সফল ব্যবসায়ী কোটিপতি হয়ে উঠতে চান... তাঁদের প্রতি দিন সকালে কম পক্ষে 10 মিনিট প্রভুর যে কোন নামের স্মরণ. করা উচিত আর তারপর চোখ বন্ধ করে কোন নির্দিষ্ট স্হানে বসে ধ্যান করা উচিত। ধ্যানের সব থেকে বড় ফল এটাই হয় যে, আপনারা যদি জপ আর ধ্যানে লীন হয়ে পড়েন আর প্রতি দিন এই দুটি কাজের জন্য সব মিলিয়ে 15 মিনিট সময় বার করে আনেন... তাহলে আপনাদের নিশ্চিত রূপে লাভ প্রাপ্ত হবে ! আমাদের তো এটাই চেস্টা করা উচিত যে, আমরা প্রতি দিন অভ্যাস করে লোকেদের মুখের ভাব পড়ার আর্টে নিপুণ হয়ে উঠব ! এমনটা করলে আমরা আগে থেকেই এটা জানতে পেরে যাব যে, আমাদের সামনে বসে থাকা ব্যবসায়ী ঠিক কি বলতে চান বা তাঁর মানসিক চিন্তা ঠিক কি ? আরও একটা জিনিষ মাথায় রাখতে হবে যে, ব্যবসায়িক বার্তালাপ করার সময় আমাদের একেবারে রেগে ওঠা উচিত নয়। রাগ করলে ক্ষতি

আমাদেরই হবে। এজন্য যদি কারো সাথে আপনাদের মনোমালিন্য হয়ে পড়ে... মতভেদ হয়ে পড়ে... যদি ব্যবসায়িক বার্তালাপে মন না লাগে বা কাজ হওয়ার সম্ভাবনা না থাকে – এমন পরিস্থিতিতেও সফল ব্যবসায়ীদের ব্যবসায়িক বার্তালাপ করার সময় রেগে ওঠার অভ্যাস ত্যাগ করা উচিত আর মুখে মধুর হাসি ফুটিয়ে তুলে ব্যবসায়িক বার্তালাপকে এগিয়ে নিয়ে যাওয়া উচিত। এমনটা করলেই আপনারা এক সফল ব্যবসায়ী বা শিল্পপতি হয়ে উঠতে পারবেন! আমার সেই সময়ের কথা মনে পড়ে যাচ্ছে, যখন এক ব্যক্তি বসে-বসে উল্টো করে কাগজ পড়ার আর্টে নিপুণতা প্রাপ্ত করে নিয়েছিলেন। সেই ব্যক্তি যখনই কোন ব্যবসায়িক মীটিং-য়ে কোন ব্যবসায়ীর সাথে বসতেন, তখনই নিজের সামনে বসে থাকা ব্যবসায়ী নিজের টেবিলের ওপরে রাখা কাগজে যা কিছু লিখছেন... যেসব নোটস্ নিচ্ছেন – সেসব কিছু উনি উল্টো দিকে বসে থেকেও পড়ে নিতেন। এই আর্টে আপনারাও নিপুণতা প্রাপ্ত করতে পারেন... যাতে আপনাদের ব্যবসাতে সহায়তা প্রাপ্ত হয়।

যেসব ব্যক্তি বিদেশে কাজ করছেন অর্থাৎ যাঁদের ভারত ছাড়াও বিশ্বের অন্যান্য দেশগুলোতেও ব্যবসা রয়েছে... তাঁদের তো সেই সব দেশের ভাষাও জানা উচিত এবং এমন চেস্টা করা উচিত যে, তাঁরা সেই দেশের ভাষা বুঝতে পারবেন... যাতে ব্যবসায়িক আলোচনার সময় সামনে বসা শিল্পপতি বা ব্যবসায়ী নিজের সাথীর সাথে নিজের দেশের ভাষায় কথা বলতে থাকলে তিনিও তাঁদের সেই বার্তালাপ বুঝতে পারেন। এমনটা করলে আপনাদের ব্যবসায় উন্নতি হবে আর আপনাদের লাভ-ই লাভ হবে! যেসব বিদেশী নাগরিক ভারতে ব্যবসা ইত্যাদির জন্য আসেন, তাঁরা তো সাধারণতঃ ইংরাজীতেই কথাবার্তা বলেন... কিন্তু বাস্তবিকতা হচ্ছে এটা যে, এখন তাঁরা হিন্দীও শিখে নিয়েছেন আর আপনারা যদি নিজের কর্মচারীদের ইশারাতেও কোন কথা বলেন... তাঁরা সেটা ফটাফট্ বুঝতে পেরে যাবেন। ঠিক সেই প্রকার আমাদেরও এটা উচিত হবে যে, আমরাও নিজেদের ব্যবসাকে বাড়িয়ে তোলার জন্য যে দেশে আমাদের ব্যবসা চলছে... সেই দেশের ভাষা বোঝার চেস্টা করব – যাতে যখনই আমাদের সেই দেশের কোন পার্টির সাথে ব্যবসায়িক মীটিং হবে... আমরা তৎক্ষনাত সেই পার্টির ইশারাতে বলা কথাও বুঝতে পেরে যাব!

০০০

15

কেবলমাত্র এক নৌকোয় কখনো পা রাখবেন না

কোটিপতি হয়ে ওঠার জন্য আরও যে জিনিষটা সর্বদা মাথায় রাখতে হয়, সেটা হচ্ছে – আপনারা সর্বদা এক নৌকোতেই চেপে সফর করবেন না! আমাদের এই বক্তব্যের সরাসরি অর্থ হচ্ছে এই যে, আপনারা যে ব্যবসায় লেগে রয়েছেন, কেবল সেই একটা ব্যবসাতেই নিজের সব পুঁজি আর শক্তি লাগিয়ে দেবেন না। সাধারণতঃ এমনটাই শুনতে পাওয়া যায় যে, যদি একটা ব্যবসা ভালো চলছে... তাহলে আপনারা সেই একটা ব্যবসাতেই নিজেদের সব সময় আর শক্তি লাগিয়ে দেন। কিন্তু কোটিপতি হয়ে উঠতে ইচ্ছুক কোন ব্যক্তির পক্ষে এটা এক ভালো বিকল্প হবে যে; তিনি একটা ব্যবসাতেই নিজের সমস্ত টাকা-পয়সা আর সময় লাগাবেন না! কে জানে কোন্ অশুভ মুহূর্তে আপনাদের ভালো ভাবে চলতে থাকা ব্যবসাতে বাধা এসে উপস্থিত হয়... সেই ব্যবসা মন্দার শিকার হয়ে পড়ে! এজন্য কোটিপতি হয়ে ওঠার একটা গুরুত্বপূর্ণ সূত্র এটাও হয় যে, আমরা নিজেদের ব্যবসাকে এমন ভাবে সাজিয়ে তুলব... যাতে একাধিক ব্যবসা বা শিল্পে আমাদের পুঁজি লাগে!

আপনারা যদি একাধিক ব্যবসা শুরু করেন... তাহলে আপনাদের ব্যবসা করার ঝুঁকিও অনেকটাই কমে আসে। কম পক্ষে দুটো ব্যবসা তো অবশ্যই করুন। এমনটা করলে যখনই একটা ব্যবসায় মন্দা আসবে বা কোন প্রকারের সমস্যা উৎপন্ন হবে... তখন আপনাদের ততটা লোকসান ওঠাতে হবে না... কারণ আপনাদের দ্বিতীয় ব্যবসা চলতে থাকবে! যে কোন একটা ব্যবসায় নিপুণতা রাখাটা ভালো কথা... কিন্তু নিশ্চিত রূপে দু প্রকারের ব্যবসা বা শিল্প

চালু করার ব্যাপারে আগে থেকেই ভাবনা-চিন্তা করে রাখুন।

আপনারা দু প্রকারের ব্যবসা করলে সেটার আরও একটা লাভ হচ্ছে এটা যে, যদি কোন কারণে আপনাদের একটা ব্যবসায় মন্দা আসে... তাহলে অফিসের খরচা, স্টাফেদের বেতন, অন্যান্য ভাড়া অথবা অন্যান্য খরচ মেটানোর জন্য আপনাদের ওপরে চাপ পড়বে না... কারণ আপনাদের দ্বিতীয় ব্যবসা চলতে থাকবে।

যেসব শিল্পপতির এক প্রকারেরই শিল্প রয়েছে আর যাঁরা নিজেদের সেই এক প্রকারের শিল্পেরই বিভিন্ন ইউনিট দেশের বিভিন্ন রাজ্যে লাগিয়ে রেখেছেন... তাঁদের অন্য কোন প্রকারের শিল্প চালু করা উচিত আর তাঁরা যদি অন্য কোন শিল্প না-ও গড়ে তোলেন, তাহলেও তাঁদের অন্য কোন ব্যবসার সন্ধান করা উচিত বা অন্য কোন কাজ শুরু করা উচিত। এমনটা করলে সরকারী নীতি অথবা অন্য যে কোন প্রকারের সমস্যার কারণে তাঁদের মুখ্য শিল্প যদি কখনো সমস্যার মুখোমুখি হয়ে পড়ে... তাহলে সেই ব্যবসায়ীর পরিবারে এমন অবস্থার সৃষ্টি হয়ে পড়বে না যে, দু বেলা খাওয়ার মত পয়সা নেই! দ্বিতীয় শিল্প থাকলে বা অন্য কোন ব্যবসা চালিয়ে গেলে আপনাদের দৈনন্দিন প্রয়োজনে খরচ করার জন্য টাকা-পয়সার অভাব হবে না আর আপনাদের গাড়ী ভালো ভাবেই চলতে থাকবে! যে কোন ব্যক্তিরই সময় সর্বদা ভালো চলে না। এজন্য ভালো আর সফল শিল্পপতিদের পক্ষে এটা অত্যন্ত জরুরী হয় যে, তাঁরা নিজেদের মুখ্য শিল্পের সাথে-সাথে অন্য আরেকটা ব্যবসাও চালিয়ে যাবেন!

OOO

16

সফল শিল্পপতি হওয়ার জন্য সর্বদা স্টক মার্কেটের থেকে দূরে থাকুন

আপনারা যদি এক সফল শিল্পপতি হয়ে উঠতে চান আর সেই শিল্পের থেকে কোটি-কোটি টাকা উপার্জন করতে চান... তাহলে আপনাদের পক্ষে এটাই ভালো হবে যে, আপনারা স্টক মার্কেটের থেকে সর্বদা দূরেই থাকুন! স্টক মার্কেটের দিকে ভুল করেও তাকাবেন না! আমার এক সফল আমেরিকান শিল্পপতির বক্তব্য মনে পড়ে যাচ্ছে। উনি বলেছিলেন – "*আপনাদের যদি ইণ্ডাস্ট্রি চলতে থাকে... তাহলে আপনারা কখনোই স্টক মার্কেটে নিবেশ করতে যাবেন না!*" ওনার এই বক্তব্য আমি যখন প্রথম বার পড়েছিলাম, তখন আমার মাথায় কিছুই ঢোকেনি। আমার তখন এমনটাই মনে হয়েছিল যে, স্টক মার্কেটেই তো লোকেরা পয়সা কামায়। তাহলে যে শিল্পপতির কাছে অতিরিক্ত পয়সা রয়েছে, তিনি নিজের সেই অতিরিক্ত পয়সা স্টক মার্কেটে কেন লাগাবেন না? এতে কি এমন সমস্যা আছে? স্টক মার্কেটে পয়সা লাগিয়ে দিলে কি এমন সমস্যা সৃষ্টি হয়ে পড়বে? এতে কি তাঁর বর্তমান শিল্প ঝুঁকিতে ভরে উঠবে?

সেই আমেরিকান শিল্পপতি আরও লিখেছিলেন – "*যখন কোন ব্যক্তি... বিশেষ করে কোন শিল্পপতি নিজের পয়সা স্টক মার্কেটের শেয়ার কিনতে লাগান... তখন তাঁর সব থেকে বড় ক্ষতি এটা হয় যে, যেদিন স্টক মার্কেটে তাঁর শেয়ারের দাম বেড়ে ওঠে আর বেশ ভালোমতন বেড়ে ওঠে... সেদিন সেই ব্যক্তি আর নিজের শিল্পের প্রতি মনোযোগ দেন না আর সারাটা দিন এই ভেবে আত্মসন্তুষ্টিতে ভরে ওঠেন যে, আজ তিনি স্টক মার্কেটে লাখ-লাখ টাকা কামিয়ে নিয়েছেন। বাস্তবে দেখতে গেলে, লাখ-লাখ টাকা কামাই তো হয়*

না... তাঁর শেয়ারের দামের মূল্য কয়েক লাখ টাকা বেড়ে ওঠে। উনি এখনও সেই সব শেয়ার বিক্রী তো করেননি যে, সেই লাখ-লাখ টাকা তাঁর হাতে এসে পড়েছে!" এর পরে সেই আমেরিকান শিল্পপতি আরও লিখেছেন – *"যদি কোন দিন শেয়ার বাজার ওপরে না উঠে নীচের দিকে নেমে এসে বন্ধ হয়, তাহলে সেই শিল্পপতি যেসব শেয়ার কিনেছেন... সেগুলোর দাম অনেকটাই কমে আসবে। এর ফলে সেই শিল্পপতি সেদিন বড়ই উদাস হয়ে থাকবেন আর সেদিন কোন কাজেই ওনার মন লাগবে না... কারণ স্টক মার্কেটে সেদিন তাঁর লোকসান হয়েছে!"* আমি সেই আমেরিকান শিল্পপতির বক্তব্যের সাথে সম্পূর্ণ রূপে একমত। সুতরাং যতটা সম্ভব কোন শিল্পপতির স্টক মার্কেটে পা না রাখাই উচিত। তাঁর স্টক মার্কেটে নিবেশ করাও উচিত নয়... অন্যথা যে কথাটা সেই আমেরিকান শিল্পপতি বলেছিলেন, সেটা আপনাদের ক্ষেত্রেও সত্য হয়ে উঠবে আর আপনারা দেখবেন যে, আপনারা নিজেদের শিল্পের প্রতি সম্পূর্ণ মনোযোগ না দেওয়ার কারণে তাতে লোকসান হচ্ছে।

এমন অবস্থায় প্রশ্ন এটা উঠতে পারে যে, কোন শিল্পপতি যদি স্টক মার্কেটে নিবেশ করে নিজের টাকা-পয়সা ডবল করে তোলার প্রক্রিয়ার লাভ ওঠাতে না পারেন... তাহলে তাঁর এমন পরিস্থিতিতে ঠিক কি করা উচিত? এমন ব্যক্তিদের... যাঁদের মুখ্য কাজ কেবলমাত্র নিজেদের শিল্প ভালোমতন চালিয়ে যাওয়া... তাঁরা যদি স্টক মার্কেটে হতে থাকা লাভ দেখে কিছু টাকা কামাতে চান, তাহলে তাঁদের কেবলমাত্র মিউচ্যুয়াল ফাণ্ডেই নিবেশ করা উচিত... কারণ স্টক মার্কেটে এক সফল শিল্পপতি উপার্জন তো করতে পারেন... কিন্তু সেই উপার্জন সেই সময় হবে, যখন সেই শিল্পপতি পর্যাপ্ত সময় স্টক মার্কেটের পরিস্থিতি দেখা আর বোঝার কাজে খরচ করবেন। প্রতিদিন এই ব্যাপারে সংবাদপত্র পড়বেন আর টি.ভি. চ্যানেলের ন্যুজ ভালো করে শুনবেন... বিভিন্ন লোকেদের সঙ্গে আলোচনা করে শেষে নিজের মাথা খাটিয়ে এই নিস্কর্ষে এসে পৌঁছবেন যে, স্টক মার্কেটে ঠিক কোথায় পয়সা লাগানো উচিত? এমনটা করলে এটা সম্ভবপর হতে পারে যে, স্টক মার্কেটে না থেকেও মিউচ্যুয়াল ফাণ্ডে নিবেশ করে আপনারা টাকা-পয়সা উপার্জন করতে পারবেন।

তবে হ্যাঁ... যদি কোন শিল্পপতির কাছে এতটা সময় থাকে যে, তিনি নিজে 2 -4 ঘণ্টা স্টক মার্কেটে হতে থাকা গতিবিধি সংক্রান্ত সংবাদ পড়বেন... টি.ভি. চ্যানেল ইত্যাদিতে স্টক মার্কেট সম্বন্ধিত আলোচনা দেখবেন-শুনবেন... তাহলে ঠিক আছে – অন্যথা তাঁর নিজের অর্থ কেবলমাত্র মিউচ্যুয়াল ফাণ্ডেই নিবেশ করা উচিত, যাতে টাকা-পয়সার কোন প্রকারের বরবাদী না হয়! আমি গত 40

বছরে এমন অনেক ব্যক্তিকে রাস্তার ভিখারী হয়ে পড়তে দেখেছি, যাঁরা নিজেদের শিল্পে হতে থাকা লাভের অর্থকে স্টক মার্কেটে লাগিয়ে দিয়েছিলেন... এমন কি নিজেদের ফ্যাক্টরী ইত্যাদি বন্ধক রেখে সেগুলোর পরিবর্তে যে লোন নিয়েছিলেন... সেই লোনের টাকাও তাঁরা এটা দেখে স্টক মার্কেটে লাগিয়ে দিয়েছিলেন যে, সেই সময় স্টক মার্কেটে নিবেশ করতে থাকা প্রায় সকল ব্যক্তির পয়সাই এক বা দু মাসের ভেতরে দ্বিগুণ হয়ে ফিরে আসছিল। এক দিন এমন সময় এল, যখন গভীর আঘাত লাগল আর লোন নিয়ে তাঁরা যে পয়সা স্টক মার্কেটের শেয়ারে লাগিয়েছিলেন... সেই এক টাকার শেয়ারের দাম 10 পয়সায় নেমে এল। শেষে তাঁরা আর নিজেদের শিল্প চালাতে পারলেন না আর তাঁদের নিজেদের ব্যবসা বন্ধ করে দিতে হল! সুতরাং নিজের পাঠক আর কোটিপতি হয়ে উঠতে ইচ্ছুক ব্যক্তিদের প্রতি আমার বিনম্র নিবেদন যে, তাঁরা যেন খেলা করার জন্য স্টক মার্কেটে পা না রাখেন আর এমনটাই আমেরিকার এক অত্যন্ত সফল শিল্পপতিও বলেছেন!

OOO

17

নিজের জীবনের উদ্দেশ্য নির্দিষ্ট করে নিন

এখন আপনাদের হাতে পয়সা আছে কম... কিন্তু আপনাদের মেহনত জারী রয়েছে, আপনাদের নিষ্ঠা তীব্র হয়ে রয়েছে, আপনাদের চিন্তাধারা ভালো, আপনাদের বিচারধারাও এক দিকে চলেছে – এবার আপনাদের এক জায়গায় বসে একটা কাগজের ওপরে নিজেদের জীবনের উদ্দেশ্য লিখে ফেলার সময় এসে উপস্থিত হয়েছে। কোটিপতি হয়ে ওঠার জন্য বড় স্বপ্ন দেখতে হবে! আপনারা যদি তেমন স্বপ্ন দেখছেন... তাহলে সব থেকে ভালো এটাই হবে যে, আপনারা কোন ছুটীর দিন 2 বা 3 ঘন্টা একান্তে কোন জায়গায় চুপচাপ বসে পড়ুন... যেখানে আপনাদের পরিবারের কোন সদস্য মজুদ থাকবে না আর আপনাদের সাথে মোবাইল ফোনও থাকবে না। এমন কোন জায়গায় বসুন, যেখানে আপনাদের কেউ বিরক্ত করবে না আর তেমন একান্ত জায়গায় বসে নিজেদের জীবনের পরবর্তী 20 বা 30 বছরের উদ্দেশ্য লিখে ফেলুন!

বাস্তবিক রূপে কোটিপতি হয়ে ওঠার জন্য নিজেদের জীবনের উদ্দেশ্য লেখাটা অত্যন্ত জরুরী হয়! আপনারা যে ব্যবসায় যুক্ত হয়ে রয়েছেন, সেই ব্যবসার ব্যাপারে চিন্তা করুন আর চিন্তন করুন... তবে গিয়ে আপনারা নিজেদের জীবনের উদ্দেশ্য লিখতে সফল হয়ে উঠবেন। আমি নিজের ব্যবসায়িক কার্যকালে এখনও পর্যন্ত বেশ কয়েক হাজার লোককে এই ব্যাপারে জানিয়েছি যে, তাঁরা যেন নিজেদের জীবনের উদ্দেশ্য লেখার প্রস্তুতি নেন। একবার জীবনের উদ্দেশ্যের মাস্টারমাইণ্ড তৈরী হয়ে পড়লে আপনাদের জীবনটাই বদলে যাবে আর আপনাদের সেই ডক্যুমেন্ট মাসে একবার অবশ্যই পড়া উচিত। আজ

পর্যন্ত আমি প্রায় 50-জন ব্যক্তিকে তাঁদের জীবনের উদ্দেশ্য তৈরী করার কাজে সহায়তা করেছি। এই জিনিষটা তৈরী করার পদ্ধতি অত্যন্ত সরল। যখন ওনারা এমনটা বিশ্বাস করে নিয়েছিলেন যে, উদ্দেশ্যই জীবন আর জীবনই উদ্দেশ্য... তখন একদিন অফিস থেকে ছুটী নিয়ে আমি আর ওনারা পৌঁছে গেলাম এক অজানা স্হানে। ফাইভ ষ্টার হোটেলে আমরা একটা রুম বুক করে নিলাম আর তারপর আমি তাঁদের কোন কথা না বলে তাঁদের নিজেদের জীবনের উদ্দেশ্য লিখে ফেলতে বললাম। ওনারা সেটা লিখতে বসে পড়লেন আর এক ঘন্টার ভেতরে সেটা লিখেও ফেললেন। আমি তারপর তাঁদের বললাম – *"এবার আপনাদের দ্বারা লেখা উদ্দেশ্যের ওপরে একটা আলোচনা করা যাক।"* আমাদের সেই আলোচনা দীর্ঘ ছিল আর সেটা 2 - 3 ঘন্টা ধরে চলতে লাগল... তারপর তাঁদের এমনটা মনে হল যে, তাঁরা নিজেদের জীবনের যে উদ্দেশ্যের ব্যাপারে লিখেছেন... তাতে কোথাও-না-কোথাও কিছু ত্রুটি-বিচ্যুতি রয়ে গেছে। ওনারা বললেন – *"সুভাষ জী! আপনি দশটা মিনিট অপেক্ষা করুন। আমাদের দ্বারা লেখা উদ্দেশ্যে কিছু ত্রুটি-বিচ্যুতি রয়ে গেছে... আমরা সেগুলো ঠিক করে এখুনি আসছি!"*

আমি বললাম – *"কেবলমাত্র দশ মিনিট নয়... আপনারা আবার একবার পুরো সময় নিন। যতটা প্রয়োজন, ততটা সময় নিন। নিজেদের জীবনের উদ্দেশ্যকে নিজেদের বন্ধু বানিয়ে তুলুন আর জীবনের এক ভিত্তি বানিয়ে তুলুন।"* ওনারা আবার একবার নিজেদের জীবনের উদ্দেশ্য লিখতে বসে পড়লেন। ততক্ষনে দুপুর হয়ে এসেছিল আর লাঞ্চ সেরে তাঁরা আবার একবার নিজেদের কাজে লেগে পড়লেন। চার ঘন্টা আগে তাঁরা নিজেদের জীবনের যে উদ্দেশ্য লিখেছিলেন, এবার সেটায় সংশোধন করার কাজে ওনারা লেগে পড়লেন। সন্ধ্যা প্রায় পাঁচটার সময় ওনাদের সেই কাজ শেষ হল। ওনারা আমার সঙ্গে আলোচনায় বসার জন্য এলেন আর আমরা আলোচনায় বসে পড়লাম। তিন ঘন্টা আলোচনা করার পরে এটা বুঝতে পারা গেল যে, ওনারা এবার এটা বুঝতে পেরে গেছেন যে, আগামী 20 বা 30 বছরে কোন্ পথে ওনাদের জীবনের উদ্দেশ্য লুকিয়ে রয়েছে আর ওনারা ঠিক কি করতে চান? এজন্য বন্ধুরা! আপনারাও নিজেদের জীবনে সফল শিল্পপতি বা ব্যবসায়ী অথবা যা কিছুই হতে চান না কেন... আপনারা যদি এই জীবনে কোটি-কোটি টাকা কামাতে চান... তাহলে নিশ্চিত রূপে একটা জিনিষ মাথায় রাখবেন যে, আপনাদেরও নিজেদের জীবনের উদ্দেশ্য লেখাটা অত্যন্ত জরুরী! সেই উদ্দেশ্য কেবলমাত্র 5 বা 10 মিনিটে লিখে ফেললে চলবে না... আপনারা এই কাজের জন্য কম

পক্ষে একটা দিন সময় বার করে নিন... কোন শান্ত জায়গায় যান আর সেখানে বসে প্রথম এক ঘন্টা ধরে নিজেদের জীবনের উদ্দেশ্য লিখুন, পরের এক ঘন্টায় সেটা ভালো করে পড়ুন, তৃতীয় এক ঘন্টায় সেটার ওপরে মনন করুন যে, আপনারা যা কিছু লিখেছেন... সেটাই কি আপনাদের জীবনের সত্যিকারের উদ্দেশ্য, না কি অন্য কিছু ? চতুর্থ এবং পঞ্চম ঘন্টায় আপনারা এমনটা দেখতে পাবেন যে, আপনাদের উদ্দেশ্য দ্বারাই আপনাদের জীবনের পথ বদলে গেছে। বন্ধুরা ! মানব জীবন বড় মুশ্কিলে প্রাপ্ত হয় আর এই এক মানব জীবনে আমাদের মনে অনেক কিছু কাজ করার ইচ্ছা হয়... প্রচুর টাকা-পয়সা কামানোর ইচ্ছা হয় আর ভবিষ্যতে উন্নতি করার ইচ্ছাও আমাদের হয়। এসব একেবারে ঠিক কথা... এতে কোন ভুল নেই ! উন্নতি করার ইচ্ছা আর মেহনত করে প্রচুর টাকা-পয়সা কামানোর ইচ্ছার মধ্যেও কোথাও কোন ভুল নেই ! কিন্তু বাস্তবে সত্যিকারের নিষ্ঠা আর উৎসাহের সাথে কাজ করে চলতে হবে... তাই আমাদের সেই জিনিষটার বিবরণ রাখতে হবে যে, আমরা আগামী দু দশকে ঠিক কি করতে চাই ? আপনারা যদি নিজেদের জীবনের উদ্দেশ্য ঠিকঠাক ভাবে বানিয়ে নেন, তাহলে সেটা আপনাদের পক্ষে এক মাস্টার ডক্যুমেন্ট হয়ে উঠবে... যেটা পড়ে আপনারা নিজেদের বাকী জীবন পরিচালিত করবেন। এটা মনে রাখবেন যে, আপনারা যখন নিজেদের জীবনের উদ্দেশ্য বানাতে বসবেন, তখন আপনারা যেন একাকী থাকেন। পরে আপনারা সেটা নিয়ে নিজেদের পরম বন্ধুর সাথে বা নিজের পত্নীর সাথে অথবা পরিবারের অন্যান্য সদস্যদের সাথে আলাপ-আলোচনা করতে পারেন, সেগুলোয় জরুরী কোন পরিবর্তনও নিয়ে আসতে পারেন... কিন্তু আপনারা যখন নিজেদের জীবনের উদ্দেশ্য তৈরী করবেন... সেই সময় ঘরে কেবলমাত্র আপনিই থাকবেন, আর কেউ নয় ! তাহলে আপনারা এটা দেখতে পাবেন যে, আপনাদের জীবনের ধারাই পাল্টে গেছে !

OOO

18

মানসিক চাপমুক্ত ব্যবসায়িক জীবনের রহস্য

আপনারা যদি উৎপাদকতা বাড়াতে চান, তাহলে সবার আগে নিজেদের এজেণ্ডায় এক নম্বর স্থানে মানসিক চাপ দূর করাকে স্হান করে দিন! আপনারা যদি নিজেরাই মানসিক চাপে গ্রস্ত হয়ে থাকেন... তাহলে আপনারা নিজেদের ব্যবসা কি ভাবে সামলাবেন, পরিবার কি ভাবে সামলাবেন আর ঘর-গৃহস্হীই বা কি করে চালাবেন ? সুতরাং সর্বপ্রথম মানসিক চাপমুক্ত জীবন কাটানোর অভ্যাস তৈরী করুন ! সাধারণতঃ যেসব ব্যক্তি ব্যবসায় যুক্ত হয়ে রয়েছেন, তাঁদেরকে প্রায়ই এমনটা বলতে শোনা যায় – *"আরে ভাই ! আমাদের বিরাট বড় ব্যবসা চালাতে হয়... তাই মানসিক চাপ তো থাকবেই !"* কিন্তু বাস্তব সত্য হচেছ এটা যে, আপনারা ইচ্ছা করলে মানসিক চাপমুক্ত জীবন কাটাতে পারেন... যার ফলে আপনাদের নিজেদের ব্যবসাকে বাড়িয়ে তুলতে সহায়তা প্রাপ্ত হবে, আপনাদের ব্যবসায় উৎপাদকতা আগের থেকে অনেকটাই বেড়ে উঠবে, আপনাদের মুখের কান্তি বেড়ে উঠবে, আপনাদের মনে সর্বদাই প্রসন্নতা বজায় থাকবে আর সব মিলিয়ে মানসিক চাপমুক্ত জীবন কাটানোর ফলে আপনাদের আয়ুও বেড়ে উঠবে! মানসিক চাপমুক্ত জীবন কাটানোর জন্য সবার আগে এটা জরুরী হয় যে, আমরা প্রভুর দরবারে নিজেদের কর্তব্য করে চলব আর মানসিক চাপকে আমাদের দৈনন্দিন কাজগুলোর ওপরে প্রভাব বিস্তার করতে দেব না ! আপনাদের মানসিক চাপ সৃষ্টি হওয়ার পেছনে অনেক কারণ থাকতে পারে... কিন্তু একটা ব্যাপার নিশ্চিত যে, আপনারা যখন এমনটা চিন্তা করবেন যে, আপনারা টেনশন করবেন না... তখন আপনাদের কোন প্রকারের টেনশনই হবে না। আপনারা মানসিক চাপমুক্ত জীবন কাটানোর প্রক্রিয়া গ্রহণ করুন ! কানাডার অত্যন্ত প্রতিষ্ঠিত ডাঃ সর্ভেভিলিয়ন ওসলরও মানসিক চাপের গুরুত্বকে স্বীকার করে নিয়েছেন আর এমনটা বলেছেন যে, পৃথিবীর প্রায় অর্দ্ধেক ব্যক্তি কেবলমাত্র মানসিক চাপের কারণেই অসুস্হ হয়ে পড়েন। এমন ব্যক্তিদের পক্ষে জীবন কাটানো অত্যন্ত দুরূহ হয়ে ওঠে... যাঁরা মানসিক চাপযুক্ত জীবন কাটান। সুতরাং ব্যবসায় উন্নতি করার জন্য আর

কোটি-কোটি টাকা উপার্জন করার জন্য সবার আগে আপনারা মানসিক চাপের ওপরে নিয়ন্ত্রণ বজায় রাখতে শিখুন !

মানসিক চাপের ওপরে নিয়ন্ত্রণ বজায় রাখার জন্য সবার আগে এটা বোঝা জরুরী হয় যে, আমাদের নিজেদের ব্যবসায় প্রচেষ্টা চালিয়ে যাওয়া উচিত... ভরপুর মেহনত করা উচিত আর ফলের আশা প্রভুর ওপরে ছেড়ে দেওয়া উচিত ! এই জিনিষটার পালন করে চললে বেশীর ভাগ মানসিক চাপই দূর হয়ে পড়ে। প্রায় ক্ষেত্রেই এমনটা দেখতে পাওয়া গেছে যে, ব্যবসার সঙ্গে যুক্ত ব্যক্তিরা... বিশেষ করে যাঁরা উৎপাদন কার্যের সাথে যুক্ত হয়ে রয়েছেন – তাঁরা নিজেদের কর্মচারীদের ওপরে চেঁচাতে থাকেন, নিজেদের ফ্যাক্টরীতে কাজ করতে থাকা লেবারদের ওপরে চিৎকার-চেঁচামেচি করতে থাকেন আর তাঁদের এই চিৎকার-চেঁচামেচির কারণেই তাঁদের ভেতরে মানসিক চাপের সৃষ্টি হয়ে পড়ে। আমরা যদি একটু ভালো করে লক্ষ্য করে দেখি যে, এই চিৎকার-চেঁচামেচির কি প্রয়োজন ছিল ? আর যদি প্রয়োজন থেকেও থাকে, তাতে তাঁদের কি লাভ হল ? প্রায় ক্ষেত্রেই আমরা এটা দেখতে পাব যে, চিৎকার-চেঁচামেচি করে বাস্তবিক লাভ কিছুই হয়নি... কেবলমাত্র ভেতরের রাগটা বাইরে প্রকাশ পেয়েছে মাত্র। হ্যাঁ... যদি চিৎকার-চেঁচামেচি করে আপনাদের উৎপাদকতা বৃদ্ধি পেত বা আপনাদের কাজের গতি আগের থেকে বেড়ে উঠত, তাহলে সেটা অন্য ব্যাপার ছিল। কিন্তু এমন কিছুই হয় না ! এজন্য ব্যবসা আর কার্যক্ষেত্রে উন্নতি করার জন্য সব থেকে ভালো এটাই হবে যে, আমরা মানসিক চাপে গ্রস্ত হয়ে উঠব না আর যদি একটু-আধটু চাপ থেকেও থাকে, তাহলে সেটাকে আর বাড়িয়ে তুলব না। আমাদের এমনটা চিন্তা করা উচিত যে, মানসিক চাপে গ্রস্ত হয়ে থাকলে আমাদের লাভ কি হবে ? আর যখন কোন লাভই হবে না, তখন আমরা মানসিক চাপে কেন গ্রস্ত হয়ে থাকব ? আসুন... আমরা এই প্রতিজ্ঞা করি যে, আমরা নিজেদের ব্যবসায়িক কাজকর্ম করার সময় কখনোই মানসিক চাপে গ্রস্ত হয়ে থাকব না !

আপনাদের যদি টেনশন করার অভ্যাস থেকে থাকে আর আপনারা যদি সেটার থেকে মুক্তি পেতে চান... তাহলে সেটার একটা পদ্ধতি এটাও হয় যে, আপনারা এক সংকল্প করে নিন যে, আপনারা যেদিন টেনশন করবেন... সেদিন আপনারা এক বেলার খাবার খাবেন না। এই ছোট্ট সংকল্প যদি আপনারা করে নেন, তাহলে নিশ্চিত রূপে আগামী ভবিষ্যতে আপনাদের কোন প্রকারের মানসিক চাপই থাকবে না। ব্যবসা আর কার্যক্ষেত্রে হতে থাকা কাজগুলোকে শান্তিপূর্ণ ভাবে বোঝার চেষ্টা করুন, সেগুলো নিজেরা করুন আর নিজেদের সহযোগীদের দ্বারা করান। এটাই হচ্ছে এক সফল ব্যবসায়ী হয়ে ওঠার কুশলতা ! একটা জিনিষ মাথায় রাখবেন যে, আপনারা এক সফল ব্যবসায়ী হয়ে উঠলে তবেই আপনারা কোটি-কোটি টাকা উপার্জন করতে পারবেন !

OOO

19

কখনো তর্ক করবেন না

ব্যবসায় সফলতা অর্জন করার জন্য আমরা যদি এই মন্ত্র পড়ে নিই অর্থাৎ তর্ক না করার মন্ত্র – তাহলে নিশ্চিত রূপে আমাদের ব্যবসায় উন্নতি হবে আর এই মন্ত্র আমাদের কোটি-কোটি টাকা উপার্জন করার পথে সহায়ক হয়ে উঠবে। এক সফল ব্যবসায়ী হয়ে ওঠার জন্য আপনাদের তর্ক করার অভ্যাস এখুনি পরিত্যাগ করতে হবে আর নিজেদের এমন এক ইমেজ গড়ে তুলতে হবে, যাতে আপনাদের কোন ব্যবসায়িক বন্ধু যখনই আপনাদের সাথে মিলিত হবেন... ওনার যেন এমনটা মনে হয় যে, আপনাদের চরিত্র অন্যদের থেকে কিছুটা আলাদা ! খরিদ্দারই হচেছ রাজা – এই কথাটাকে নিজেদের ভেতরে ঢুকিয়ে নিলে আপনারা এটা দেখতে পাবেন যে, আপনাদের তর্ক করার অভ্যাস ধীরে-ধীরে কমে আসবে আর একটা সময় একেবারে শেষ হয়ে পড়বে। আর যখন আপনাদের তর্ক করার অভ্যাস শেষ হয়ে পড়বে... তখন আপনারা নিজেরাই এটা লক্ষ্য করবেন যে, আপনাদের ব্যবসায় উন্নতি হচেছ। ব্যবসায়িক ক্ষেত্রে নিজেদের পরিচয় আর ইমেজ এমন ভাবে গড়ে তুলুন... যাতে লোকেদের এমনটা মনে হয় যে, আপনাদের থেকে তাঁদের কিছু একটা শেখার রয়েছে আর এমনই একটা কিছু আপনারা লোকেদের প্রদান করতে পারেন... যেটার জন্য আপনাদের কোন খরচা করতে হবে না আর সেটা হচেছ তর্ক করার অভ্যাস পরিত্যাগ করা !

শাশুড়ী-পুত্রবধূ হোক্, পতি-পত্নী হোক্ বা পিতা-পুত্র – তর্ক করলে কোন লাভই হয় না ! হ্যাঁ... তর্ক করার একটা লাভ অবশ্য রয়েছে আর সেটা হচেছ এই যে, দুজন ব্যক্তির মধ্যে একজনের জয় আর অন্যজনের পরাজয় ! কিন্তু

তর্কে জড়িয়ে পড়লে কেবলমাত্র নিজের অহংকার বোধই তৃপ্তি প্রাপ্ত করে, আর কিছুই হয় না। সুতরাং বুদ্ধিমান ব্যক্তিদের কখনোই তর্কে জড়িয়ে পড়া উচিত নয়।

আপনারা নিজেদের মতামত অবশ্যই ব্যক্ত করবেন... কিন্তু কখনোই তর্ক করবেন না। আপনারা যদি তর্ক করার অভ্যাস ত্যাগ করেন, তাহলে আপনাদের অদ্বিতীয় লাভ প্রাপ্ত হবে। এমন কি প্রয়োজন রয়েছে যে, আপনারা অন্যদের সাথে তর্কে জড়িয়ে পড়েছেন আর সেই তর্কে আপনারা জিততেও চাইছেন ? সেই তর্কে জিতে গেলে আপনারা কি এমন জিনিষ প্রাপ্ত করে নেবেন ? এতে কেবলমাত্র আপনাদের ভেতরে লুকিয়ে থাকা অহংকার বোধ কিছুটা তৃপ্তি প্রাপ্ত করবে আর আপনাদের সেই অহংকার বোধ আরও বেড়ে উঠবে! আপনাদের ভেতরে অহংকার বোধ আরও বেশী তপ্ত হয়ে উঠবে! সুতরাং কেবলমাত্র নিজেদের ভেতরের অহংকার বোধকে তৃপ্তি প্রদান করার জন্য কখনো তর্কে লিপ্ত হবেন না। তর্ক করলে আপনার আর সামনের ব্যক্তির মধ্যে এক ফাটলের সৃষ্টি হয়ে পড়বে... যেটা সহজে দূর করা সম্ভব হবে না!

আপনারা নিজেদের বিচারধারা ব্যক্ত করতে পারেন... কিন্তু অন্যদের আপনাদের বিচারধারা অনুসারে চলার জন্য বাধ্য করে তুলবেন না। তাঁদের নিজেদের মতানুসারে চলতে দিন। আপনারা বৃথা তর্ক করে নিজেদের বিচারধারাকে সঠিক প্রমাণিত করার চেষ্টা করবেন না। এই দুনিয়ায় লাখো-কোটি ব্যক্তি রয়েছেন... যাঁদের সকলকে আপনারা তর্কে হারাতে পারবেন না আর যদি হারিয়েও দেন, তাহলেও আপনারা এমন কি প্রাপ্ত করে নেবেন ?

সুতরাং সব থেকে ভালো হচ্ছে এটা যে, আপনারা তর্ক করার প্রক্রিয়া ত্যাগ করে ফেলুন আর নিজের মত করে সুখে জীবন কাটান। তর্ক করে নিজেদের অমূল্য সময় বর্বাদ করবেন না। আপনারা যদি তর্ক করার অভ্যাস ত্যাগ করতে না পারেন... তাহলে আপনারা অত্যন্ত ক্লান্তি অনুভব করবেন আর আপনাদের অসংখ্য শত্রুরও সৃষ্টি হয়ে পড়বে! সুতরাং নিজেদের স্বার্থরক্ষা আর লাভের জন্য আর নিজেদেরকে অহংকার বোধের থেকে দূরে সরিয়ে রাখার জন্য আপনাদের তর্কের থেকে সর্বদা দূরে থাকা উচিত আর সেই সময়টাকে কোন ভালো কাজে লাগানো উচিত। তাহলে আপনারা দেখবেন যে, আপনাদের জীবনের আনন্দ দ্বিগুণ হয়ে উঠবে!

OOO

20

কখনো অন্যদের থেকে সহায়তার আশা রাখবেন না

ব্যবসা এবং কার্যক্ষেত্রে উন্নতি করার জন্য এটা জরুরী হয় যে, আপনারা কখনো কারো থেকে কোন প্রকারের আশা রাখবেন না! সাধারণতঃ ব্যবসা করতে থাকা ব্যক্তিরা এমনটা চিন্তা করেন – *"আমরা যদি কাউকে কোন ব্যাপারে সাহায্য করি... তাহলে প্রতিদানে তাঁরাও আমাদের ব্যবসায় সহায়তা করবে।"* কিন্তু তাঁদের এমন আশাই তাঁদের দুঃখের কারণ হয়ে ওঠে। আমরা যখন কারো ওপরে কোন আশা করি আর আমাদের সেই আশা যখন পূরণ হয় না... তখন আমাদের মস্তিস্কের ভেতরে এক বিচিত্র প্রকারের অস্থিরতা হতে থাকে, যেটা আমাদের মন দিয়ে কাজ করতে দেয় না। সুতরাং এই প্রকারের সমস্যা দূর করার জন্য ভালো এটাই হবে যে, আপনারা যদি ব্যবসায়িক ক্ষেত্রে যুক্ত হয়ে থাকেন... তাহলে আপনারা কেবলমাত্র নিজেদের কাজ করে চলুন আর অন্যদের থেকে নিজেদের কাজের জন্য প্রশংসা পাওয়ার আশা ত্যাগ করে দিন। ঋগ্বেদে আর তার সাথে-সাথে যোগসূত্রতেও এই ব্যাপারে স্পষ্ট ভাবে জানানো হয়েছে আর নিজেদের দৈনন্দিন জীবনে সেটাকে পালন করে চললে আপনাদের ব্যবসার কাজ সুগমতার সাথে সম্পন্ন হয়ে পড়বে আর আপনারাও লাখপতি থেকে কোটিপতি হয়ে ওঠার সিঁড়ি বেয়ে তরতর করে ওপরের দিকে উঠে যেতে সহায়তা প্রাপ্ত করবেন! অন্যথা কেবলমাত্র অন্যদের থেকে সহায়তা প্রাপ্ত করার আশা নিয়ে বসে থাকলে আপনাদের ব্যবসায়িক ক্ষেত্রে কোন লাভ তো হবেই না... বরং লোকসানই হবে!

আপনারা যদি নিজেদের কাজে সম্পূর্ণ রূপে কার্যরত হয়ে থাকতে চান...

তাহলে সর্বদা এই জিনিষটা মাথায় রাখবেন যে, কখনোই নিজেদের ব্যবসায়িক কাজের জন্য অথবা নিজেদের ব্যবসায় উন্নতি করার জন্য নিজেদের ব্যবসার সাথে সম্বন্ধিত লোকেদের থেকে কোন প্রকারের সহায়তা প্রাপ্তির আশা রাখবেন না। আমরা যখন কারো থেকে কোন কিছু আশা করি আর যখন আমাদের সেই আশার অনুরূপ ফল প্রাপ্ত হয় না... তখন আমাদের মানসিক সন্তুলন নষ্ট হয়ে পড়ে। এই ব্যাপারে একটু ভেবে দেখুন আর নিজেদের মানসিক সন্তুলনকে সঠিক রাস্তায় নিয়ে আসার জন্য নিজেদের ব্যবসায়িক সহযোগীদের থেকে কখনো কোন প্রকারের সহায়তার আশা রাখবেন না।

ব্যবসায়িক সূত্রে অনেক ব্যক্তির সাথে আপনাদের যোগাযোগ হয়। অনেক সময়ে আপনারা নিজেদের কোন ব্যবসায়িক সহযোগীকে তাঁর সমস্যার সময়ে সহায়তাও করেন। নিজেদের কোন ব্যবসায়িক সহযোগীকে তাঁর সমস্যার সময়ে সহায়তা করাটা নিশ্চিত রূপে আপনাদের সুখ-শান্তির অনুভব প্রদান করে... কিন্তু আসল সমস্যা তো সেই সময় শুরু হয়, যখন আপনাদের ভেতরে এমন ভাবনা-চিন্তার সৃষ্টি হয়ে পড়ে – *"অমুক ব্যবসায়ীকে আমি তাঁর সমস্যার সময় সহায়তা করেছি। আজ আমার ব্যবসায় সমস্যা দেখা দিয়েছে, এবার সেই ব্যবসায়ীর এগিয়ে এসে আমাকে সহায়তা করা উচিত !"* এমন চিন্তাধারা রাখাটাই সমস্যার সৃষ্টি করে তোলে। উদাহরণস্বরূপ ধরুন, আপনার কোন এক ব্যবসায়িক সহযোগী একবার অত্যন্ত আর্থিক সংকটে পড়ে গিয়েছিলেন... সেই সময় আপনি পাঁচ লক্ষ টাকা দিয়ে তাঁকে সহায়তা করেছিলেন, যে টাকাটা তাঁর সমস্ত প্রকারের আর্থিক সমস্যা দূর করে দিয়েছিল। ধরুন, সেটা আজ থেকে দু বছর আগের কথা আর আজ দু বছর পরে আপনার ব্যবসার কাজে পাঁচ-দশ লক্ষ টাকার প্রয়োজন হয়ে পড়েছে আর আপনি নিজের সেই ব্যবসায়িক সহযোগীকে ফোন করে তাঁকে নিজের সমস্যার ব্যাপারে সব কিছু খুলে বললেন আর তাঁকে এমন অনুরোধ করলেন যে, তিনি যেন মাত্র এক সপ্তাহের জন্য আপনাকে পাঁচ-দশ লক্ষ টাকা ধার হিসেবে দেন। আপনি বড়ই আশা নিয়ে নিজের ব্যবসায়িক সহযোগীকে ফোন করেছিলেন... কিন্তু তাঁর নেতিবাচক জবাব শুনে আপনি স্তব্ধ হয়ে উঠলেন। সুতরাং ব্যবসা বা কার্যক্ষেত্রের ব্যাপারে অন্যদের থেকে কখনো প্রতিদান আশা করতে যাবেন না... এমনটা করলে আপনাদের মন খারাপ হবে... সময় বৃথা নষ্ট হবে আর কাজও হবে না। সুতরাং নিজে খুশী থাকুন আর যতটা সম্ভব, নিজের ব্যবসায়িক সহযোগীদের সহায়তা করুন... কিন্তু প্রতিদানে কারো থেকে কিছু আশা করতে যাবেন না!

OOO

21

উত্তম ক্যাশ ফ্লো

সফল ব্যবসায়ী হয়ে ওঠার জন্য আর কোটি-কোটি টাকা উপার্জন করার জন্য আপনার কাছে এক অমূল্য সম্পত্তি রয়েছে – নিজেদের ব্যবসায়ে লাগানো ক্যাশ ফ্লো ! ব্যবসাতে ক্যাশ ফ্লো-য়ের সমস্যা সেই সময় উৎপন্ন হয়, যখন গোটা ব্যবসাই শেষ হয়ে পড়ে আর ব্যবসা ভুল পথে চলতে শুরু করে। এজন্য ব্যবসাতে সর্বদাই এক কি দু মাসের ক্যাশ ফ্লো তৈরী রাখুন। সব মিলিয়ে ক্যাশ ফ্লো-য়ের সরাসরি অর্থ হচ্ছে এটা – ধরুন আপনারা প্ল্যানিং করেছেন যে, এই মাসে এতটা টাকা আমদানী হবে আর এতটা খরচা রয়েছে। কিন্তু কোন কারণে যে টাকা আপনারা আমদানী হবে বলে মনে করেছিলেন, সেটা আপনাদের হাতে এলো না... কিন্তু তার জন্য তো খরচ থেমে থাকবে না ! এমন পরিস্থিতিতে আপনারা কি করবেন ? এই সমস্যার সমাধান একটাই আর সেটা হচ্ছে এই যে, আপনারা আগে থেকে নিজেদের ক্যাশ ফ্লো তৈরী করে রাখবেন। আপনারা যদি আগে থেকে ব্যবসার কাজে লাগানোর জন্য ক্যাশ ফ্লো তৈরী করে রাখেন... তাহলে সেটা আপনাদের লাখপতি থেকে কোটিপতি হয়ে উঠতে সহায়তা করবে। এটা সর্বদা মাথায় রাখুন যে, ব্যবসায়িক সূত্রে আপনাদের যে ব্যক্তিকে পেমেন্ট করার আছে, সেই ব্যক্তি আপনাদের কোন কাহিনীই শুনতে রাজী হবেন না যে, আপনারা এই কারণে নির্দিষ্ট সময়ে তাঁকে পেমেন্ট করতে করতে পারেননি। সুতরাং এটা অত্যন্ত জরুরী হয় যে, আপনারা পার্টির সামনে হাতজোড় না করে নিজেদের ক্যাশ ফ্লো ম্যানেজ করে তাঁদের সময় মত পেমেন্ট করতে সক্ষম হবেন। ক্যাশ ফ্লো-য়ের ওপরে কাজ করার জন্য সবার প্রথমে তো নিয়মিত রূপে... সাধারণতঃ প্রতি সপ্তাহের হিসেবে ক্যাশ ফ্লো তৈরী করা উচিত ! যদি শুরুর দিকে আপনাদের ব্যবসা ছোট হয়, তাহলে ক্যাশ ফ্লো মাসিক ভিত্তিতেও তৈরী করা যেতে পারে। আপনারা যদি ক্যাশ ফ্লো-য়ের চার্ট তৈরী করে রাখেন... তাহলে আপনাদের নিজেদেরও এই অনুমান থাকবে যে,

এই 15 দিনে ঠিক কত টাকা হাতে আসার আছে আর কত টাকা পার্টিকে পেমেন্ট করতে হবে ? ক্যাশ ফ্লো আপনাদের সেই সমস্যার সময়ে সহায়তা করবে, যখন আপনাদের হাতে আশানুরূপ টাকা এসে পৌঁছবে না আর পেমেন্ট নেওয়ার জন্য লোকেরা আপনার সামনে লাইন লাগিয়ে দাঁড়িয়ে থাকবে ! এক সফল ব্যবসায়ীর পক্ষে এটাই উচিত হবে যে, তিনি এক ভালোমতন ক্যাশ ফ্লো-য়ের জন্য এমারজেন্সী ক্যাশ ফ্লো-য়ের ব্যবস্থা করে রাখবেন... যাতে যদি কোন সময় পেমেন্ট না আসে, তাহলে তিনি সেই এমারজেন্সী ক্যাশ ফ্লো-য়ের থেকে টাকা বার করে কাজ চালাতে পারেন। ব্যবসায়িক ক্ষেত্রে আপনাদের যখন ভালো ইমেজ গড়ে উঠবে, তখন যে আপনাদের ব্যবসাও উন্নতি করবে... এতে কোন প্রকারের সন্দেহের অবকাশ নেই আর আপনারা সময় মত পার্টিকে পেমেন্ট করলে আপনাদের ভালো ব্যবসায়িক ইমেজ গড়ে উঠবে... যেটা আপনাদের লাখপতি থেকে কোটিপতি হয়ে উঠতে সহায়তা করবে। ক্যাশ ফ্লো-য়ের এমারজেন্সীর মোকাবিলা করার জন্য ব্যাঙ্কে ফিক্সড্ ডিপোজিট রাখাটা এক ভালো বিকল্প হতে পারে। এই প্রক্রিয়া দ্বারা আপনারা ক্যাশ ফ্লো বিগড়ে যাওয়ার অসন্তুলনকে ঠিক করতে পারবেন। তার সাথে-সাথে এটাও ভালো হয় যে, কিছু মাল নগদ ছাড় দিয়ে বা অতিরিক্ত ছাড় ইত্যাদি দিয়ে বিক্রী করে দিয়ে বিগড়ে যাওয়া ক্যাশ ফ্লো-কে সন্তুলিত করে নেওয়া যাক। ভালো ক্যাশ ফ্লো তৈরী করার জন্য ব্যাঙ্কে পত্নী অথবা পরিবারের অন্যান্য সদস্যদের নামে জমা করে রাখা অর্থেরও উপযোগ করা যেতে পারে, যাতে কখনো জরুরী প্রয়োজন এসে পড়লে পরিবারের অন্যান্য সদস্যদের থেকে তৎক্ষনাত লোন নেওয়া যেতে পারে আর ক্যাশ ফ্লো-কে ঠিক করে নেওয়া যেতে পারে ! এমারজেন্সী ক্যাশ ফ্লো-য়ের জন্য আগে থেকে ব্যবস্থা করে রাখলে আপনাদের ব্যবসা উন্নতি করে চলবে আর আপনাদের মানসিক চাপও কমে আসবে। এর সাথে-সাথে আপনাদের ইমেজও বেড়ে উঠবে আর আরও ভালো ভাবে ব্যবসা করার কাজে আপনারা সহায়তাও প্রাপ্ত করবেন। এর ঠিক বিপরীত আপনাদের ক্যাশ ফ্লো যদি বিগড়ে যায় আর আপনারা যদি পার্টিকে সময় মত পেমেন্ট করতে না পারেন – তা সেটার পেছনে কারণ যাই হোক্ না কেন – তাতে আপনাদের ইমেজ খারাপ হয়ে পড়বে। তার সাথে-সাথে আপনাদের কাছে যদি সমুচিত ক্যাশ ফ্লো না থাকে, তাহলে আপনাদের ব্যবসায়িক কাজের জন্য কেনাকাটাও চড়া দামে করতে হবে। আর আপনারা যখন চড়া দামে জিনিষ কিনবেন, তখন নিশ্চিত রূপে আপনাদের লাভের মাত্রা কমে আসবে আর উন্নতিও কম হবে। এজন্য ক্যাশ ফ্লো-য়ের গুরুত্ব বুঝে সর্বদা অতিরিক্ত ক্যাশ ফ্লো-য়ের ব্যবস্থা করে রাখুন... যাতে কখনো জরুরী পরিস্থিতির সৃষ্টি হয়ে পড়লে আপনাদের ক্যাশ ফ্লো বিগড়ে না যায় আর আপনাদের ব্যবসায়িক ইমেজও যেন খারাপ না হয়ে পড়ে !

OOO

22

কখনো ট্যাক্স ফাঁকি দেবেন না

ব্যবসায়িক ক্ষেত্রে উন্নতি করার জন্য এটা অত্যন্ত জরুরী হয় যে, আপনাদের ব্যবসায় যে বিভিন্ন প্রকারের ট্যাক্স দিতে হয়... সেই ব্যাপারে কখনো চুরির আশ্রয় নেবেন না ! তা সেটা ইন্‌কাম ট্যাক্স ফাঁকি দেওয়াই হোক্ বা এক্সাইজ ডিউটী অথবা সেলস্ ট্যাক্স ফাঁকি দেওয়া ! যে কোন প্রকারের ট্যাক্স ফাঁকি দিলে আপনাদের সেটার ভয়ংকর পরিণাম ভোগ করতে হতে পারে। সুতরাং আপনারা যদি লাখপতি থেকে কোটিপতি হয়ে ওঠার সিঁড়ি বেয়ে ওপরের দিকে উঠে চলতে চান... তাহলে আজই এই দৃঢ় প্রতিজ্ঞা করে নিন যে, আপনারা নিজেদের ব্যবসায় কখনো কোন প্রকারের ট্যাক্স ফাঁকি দেবেন না। ট্যাক্স ফাঁকি দিয়ে ধরা পড়ে গেলে আপনাদের বিভিন্ন প্রকারের সমস্যার মুখোমুখি হতে হবে... এমন কি আপনাদের শ্রীঘর বাসও হতে পারে ! এমন পরিস্হিতি সৃষ্টি হওয়ার আগেই নিজেদেরকে সামলে নিন আর এমন সংকল্প গ্রহণ করুন যে, আপনারা কোনদিন ট্যাক্স ফাঁকি দেবেন না !

আইনতঃ রূপে যে ট্যাক্স বাঁচানো যেতে পারে, সেটা যদি আপনারা বাঁচান... তাহলে সেটা সম্পূর্ণ রূপে ন্যায়সঙ্গত হবে – কিন্তু বে-আইনী রূপে ট্যাক্স বাঁচানো বা চুরি করাকে অপরাধ হিসেবেই মানা হবে! উদাহরণস্বরূপ, আজ যদি আপনারা হিমাচল প্রদেশ ইত্যাদি রাজ্যে নতুন কোন শিল্প গড়ে তোলেন... তাহলে সেই সব রাজ্যে যে প্রকারের ট্যাক্সের ছাড় দেওয়া হয়, সেটার দ্বারা আয়কর বেঁচে যায় এবং সেই সব রাজ্যে আরও বিভিন্ন প্রকারের ট্যাক্সের ওপরেও ছাড় প্রদান করা হয়ে থাকে। আপনারা হিমাচল প্রদেশে নতুন শিল্প গড়ে তুলে ট্যাক্স বাঁচান আর এমনটা করাকে সম্পূর্ণ ভাবে সঠিক মানা হবে। আর আপনারা যদি ভারতের অন্যান্য কোন রাজ্যে শিল্প গড়ে তোলেন আর

হিসেবে গড়বড়ি করে সরকারকে ট্যাক্স কম দেন, তাহলে আপনাদের সেই প্রক্রিয়া আইনতঃ ভুল হবে আর এমনটা করার জন্য আপনাদের সাজাও হতে পারে এবং তার সাথে-সাথে আপনাদের ওপরে জরিমানাও লাগানো হতে পারে। ট্যাক্স ফাঁকি দেওয়ার জন্য যে কারাদণ্ডের শাস্তি দেওয়া হয়, সেটার অন্তর্গত আয়কর আইনে কঠোর শাস্তির ব্যবস্থা রয়েছে। সুতরাং কেবলমাত্র নিজেদের কাজের ওপরেই সম্পূর্ণ মনোযোগ দিন আর ট্যাক্স চুরি করার কল্পনাও করতে যাবেন না। এমনটা দেখতে পাওয়া গেছে যে, অনেক ব্যক্তি ট্যাক্স ফাঁকি দিতে গিয়ে কোটিপতি থেকে লাখপতি হয়ে পড়েছেন। সুতরাং আইনী প্রক্রিয়ার অন্তর্গত যে ট্যাক্স বাঁচানো যেতে পারে, সেটা আপনারা অবশ্যই বাঁচান... কিন্তু ভুল পদ্ধতিতে অর্থাৎ ট্যাক্স ফাঁকি দিয়ে ট্যাক্স বাঁচানোর প্রক্রিয়াকে কখনোই নিজেদের মনে ঠাঁই করে দেবেন না!

OOO

23

পরোক্ষ রূপে নিজের সম্পত্তির পরীক্ষা করুন

আপনারা যখন লাখপতি থেকে কোটিপতি হওয়ার দোরগোড়ায় পৌঁছচেছন, তখন নিশ্চিত রূপে আপনাদের সম্পত্তিও বেড়ে উঠবে। আপনার কাজের চাপ, আপনাদের অফিসের লোকেরা সামলে নেবেন। আপনাদের কাছে শুধু দু পাতার এ্যাকাউন্ট তৈরী হয়ে আসবে... কিন্তু এমন পরিস্থিতিতেও এটা অত্যন্ত জরুরী হয়ে ওঠে যে, আপনারা কম পক্ষে 6 মাসে একবার পরোক্ষ রূপে নিজেদের সম্পত্তির পরীক্ষা করবেন। অর্থাৎ ফিজিক্যাল এ্যাসেট ভেরিফিকেশন *(পি. এ. ভি.)*-য়ের কাজ আপনারা নিশ্চিত রূপে সম্পন্ন করবেন। আপনাদের আরও বেশ কিছু এ্যাকাউন্ট থাকলেও এটা জরুরী হয় যে, আপনারা স্বয়ং বা আপনাদের পরিবারের কোন সদস্য আপনাদের সকল সম্পত্তি পরোক্ষ রূপে দেখাশোনা করবেন... সেগুলোর নিরীক্ষণ করবেন এবং বিশেষ করে সেই সব সম্পত্তির কাগজপত্র সব সামলে রাখবেন।

এই ছোট্ট জিনিষটার প্রতি দৃষ্টি দিলে আপনারা অনেক প্রকারের সমস্যার থেকে, অনেক বাধা-বিপত্তির থেকে বেঁচে যাবেন... যেগুলো আপনাদের অস্থির করে তুলতে পারে আর আপনাদের সফলতার হারকে নীচের দিকে নামিয়েও নিয়ে আসতে পারে। এই প্রক্রিয়ার অন্তর্গত আপনারা নিজেদের ব্যাঙ্কে রাখা ফিক্সড্ ডিপোজিটও এ্যাকাউন্টের সাথে মিলিয়ে দেখুন... আপনারা যদি সরকারী বণ্ডে টাকা নিবেশ করে থাকেন, সেটাও মিলিয়ে দেখুন... তার সাথে-সাথে ব্যবসায় লেনদার আর দেনদারদের সূচীও পরীক্ষা করে দেখুন এবং ব্যবসার কাজে কেনা সকল প্রকারের সম্পত্তির কাগজপত্রও ভালো করে পরীক্ষা করে

দেখুন। যদি আপনাদের পক্ষে বছরে দু বার পরোক্ষ রূপে নিজেদের সম্পত্তি পরীক্ষা করে দেখা সম্ভবপর না হয়, তাহলে বছরে কম পক্ষে একবার তো এই প্রক্রিয়া অবশ্যই গ্রহণ করুন ! এই প্রক্রিয়া গ্রহণ করলে আপনাদের দু প্রকারের লাভ হবে। প্রথম লাভ এটা হবে যে, আপনারা এটা জানতে পারবেন যে, আপনাদের কাছে যে সম্পত্তি রয়েছে... তাতে কোন প্রকারের গড়বড়ি করা হয়নি তো ? আর এমনটা একমাত্র তখনই জানা সম্ভব হবে, যখন আপনারা পরোক্ষ রূপে নিজেদের সম্পত্তির পরীক্ষা করবেন। এই প্রক্রিয়ার দ্বিতীয় লাভ হচ্ছে এটা যে, আপনারা সব কিছু পরীক্ষা করে দেখলে নিজেরাই এটা দেখতে পাবেন যে, আপনাদের ব্যবসার জন্য যেসব সম্পত্তি কেনা হয়েছে... সেগুলো কম না বেশী ? এই প্রকার সেগুলোয় পূর্ণ রূপে সন্তুলন বজায় রাখতে আপনারা সহায়তা প্রাপ্ত করবেন। আপনাদের যদি কোন সম্পত্তি ফালতু পড়ে থাকে আর সেটার কোন প্রয়োজন যদি না থাকে... আপনারা যদি সেটাকে বেচে দেওয়ার মধ্যেই লাভ দেখতে পান – তাহলে এই ব্যাপারেও সেই সময় আলোকপাত করবে, যে সময়টা আপনারা পরোক্ষ রূপে নিজেদের সম্পত্তি পরীক্ষা করতে লাগাবেন !

OOO

24

ডিপ্রেশনকে কখনো আশপাশে ঘেঁষতে দেবেন না

লাখপতি থেকে কোটিপতি হয়ে ওঠার সিঁড়ি বেয়ে আপনারা তরতর করে উঠে চলেছেন আর আপনারা যেমন-যেমন সেই সিঁড়ির এক-একটা ধাপ পার করে যাবেন... তেমন-তেমন আপনাদের কাজের চাপও বেড়ে উঠবে। আপনারা যদি নিজেদের ব্যবসায় উন্নতি করতে চান, তাহলে একটা ব্যাপার নিশ্চিত রূপে মাথায় ঢুকিয়ে নিন আর সেটা হচ্ছে এই যে ডিপ্রেশনকে কখনোই নিজেদের আশপাশে ঘেঁষতে দেবেন না। আপনারা যদি ডিপ্রেশনের শিকার হয়ে পড়েন... তাহলে ব্যবসায় আপনাদের যে লাভ আর উন্নতি হচ্ছে, সেটা নিশ্চিত রূপে বাধাপ্রাপ্ত হবে। সুতরাং শান্তিপূর্বক নিজের কাজকর্ম সামলে এমন ভাবে কাজ কাজ করে চলুন, যাতে আপনাদের ডিপ্রেশনের শিকার কখনো না হয়ে পড়তে হয়। যখন কোন ব্যক্তি ডিপ্রেশনের শিকার হয়ে পড়েন... তখন তাঁর বার-বার গলা শুকিয়ে আসতে থাকে, হাতের পাতা ঘেমে উঠতে থাকে, পেট খারাপ হয়ে পড়ে, কখনো-কখনো হাত কাঁপতে থাকে, ক্ষিধে কম লাগে আর সব শেষে রাতের ঘুমও কমে আসে। সব মিলিয়ে সেই ব্যক্তির সারা শরীরই চাপগ্রস্ত হয়ে পড়ে। আপনারা যদি নিজেদের শরীরকে চাপগ্রস্ত করে রাখেন, তাহলে আপনারা নিজেদের ব্যবসার কাজকর্ম দেখাশোনা কি করে করবেন ? ব্যবসায় ওঠা-নামা তো আসতেই থাকবে! আজ লাভ তো কাল ক্ষতি! কিন্তু এই ধরণের ক্ষণিক ওঠা-নামার কারণে নিজেদের মনকে বিচলিত হয়ে উঠতে দেবেন না। অনেক বার ব্যবসার কাজে আপনাদের নিরাশ হয়ে উঠতে হবে। আপনারা হঠাৎ করে নিজেদেরকে সেই দুনিয়ায় হারিয়ে ফেলবেন... যেখানে শুধু নিরাশাই দেখতে পাওয়া যায়। এমন পরিস্থিতিতে নিজেদের মনকে মজবুত করে তুলে এমন প্রচেস্টা করুন, যাতে ডিপ্রেশন কখনো আপনাদের ওপরে প্রভাব বিস্তার করতে না পারে আর সর্বদা রামায়ণের এই সুক্তির জপ করুন – "*জাহি বিধি রাখে*

রাম, তাহি বিধি রহিয়ে ! " বার-বার এই সুক্তির জপ করতে থাকলে ডিপ্রেশন পালিয়ে যায় !

ডিপ্রেশনের সময় প্রয়োজন মনে করলে কিছু সময়ের জন্য ডাক্তারের পরামর্শ নিয়ে ঔষধির সেবন করুন। কিন্তু আপনারা যদি বরাবরের জন্য ডিপ্রেশনের হাত থেকে মুক্তি পেতে চান, তাহলে আপনাদের সব থেকে বেশী কাজ নিজেদেরই করতে হবে আর আপনারা যদি নিজেরা দৃঢ় প্রতিজ্ঞ হয়ে কাজ করে চলেন আর সত্যিকারের নিষ্ঠা সহকারে নিজেদের কাজগুলো সম্পন্ন করে চলেন... তাহলে আপনাদের ডিপ্রেশন ছু-মন্তর হয়ে পড়বে। সব থেকে ভালো এটাই হবে, যদি আপনারা ডাক্তারের শরণাপন্ন হওয়া ছেড়ে দিয়ে নিজেরাই নিজেদের চিকিৎসা শুরু করে দেন! আর সেই চিকিৎসা হচ্ছে এই যে, নিজেদের নেতিবাচক চিন্তাধারায় পরিবর্তন নিয়ে আসতে হবে – এছাড়া আর কিছুই করার প্রয়োজন নেই !

যখনই ডিপ্রেশন আসবে, তখনই এক জায়গায় শান্ত হয়ে বসে একটু চিন্তা করুন... অতীতের ভালো দিনগুলোর ব্যাপারে মনন করুন আর একটা পৃষ্ঠায় সেই সব স্মরণীয় জিনিষগুলোর ব্যাপারে লিখে ফেলুন – যেগুলো আপনাকে প্রেরণা প্রদান করে, আনন্দ প্রদান করে ! আপনাদের ব্যবসায় যেসব ভালো জিনিষ হয়েছে, যেসব বড় অর্ডার আপনারা পেয়েছেন, আপনারা যখন ব্যবসার ক্ষেত্রে প্রথম সিঁড়ি পার করেছিলেন – সেই সব উন্নতিবর্দ্ধক আর উৎসাহবর্দ্ধক জিনিষগুলোকে একটা পৃষ্ঠায় লিখে ফেলুন। এবার যখনই আপনারা ডিপ্রেশনে ঘিরে উঠবেন... সেই পৃষ্ঠাটাকে বার-বার পড়ুন আর পুরোন স্মৃতিগুলোকে মনে করার চেস্টা করুন – এতে আপনারা ডিপ্রেশন দূর করতে সহায়তা প্রাপ্ত করবেন। এর সাথে-সাথে এটাও চিন্তা করুন যে, আপনাদের মধ্যে বিশেষত্ব কি রয়েছে ? আপনারা এক সফল ব্যবসায়ী আর প্রভুর আশীর্বাদে আপনাদের সব কাজ ঠিকঠাক ভাবে হয়ে পড়বে – এমনটা চিন্তা করলে আপনাদের কোন কাজ সুচারু রূপে পূর্ণ হতে পারবে না। এজন্য জরুরী হচ্ছে এটা যে, আপনারা ডিপ্রেশনের অবস্থাকে নিজেরাই পরিত্যাগ করে দিন... সেটার সাথে চিপ্‌কে থাকবেন না। ডিপ্রেশনের সময় ঘুমও কম আসে, ভালো ঘুম আসে না... তার জন্য ঔষধির আশ্রয় না নিয়ে নিজের ওপরে বিশ্বাস রেখে ঘুমোবার চেস্টা করুন। ঘুমোবার সময় 100 থেকে 1 পর্যন্ত উল্টো গোনা শুরু করে দিন। এতে আপনারা আরাম অনুভব করবেন এবং আপনাদের ভালো ঘুম আসবে। আপনারা এই সরল পদ্ধতিকে গ্রহণ করে তো দেখুন !

সর্বদা সর্বোত্তম প্রাপ্ত করার লক্ষ্য রাখুন আর সেই লক্ষ্যের পেছনে ছুটতে থাকুন। এমন লক্ষ্য প্রাপ্তিতে যখন কোন সমস্যা আসে, তখনই ব্যক্তি

ডিপ্রেশনের শিকার হয়ে পড়েন। কাউকে পেমেন্ট করতে হবে আর সেই ব্যক্তি এসে গেছে ! আপনাদের কারো থেকে পেমেন্ট পাওয়ার কথাও ছিল... কিন্তু সেই পেমেন্ট এখনও পর্যন্ত হাতে এসে পৌঁছয়নি ! এমন মানসিক অবস্থাতেই ডিপ্রেশন এসে হাজির হয়। এমন পরিস্থিতিতে ঘাবড়াবেন না... বরং একটা কাগজে সকল সমস্যার ব্যাপারে লিখে ফেলুন আর সেগুলোর মনন-চিন্তন করুন। প্রভুর আশীর্বাদে আপনারা সেই সব সমস্যার সমাধান খুঁজে পাবেন ! ধরুন, আপনি হচ্ছেন ব্যবসার প্রমুখ আর আপনিই ডিপ্রেশনের শিকার হয়ে পড়েছেন... তাহলে আপনার ব্যবসা কি করে চলবে ? এই জিনিষটার চিন্তন করুন আর তখন আপনি এটা দেখতে পাবেন যে, প্রভুর আশীর্বাদে আপনার ডিপ্রেশনের চিহ্নমাত্রও থাকবে না। হ্যাঁ... ব্যবসায়িক চিন্তা আর ব্যবসায়িক সমস্যা – এসব তো সময়ের সাথেই দূর হবে... কিন্তু সেগুলোকে সামলাতে আপনারা সহজেই সক্ষম হয়ে উঠবেন।

কিছুদিন আগে আমি যখন পুণায় এক সেমিনারে অংশ গ্রহণ করেছিলাম, তখন এক নবযুবক আমাকে প্রশ্ন করেছিলেন – *"স্যার ! আপনি যদি কখনো ডিপ্রেশনের শিকার হয়ে পড়েন... তখন আপনি কি করবেন ? তখনও কি আপনি এই ধরণের সেমিনারে অংশ গ্রহণ করতে পারবেন, না কি পারবেন না ?"* প্রথমে তো আমি মুচকি হাসলাম আর তারপর আমি বললাম – *"আমি যদি কোনদিন ডিপ্রেশনের শিকার হয়ে পড়ি... তাহলে আমি সেই সব কিছু করব, যেগুলো আমি আপনাদের করার জন্য পরামর্শ দিয়ে থাকি।"* এর পরে আমি বললাম – *"আমি সেই সব ভালো জিনিষগুলোর কথা মনে করব, যেগুলো আজও আমাকে প্রেরণা প্রদান করে আর আমি কেবল চিন্তার বস্তার ওপরে চেপে বসে থাকব না। আমি 1970 সালের সেই দিনটার কথা মনে করব... যখন গোটা ভারতবর্ষ থেকে সর্বোত্তম যুবা প্রতিনিধির রূপে আমাকে বেছে নেওয়া হয়েছিল আর লায়ন্স ইন্টারন্যাশনাল সংস্থান বিশ্ব যুবা পরিষদে অংশ নেওয়ার জন্য আমাকে নিমন্ত্রণ-পত্র পাঠিয়েছিল ! আমার আসা-যাওয়ার সমস্ত খরচ, থাকা-খাওয়ার সম্পূর্ণ খরচও সেই সংস্থানই বহন করেছিল।"* নিজের বক্তব্যকে আরও এগিয়ে নিয়ে গিয়ে আমি বললাম – *"আমি সেদিনটার কথা মনে করব, যেদিন প্রথম বার আমি 'জীরো টু হীরো ইন্ ইন্কাম ট্যাক্স'-য়ের ওপরে এক প্র্যাক্টিকাল কোর্সের সঞ্চালন করেছিলাম আর আজ পর্যন্ত... বিগত 25 বছরে বেশ কয়েক হাজার লোক সেটার লাভ উঠিয়েছেন !"* আমি আরও বলি – *"আমি সেই সব হাজার-হাজার দর্শকদের কথা মনে করব... যাঁরা আমার টি.ভি. শো 'ট্যাক্স গুরু'-র প্রশংসা করেছেন আর সেটার লাভ উঠিয়েছেন ! যাঁদের সঙ্গে আমার এয়ারপোর্টে, রেলওয়ে স্টেশনে, হাসপাতালে*

বা মার্কেটে দেখা হয়ে পড়ে আর তাঁরা আমাকে এটা জানান যে, 'ট্যাক্স গুরু' অনুষ্ঠান থেকে তাঁরা কতটা লাভান্বিত হয়েছেন !'' আর সব শেষে আমি সেই নবযুবককে বলি – ''আমি মনে করব 2008 সালের জানুয়ারী-ফেব্রুয়ারী মাসের সেই দিনগুলোকে, যখন আমি সম্পূর্ণ ভারতের ভ্রমণ করেছিলাম আর সি.এন.বি.সি. আওয়াজ চ্যানেলের মাধ্যমে আমি এক অভিযান চালিয়েছিলাম। সেই অভিযান ছিল – 'ট্যাক্স কমাও'! আমি সম্পূর্ণ ভারতে ঘুরে-ঘুরে 'ট্যাক্স কমাও' আন্দোলন শুরু করেছিলাম আর এই 'ট্যাক্স কমাও' আন্দোলনের অন্তর্গত আমি ভারতের যেসব শহরে গেছি, সেই সব শহরের বড়-বড় করদাতারা সেই আন্দোলনের শরিক হয়ে উঠেছিলেন। আমাদের টি.ভি. চ্যানেলে প্রতি দিন এই জিনিষটার প্রতিক্রিয়া আসত আর শেষে 28-শে ফেব্রুয়ারী, 2008 সেই খুশীর দিন এসে উপস্থিত হল... যখন মাননীয় কেন্দ্রীয় অর্থমন্ত্রী বাজেট পেশ করলেন আর উনি বাজেটে আয়করের হার কম করলেন এবং আয়করের ছাড়ের মাত্রাকে বাড়িয়ে তুললেন।'' নিজের বক্তব্য শেষ করে আমি সেই নবযুবকের উদ্দেশ্যে এটাই বললাম – ''এটা ভেবে আমি অত্যন্ত সন্তুষ্টি অনুভব করি যে, আমি ট্যাক্স কমানোর একটা আন্দোলন শুরু করেছিলাম আর দেশের মাননীয় অর্থমন্ত্রী আমার সেই কথা মেনে নিয়েছিলেন !'' এর পরে আমি উপস্থিত দর্শকদের উদ্দেশ্যে বলি – ''আমরা যদি এমনই ভালো-ভালো জিনিষের ব্যাপারে মনে করতে থাকি... তাহলে ডিপ্রেশন কখনোই আসতে পারবে না। সুতরাং বন্ধুরা! যখনই আপনারা ডিপ্রেশনে ঘিরে উঠবেন... তখনই একটা কাগজে সেই সব জিনিষ লিখে ফেলুন, যেগুলোর কথা মনে করে আপনারা আজও প্রেরণা প্রাপ্ত করেন, যেগুলোর ব্যাপারে চিন্তা করলে আপনাদের মন প্রসন্ন হয়ে ওঠে আর আপনারা নিজেদের ওপরে গর্ব অনুভব করতে থাকেন! এমন সব জিনিষের কথা চিন্তা করলে ডিপ্রেশন মুহূর্তের ভেতরে গায়েব হয়ে পড়বে। এই প্রয়োগটা আপনারা করে তো দেখুন... জয় আপনাদের হয়, না ডিপ্রেশনের ? যখন ডিপ্রেশন আসবে, তখনই এমনটা চিন্তা করুন যে, এই ডিপ্রেশন আপনা থেকে এসেছে আর আপনা থেকেই চলে যাবে! আপনাদের ডিপ্রেশনের জালে ফাঁসলে চলবে না। ইতিবাচক চিন্তা করুন... আপনাদের ভেতরে লাগাতার ইতিবাচক চিন্তাধারা বজায় থাকলে ডিপ্রেশন আপনাদের কোন ক্ষতিই করতে পারবে না। সুতরাং সকল প্রকারের ভয় ত্যাগ করুন আর কেবলমাত্র নিজেদের ব্যবসার উন্নতিতে লেগে পড়ুন – আপনাদের সফলতা নিশ্চিত রূপে প্রাপ্ত হবে! আপনাদের নিশ্চিত রূপে উন্নতি হবে... আপনাদের ব্যবসা নিশ্চিত রূপে ফুলে-ফেঁপে উঠবে! অন্য দিকে একটু ভাবুন, আপনারা যদি বিন্দুমাত্র ডিপ্রেশনের জালে ফেঁসে যান, তাহলে

আপনাদের অমূল্য নিধি অর্থাৎ আপনাদের চিন্তাধারা হারিয়ে যাবে... তখন আর আপনাদের ব্যবসাতে মন লাগবে না, তাহলে আপনাদের ব্যবসার উন্নতি কি করে হবে ? এমন চিন্তা করুন, যাতে আপনারা প্রেরণা প্রাপ্ত করেন আর আপনাদের ডিপ্রেশন দূর হয়ে পড়ে। সর্বদা প্রভু-স্মরণের সাথে-সাথে নিজেদের ব্যবসার কাজ করে চলুন। ভয় একদম পাবেন না ! স্বামী বিবেকানন্দ অনেকবার বলে গেছেন যে, ব্যক্তির কখনো ভয় পাওয়া উচিত নয়। চেন্নাইয়ের এক সভায় একবার স্বামী বিবেকানন্দ বলেছিলেন – "আপনারা অন্য কারো পরামর্শ ছাড়া নিজেরাই সব কিছু করতে পারেন... কারণ সম্পূর্ণ শক্তি আপনাদের কাছেই রয়েছে। আপনারা যেমনটা চিন্তা করবেন... আপনারা ঠিক তেমনটাই হয়ে উঠবেন !" স্বামী বিবেকানন্দের এই কথাটাকে আপনারা যদি নিজেদের জীবনে গ্রহণ করেন... তাহলে নিশ্চিত রূপে আপনারা এটা দেখতে পাবেন যে, ডিপ্রেশন কখনোই আপনাদের আশপাশে ঘেঁষতে পারবে না। আরও একটা জিনিষ মনে রাখবেন – যদি আপনারা কখনো ডিপ্রেশনের শিকার হয়ে পড়েন আর আপনারা যদি সেটার প্রতি দৃষ্টি না দেন, সেটাকে বাধা না দেন... তাহলে অন্য আরও বেশ কয়েক প্রকারের রোগ আপনাদের হয়ে পড়তে পারে। সুতরাং সর্বদা মনে শান্তি বজায় রেখে, ব্যাকুলতা মুক্ত জীবন কাটানোর চেষ্টা করুন। কখনো মানসিক চাপে গ্রস্ত হয়ে কোন কাজ করতে যাবেন না। ব্যবসা করতে গেলে কখনো-কখনো মানসিক চাপ তো আসবেই... কিন্তু সেই মানসিক চাপকে শান্ত ভাবে, প্রভুর আশীর্বাদে, প্রভুর প্রতি সমর্পিত হয়ে, নিজের সর্বোৎকৃষ্ট চিন্তাধারার প্রয়োগ করে ব্যবসার কাজ চালিয়ে যান আর যখনই ডিপ্রেশন আসবে... তখনই নিজের পরিবারের সদস্যদের সাথে বা নিজের ঘনিষ্ট বন্ধু-বান্ধবদের সাথে সেই ব্যাপারে আলোচনা করুন! যে কোন কাজ নিজের ক্ষমতার হিসেবেই হাতে নিন। নিজের স্বাস্থ্যের প্রতি পূর্ণ দৃষ্টি দিন ! একটু-আধটু মনোরঞ্জনের ব্যবস্থাও রাখুন। কেবলমাত্র ওষুধের ওপরে ভরসা করে ডিপ্রেশনকে বরাবরের জন্য দূর করা যেতে পারে না। ডিপ্রেশনের সময় ব্যায়াম আর যোগাসনের অভ্যাস করলে সেটা আপনাদের নিশ্চিত রূপে সহায়তা করবে! এর সাথে-সাথে মেডিটেশন দ্বারাও আপনারা ডিপ্রেশন দূর করতে সহায়তা প্রাপ্ত করতে পারেন !"

OOO

25

শরীর রূপী ঈশ্বরের উপহারকে গুদাম করে তুলবেন না

ব্যবসা বাড়বে... সমৃদ্ধি বাড়বে... পার্টিতে আসা-যাওয়া বাড়বে... অসময়ে খাওয়া হবে – এসব কিছু তো চলতে থাকবে... কিন্তু আপনাদের এই জিনিষটা মাথায় রাখতে হবে যে, ব্যবসাকে বাড়িয়ে চলে শরীর রূপী ঈশ্বরের যে উপহার আপনারা প্রাপ্ত করেছেন, সেটাকে কখনো গুদাম করে তোলা উচিত নয়। আপনারা প্রভুর থেকে প্রাপ্ত শরীর দ্বারাই আজ ব্যবসা করতে পারছেন। আপনাদের এই শরীর সেই প্রভুরই এক অভূতপূর্ব রচনা আর প্রভুর অটল, অবর্ণনীয়, অতুলনীয় সৃষ্টি এই শরীরকে আপনাদের গুদাম করে তোলা কখনোই উচিত নয় ! আপনাদের ভেতরে যদি এমন চিন্তাধারা থাকে... তাহলে আপনাদের সেই চিন্তাধারা অবশ্যই আপনাদের লাখপতি থেকে কোটিপতি হয়ে উঠতে সহায়তা করবে।

ভারতে চাঁদনী চক, কালকাজী ইত্যাদির মত ব্যবসায়িক মোহল্লা রয়েছে... যেখানে বেশ কিছু ব্যবসায়ী বার-বার চা-কফি, সোফ্‌ট ড্রিংক আর ভাজাভুজি খাদ্য পদার্থের সেবন করতে থাকেন। নিজেদের শরীর রূপী ঈশ্বরের এই উপহারকে ভালো ভাবে রাখার জন্য এটা অত্যন্ত জরুরী হয় যে, আপনারা দিনের মধ্যে যখন খুশী বার-বার খাদ্য পদার্থ বা পানীয় পদার্থের সেবন করবেন না। খাওয়া-দাওয়া করার জন্য একটা সময় নির্দিষ্ট করে রাখুন। সবার আগে যখন সকালের প্রাতঃরাশ করবেন... তখন সব থেকে ভালো এটাই হবে যে, আপনারা প্রাতঃরাশে কেবলমাত্র ফলের উপযোগ করুন। আপনারা যদি সকালে ফল খান, তাহলে সারা দিন আপনাদের হজমশক্তি ঠিক থাকবে আর তার সাথে-সাথে আপনারা শরীরে ভারী ভাবও অনুভব করবেন না। এজন্য যদি প্রাতঃরাশে

কেবলমাত্র ফলের সেবন করেন আর তার কিছুক্ষন পরে এক গ্লাস দুধ পান করেন, তাহলে সেটা আপনাদের পক্ষে এক সম্পূর্ণ আহার হবে – যেটা আপনাদের ভালো স্বাস্থ্য বজায় রাখতে সহায়তা করবে। শরীর ভালো থাকলে আপনাদের মনও ভালো থাকবে। দুপুরে আর রাতের ভোজনও যতটা সম্ভব একটা নির্দিষ্ট সময়ে করার চেস্টা করুন। অনেক বার এমনটা দেখতে পাওয়া যায় যে, ব্যবসার কাজে ব্যস্ত হয়ে থাকার কারণে ব্যবসায়ীদের দুপুরের খাবার খেতে-খেতে বিকেল চারটে বেজে যায়। বার-বার এমনটা করা স্বাস্থ্যের পক্ষে ভালো হয় না। একটু ভেবে দেখুন – আপনাদের স্বাস্থ্যই যদি ঠিক না থাকে, তাহলে আপনারা ব্যবসার কাজ দেখাশোনা কি ভাবে করবেন ? এই জিনিষটা বার-বার মনন করলে আপনারা এই উত্তরে এসে পৌঁছবেন যে, আপনাদের সবার আগে নিজেদের শরীরের রক্ষা করতে হবে।

সিগারেট ক্যান্সার রোগ সৃষ্টি করে... মদ আপনাদের মস্তিস্ককে সঠিক জায়গায় টিঁকে থাকতে দেয় না আর গুটখা আপনাদের স্বাস্থ্য নস্ট করে দেয় – সুতরাং এই সব জিনিষের সেবন আপনারা সম্পূর্ণ রূপে বন্ধ করে দিলে আপনারা নিজেদের ব্যক্তিগত জীবনে আর ব্যবসায় বেশী মাত্রায় সফলতা প্রাপ্ত করবেন... কারণ এর ফলে আপনাদের স্বাস্থ্য ঠিক থাকবে। শরীর ঠিক থাকলে আপনাদের মনও ভালো থাকবে আর মন ভালো হয়ে থাকলে আপনারা আরও নিস্ঠার সাথে নিজেদের ব্যবসার কাজকর্ম দেখাশোনা করতে সক্ষম হয়ে উঠবেন। শরীর রূপী ঈশ্বরের এই উপহারকে ভালো রাখার জন্য শরীরকে সন্তুলিত রূপে বিশ্রাম প্রদান করাটাও অত্যন্ত জরুরী হয়। এজন্য আপনারা রাতে ঘুমোনোর সময়ও যতটা সম্ভব নির্দিষ্ট করে রাখুন। এমনটা করলে রাতে আপনাদের ভালো ঘুম আসবে আর পরের দিন সকালে আপনারা নিজেদের ফিট্ আর তরোতাজা অনুভব করবেন। সুতরাং আপনারা নিজেদের শরীরকে গুদাম হয়ে উঠতে দেবেন না। যখনই ইচ্ছা হবে, তখনই খাবারের দিকে ঝাঁপিয়ে পড়লেন – এরকমটা একেবারেই করবেন না... অন্যথা আপনাদের শরীর খারাপ হয়ে পড়বে আর আপনারা বিভিন্ন প্রকারের রোগেও গ্রস্ত হয়ে পড়তে পারেন। তখন আপনারা ব্যবসার কাজ দেখাশোনা করার জন্য সময় কম পাবেন আর যখন সময় কম পাবেন, তখন আপনাদের ব্যবসার উন্নতিও কম মাত্রায় হবে। সুতরাং নিজেদের ব্যবসার উন্নতির জন্য নিজেদের শরীরকে কখনোই গুদাম হয়ে উঠতে দেবেন না। সন্তুলিত মাত্রায় খাবার খান... নিজেদের জীবন-যাত্রাকেও সন্তুলিত রাখুন !

শরীর আর মস্তিস্কের রক্ষণাবেক্ষনের জন্য এমনটা উপযোগী হবে যে, আপনারা মাসে কম পক্ষে এক দিন *(24 ঘন্টা)* মৌনতা বজায় রাখুন। ব্যবসার সাথে যুক্ত কোন ব্যক্তি এমনটা পড়ে হয়তো চমকে উঠবেন... তাঁরা অবাক হয়ে এমনটা ভাবতে থাকবেন যে, তাঁরা মৌন হয়ে থাকলে ব্যবসার কাজ কি করে দেখাশোনা করবেন ? কিন্তু বন্ধুরা ! আমি এমনটা জোরের সাথে বলতে পারি যে, আপনারা যদি এই প্রক্রিয়া গ্রহণ করেন আর মাসের মধ্যে একটা দিন 24 ঘন্টা মৌন ধারণ করে ব্যবসার কাজ সামলান... তাহলে নিশ্চিত রূপে আপনাদের ভাবনা-চিন্তা করার শক্তি আগের থেকে অনেকটাই বেড়ে উঠবে... যেটা আপনাদের ব্যবসাকে বাড়িয়ে তুলতে সহায়তা করবে। আমার এখানে মহাত্মা গান্ধীর কথা মনে পড়ে যাচ্ছে। উনি প্রতি সোমবার মৌন ধারণ করতেন... এজন্য ওনার আশ্রমের লোকেরা সোমবারকে *'মৌনবার'* বলতেন। সেই সোমবার বিদেশ থেকে যত বড় ব্যক্তিই গান্ধী জী-র সাথে দেখা করতে আসুন না কেন... গান্ধী জী তাঁর সাথে মুখ দিয়ে কথা বলতেন না। উনি সেই ব্যক্তির সাথে যা কিছু কথা বলার থাকত... সব কিছু লিখে জানাতেন ! মহাত্মা গান্ধী মৌনতার বড়ই পক্ষধর ছিলেন আর হ্যাঁ... আপনারা, ব্যবসার সাথে যুক্ত হয়ে থাকা ব্যক্তিরাও যদি মাসে কম পক্ষে এক দিন 24 ঘন্টা মৌন হয়ে থাকার এই প্রক্রিয়া গ্রহণ করেন... তাহলে শুরু-শুরুতে হয়তো আপনাদের কিছুটা অসুবিধা হতে পারে... কিন্তু বাস্তবে এই প্রক্রিয়ার দীর্ঘকালীন লাভ ভালোমতনই হয় !

OOO

26

"ইউ.টি.আই." অর্থাৎ ইউনাইট টু ইন্‌ভেস্ট-য়ের রাস্তা গ্রহণ করুন

আমরা যখনই রিয়েল এস্টেট *"ইউ.টি.আই."*-য়ের কথা বলি, তখনই আমাদের মাথায় একটাই জিনিষ ঘুরে-ফিরে আসতে থাকে – ইউনিট ট্রাস্ট অফ্ ইণ্ডিয়া... কিন্তু আমরা এখানে যে ইউ.টি.আই.-য়ের কথা বলছি, তার অর্থ হচেছ *"ইউনাইট টু ইন্‌ভেস্ট"*! এটা এক সম্পূর্ণ নতুন চিন্তাধারা, যেটা রিয়েল এস্টেট *(প্রপার্টি)*-র ক্ষেত্রে নিবেশ করার জন্য যথেস্ট উপযোগী হতে পারে। এই কোম্পানীর উদ্দেশ্য হচেছ রিয়েল এস্টেট সেক্টরে ছোট আর মাঝারী নিবেশকদের লাভ প্রদান করা। এই জিনিষটাকে যদি সঠিক ভাবে কাজে লাগানো যায়... তাহলে ছোট আর মাঝারী নিবেশকরা এটার প্রতি অবশ্যই আকর্ষিত হবেন। তার সাথে-সাথেই নিবেশকরা এই বৈজ্ঞানিক আর ইন্‌ভেস্টর ফ্রেণ্ডলী নতুন মন্ত্রের উপযোগ রিয়েল এস্টেটের ক্ষেত্রে পয়সা উপার্জন করার জন্য করবেন। ইউ.টি.আই. *(ইউনাইট টু ইন্‌ভেস্ট)* অর্থাৎ এক সাথে মিলে নিবেশ করার এই কন্‌সেপ্ট সকল প্রকারের ব্যবসার জন্যই উপযোগী হয়! ইউ.টি.আই.-য়ের লাভের 10 থেকে 15 শতাংশ পর্যন্ত অর্থ জয়েন্ট ইন্‌ভেস্টরদের মধ্যে ভাগ করে দেওয়া হয়।

সবার প্রথমে সমান চিন্তাধারার কিছু ব্যক্তি এক জায়গায় এসে একত্রিত হন আর এক সমান পরিমাণ অর্থ নিবেশ করার জন্য সংগৃহীত করেন। স্মল কর্পস্ *(ছোট)* ফাণ্ড শুরু করার জন্য সবার আগে জরুরী বিষয়গুলোর ওপরে আলোচনা করা হয়। 25 থেকে 50 লক্ষ টাকা লগ্নীর স্মল কর্পস দ্বারাও একটা গ্রুপ শুরু করা যেতে পারে। রিয়েল এস্টেটের ক্ষেত্রে হওয়া লাভ ওঠানোর জন্য ইউনাইট টু ইন্‌ভেস্ট গ্রুপের অন্তর্গত মহানগরগুলোয় এক কোটি আর অন্যান্য শহরগুলোয়

50 লক্ষ টাকা নিবেশ করাটা জরুরী হয়। এক গ্রুপে কম পক্ষে 8 থেকে 15-জন ব্যক্তি থাকাটা জরুরী হয়। এতে বেশী লোকেদের গ্রুপ তৈরী করা এড়িয়ে চলা উচিত। গ্রুপের সদস্যদের মধ্যে থেকে বা গ্রুপের বাইরে থেকে কোন একজন ব্যক্তিকে গ্রুপ লীডার বা ফাণ্ড ম্যানেজার নিযুক্ত করা হয়। ফাণ্ড ম্যানেজারের প্রথম কাজ হয় ফাণ্ডের ব্যবস্থাপনা করা আর লাভদায়ক প্রপার্টিতে ফাণ্ড নিবেশ করা! শুরুতেই ফাণ্ড ম্যানেজারকে তাঁর কাজ করার স্কোপ, সময়-সীমা আর শর্তের ব্যাপারে সব কিছু জানিয়ে দেওয়া হয়। পরের গুরুত্বপূর্ণ বিষয়গুলোর ওপরে ইউ.টি.আই. রিয়েল এস্টেটে নির্ণয় নেওয়া হয়ে থাকে। রিয়েল এস্টেটে ইউ.টি.আই. গ্রুপের লীগ্যাল স্ট্যাটাস কোন কর্পোরেট ইউনিট বা পার্টনারশিপ ফার্মের মত হয়। ব্যবহারিক রূপে এটা সদস্যদের রিয়েল এস্টেটের সাথে সম্বন্ধিত বিভিন্ন বিকল্প জানানোর সাথে-সাথে ট্যাক্স বাঁচানোর জন্য উপযোগী এবং গুরুত্বপূর্ণ পরামর্শও প্রদান করে। আসলে ইউ.টি.আই. *(ইউনাইট টু ইন্‌ভেস্ট)* হচ্ছে এক নতুন কন্‌সেপ্ট... যেটা এক সংগঠিত মিউচ্যুয়াল ফাণ্ডের মতই কাজ করে। ইউ.টি.আই. ওয়াল্ট ডিজনীর এই বক্তব্যের ওপরে বিশ্বাস রাখে – *"আপনারা যদি কোন স্বপ্ন দেখে থাকেন... তাহলে সেটাকে সাকার করে তুলুন!"* বর্তমান সময়ের এটাই দাবী যে, ছোট আর বড় নিবেশকরা এক সাথে মিলে অত্যন্ত দ্রুত ছড়িয়ে পড়তে থাকা এই প্রপার্টি বাজারের লাভ ওঠান! লাভের এই কন্‌সেপ্ট দেশের প্রতিটি শহরেই সফলতার সাথে লাগু হতে পারে। এর জন্য সকলের সততা আর পারস্পরিক সহযোগের সাথে নিজেদের ইউ.টি.আই. গ্রুপ তৈরী করা উচিত। একমাত্র তাহলেই সত্যিকারের অর্থে এই জিনিষটার লাভ ওঠানো যেতে পারে। ইউ.টি.আই.-য়ের কারণে রিয়েল এস্টেটের কাজারে বিল্ডারদের লেনদেন করতে সুবিধা হবে। যখনই কোন ইউনাইট টু ইন্‌ভেস্ট গ্রুপ, রিয়েল এস্টেটের ক্ষেত্রে নিবেশ করে... তখনই এর সদস্যদের বিল্ডারদের থেকে প্রপার্টি কেনার ব্যাপারে ভালো লাভ হয়। অর্থশাস্ত্রের দৃষ্টিতে রিয়েল এস্টেটের কেনাকাটা সব থেকে লাভজনক হয়। গ্রুপ বানিয়ে কেনাকাটা করলে দর কষাকষির শক্তি বেড়ে ওঠে। যদি কোন ব্যক্তি বিল্ডারের থেকে একটা ছোট ফ্ল্যাট কেনেন, তাহলে বিল্ডার তাঁকে কেবলমাত্র 50 টাকা / প্রতি বর্গফুটের ছাড় দেন... কিন্তু যদি সেই সম্পত্তিই কোন ইউ.টি.আই. গ্রুপ সেই বিল্ডারের থেকে কেনে, তাহলে সেই গ্রুপের সদস্যরা বিল্ডারের সাথে বেশী দর কষাকষি করতে পারবেন। এটা তো অত্যন্ত সাধারণ বুদ্ধির ব্যাপার যে, একটা ফ্ল্যাটের তুলনায় 15 / 20 ফ্ল্যাট কিনলে বিল্ডার বেশী ছাড় দেবেন। এর অর্থ হচ্ছে এই যে, ইউ.টি.আই. গ্রুপের

কারণে আপনাদের দর কষাকষি করার শক্তি বেড়ে উঠবে। এই প্রকারে আপনারা প্রী লঞ্চিং, বুকিং ডিসকাউন্ট, ক্যাশ ডিসকাউন্ট আর সবার ওপরে ফ্রেণ্ডশিপ ডিসকাউন্ট পাওয়ার অধিকারীও হয়ে উঠবেন। ইউ.টি.আই.-য়ের এই কন্‌সেপ্টের প্রয়োগ কৃষি ভূমিতে নিবেশের ক্ষেত্রেও করা যেতে পারে... বিশেষ করে কোন বড় কৃষি ভূমি কেনার ক্ষেত্রে। এটা লাভ কামানোর এক অত্যন্ত ভালো পদ্ধতি হয়। ইউনাইট টু ইন্‌ভেস্টের অন্তর্গত একত্রিত করা অর্থ দিয়ে ফ্ল্যাট কেনা যেতে পারে আর সেটা ভাড়া দিয়ে, নিয়মিত রূপে লাভও অর্জন করা যেতে পারে। আমেরিকায় বসবাসকারী এক ভারতীয়ের কাছে দশ হাজার ফ্ল্যাট রয়েছে আর উনি সেগুলো সব ক'টাই ভাড়ায় দিয়ে রেখেছেন।

অদূর ভবিষ্যতে আমাদের দেশেও এই ধরণের জিনিষ দেখতে পাওয়া যাবে... যখন ইউ.টি.আই.-য়ের এই কন্‌সেপ্ট জনপ্রিয় হয়ে উঠবে। আমরা যদি এই কন্‌সেপ্টকে বিল্ডার আর প্রোমোটারদের দৃষ্টিতে দেখি... তাহলে আমরা এটা দেখতে পাব যে, এই জিনিষটা তাঁদের পক্ষেও যথেস্ট লাভদায়ক হতে পারে। এর দ্বারা ফাণ্ডের রোটেশন বাড়বে... তার সাথে-সাথে টার্ন ওভারেরও বৃদ্ধি হবে। সুতরাং নিবেশক রিয়েল এস্টেটে ইউনাইট টু ইন্‌ভেস্টের ওপরে সঠিক ভাবে ভাবনা-চিন্তা করে দেখলে তাঁদের লাভ আর দর কষাকষি করার শক্তি বেড়ে উঠবে। শুধু তাই নয়... কোন প্রপার্টি কেনার সময় তাঁদের ঝুঁকির মাত্রাও অনেকটাই কমে আসবে। একবার যখন ইউনাইট টু ইন্‌ভেস্ট গ্রুপ গড়ে উঠবে... তখন সেটা নীলামীর মত বড় প্রোজেক্টগুলোতেও অংশ গ্রহণ করতে পারবে।

ব্যবসাতেও যদি আপনারা ইউনাইট টু ইন্‌ভেস্টের কন্‌সেপ্ট গ্রহণ করেন, তাহলে নিশ্চিত রূপে আপনারা সফলতার শীর্ষে পৌঁছে যাবেন। কোন বড় ব্যবসা, যেটা আপনাদের একার সীমার অন্তর্গত আসছে না... কোন বড় অর্ডার, যেটা আপনারা একা সামলে উঠতে পারছেন না... কোন বড় টেণ্ডার, যেটা আপনারা একা ভরে উঠতে পারছেন না বা অন্য কোন বড় কাজ, যেটা করার সাধ্য আপনাদের একার নেই – এমন ক্ষেত্রে ইউ.টি.আই.-য়ের সহায়তা গ্রহণ করুন। পাঁচ-দশজন লোকেদের একটা গ্রুপ তৈরী করে ফেলুন আর সকলে মিলে সেই কাজটা করুন... সকলে মিলে বেশী পয়সা কামান। ইউ.টি.আই.-য়ের প্রক্রিয়া আপনাদের লাখপতি থেকে কোটিপতি করে তুলতে যথেস্ট মাত্রায় সহায়তা করবে।

OOO

27

উৎসাহ কখনো কমে আসতে দেবেন না

আপনারা যখন এমন সংকল্প করেই নিয়েছেন যে, ব্যবসা করে আপনারা লাখপতি থেকে কোটিপতি হয়ে উঠবেনই... তখন নিজেদের সেই সংকল্পের ওপরে অটল হয়ে থাকুন আর নিজেদের উৎসাহ কখনোই কমে আসতে দেবেন না ! শুরু-শুরুতে যখন আপনাদের ব্যবসা ছোট থাকবে... তখন আপনারা সেই ব্যবসা থেকে যতটা প্রাপ্তির আশা করেছেন, সেগুলো পূরণ না হওয়ার কারণে মাঝে-মাঝে আপনাদের এমনটা মনে হতে পারে যে, আপনাদের উৎসাহ কমে আসছে !

নিজেদের সেই উৎসাহকে কখনোই কমে আসতে দেবেন না... কারণ আপনাদের এই উৎসাহই আপনাদের একটার-পর-একটা সিঁড়ি পার করিয়ে লাখপতি থেকে কোটিপতি করে তুলবে ! যদি উৎসাহই না থাকত... তাহলে এত লোক কম পয়সা থাকা সত্ত্বেও কোটিপতি... মিলিয়নিয়ার কি করে হয়ে উঠলেন ? ইনফোসিস্-য়ের চেয়ারম্যান শ্রী এন. আর. নারায়ণমূর্তি ন্যু ইয়র্ক ইউনিভার্সিটির ছাত্র-ছাত্রীদের উদ্দেশ্যে 2007 সালের মে মাসে দেওয়া এক ভাষণে নিজের জীবনের এক করুণ কাহিনী শুনিয়েছিলেন যে, এক বার ওনাকে 108 ঘন্টা ক্ষুধার্ত অবস্থায় কাটাতে হয়েছিল। সেই ভাষণেরই শেষের দিকে শ্রী নারায়ণমূর্তি বলেছিলেন যে, উনি এক বড় কোম্পানী গড়ে তুলতে চেয়েছিলেন আর কোন বড় কোম্পানী গড়ে তোলার জন্য সবার প্রথমে জরুরী হয় উৎসাহ ! আপনারা যদি নিজেদের কাজে উৎসাহ রাখেন... তাহলে দুনিয়ার কোন শক্তিই আপনাদের উন্নতি করতে বাধা দিতে পারবে না। সুতরাং কার্যক্ষেত্রে বা ব্যবসার ক্ষেত্রে কখনোই উৎসাহ কমে আসতে দেবেন না। অহংকারশূণ্য হয়ে থাকা আর সর্বদা উৎসাহী হয়ে থাকার প্রক্রিয়া গ্রহণ করলেও আপনাদের ব্যবসায় নিশ্চিত রূপে লাভ হবে... সেটাকে কেউই আটকাতে পারবে না। রামনদের রাজার সভায় স্বামী বিবেকানন্দ বলেছিলেন – *"দুনিয়ায় যদি কোন অপরাধ থেকে থাকে... তাহলে সেই অপরাধ হচ্ছে নিজেকে দুর্বল মনে করা আর নিজেকে দুর্বল মনে করার প্রক্রিয়াটাই হচ্ছে পাপ... নিজেকে দুর্বল মনে*

করার প্রক্রিয়াটাই হচ্ছে মৃত্যু !" সুতরাং ব্যবসা আর কার্যক্ষেত্রে উন্নতি করার কামনা রাখা ব্যক্তিদের নিজেদের উৎসাহকে কখনো কমে আসতে দেওয়া উচিত নয় আর ব্যবসা বা কার্যক্ষেত্রে মাঝে-মাঝে কোন ছোটখাটো সমস্যা দেখা দিলে ভয় পাওয়াও উচিত নয় ! এমন সমস্যাকে কখনোই নিজেদের উৎসাহ কমে আসার কারণ হয়ে উঠতে দেবেন না। নিজেদের মেহনতের ওপরে বিশ্বাস রাখুন... উৎসাহ বজায় রাখুন আর আপনাদের মধ্যে উৎসাহ যদি কম থাকে, তাহলে উৎসাহবর্দ্ধক সাহিত্য পড়লে আপনাদের মধ্যে উৎসাহ বৃদ্ধি পাবে। আমাদের দেশে এমন অনেক বিদ্বান জন্ম নিয়েছেন... যাঁদের লেখনী আজও আপনাদের উৎসাহ বর্দ্ধন করার জন্য মজুদ রয়েছে। সেগুলো মুখ্য রূপে আমাদের দেশের নবযুবকদের উৎসাহিত করে তুলবে এবং এমন সকল ব্যক্তিদের প্রেরণা জোগাতে থাকবে... যাঁরা নিজেদের ব্যবসা বা কার্যক্ষেত্রে উন্নতি করতে চান। আপনাদের যখনই নিজেদের ভেতরে উৎসাহের অভাব পরিলক্ষিত হবে... তৎক্ষনাত প্রভুর নাম স্মরণ করা শুরু করে দিন। পরম পিতা পরমেশ্বরের কাছে এই প্রার্থনা করতে থাকুন যে, উনি যেন আপনাদের এতটা শক্তি প্রদান করেন... যাতে আপনাদের ভেতরে কখনো উৎসাহের অভাব না হয়ে পড়ে। উৎসাহের সম্পূর্ণ শক্তি তো আপনাদের ভেতরেই রয়েছে। বাইরের কোন শক্তি বা কোন ওষুধ আপনাদের উৎসাহ প্রদান করতে পারবে না। সুতরাং নিজেদের অন্তঃকরণে উৎসাহের সৃষ্টি করুন আর লক্ষ্যের প্রতি অবিচল পদক্ষেপে এগিয়ে চলুন ! এটা মাথায় রাখবেন যে, আপনারা নিজেদের জীবনের যে লক্ষ্য নির্দিষ্ট করেছেন... গীতা পাঠের মত সেই লক্ষ্যের মনন দিনের মধ্যে কম পক্ষে এক বার অবশ্যই করা উচিত। এতে আপনারা লক্ষ্যভ্রষ্ট হয়ে পড়বেন না। অনেক বার যখন ব্যক্তি যখন নিরাশায় ঘিরে ওঠেন... তখন তাঁর উৎসাহ কমে আসতে থাকে। আপনারা যখন কোন কাজ করবেন, তখন মাঝে-মাঝে কোন কাজে আপনাদের ব্যর্থও হতে হবে... কিন্তু আপনারা যদি এক সফল কোটিপতি হয়ে উঠতে চান... তাহলে নিজেদের ব্যর্থতাকে চ্যালেঞ্জ হিসেবে গ্রহণ করুন আর নিজেদের লক্ষ্যপ্রাপ্তির জন্য লেগে থাকুন। সর্বদা এই ব্যাপারটা মাথায় রাখবেন যে, আপনাদের উৎসাহ যদি কমে আসে... তাহলে ব্যবসা বা কার্যক্ষেত্রে উন্নতি করার আপনাদের স্বপ্ন সাকার হতে পারবে না। সুতরাং জীবনের প্রতিটি পদক্ষেপে উৎসাহ বজায় রাখুন। একটু ভেবে দেখুন, মহান বৈজ্ঞানিক এডিসন নিজের প্রয়োগে অসংখ্য বার ব্যর্থ হয়েছিলেন। সেই সব ব্যর্থতার পরে যদি ওনার সব উৎসাহ ঠাণ্ডা হয়ে আসত... তাহলে বৈদ্যুতিক বাল্বের আবিস্কার কি করে হত ?! আপনারা বড়-বড় দার্শনিক, বৈজ্ঞানিক এবং শিল্পপতিদের জীবনী পড়ুন আর সেগুলোর মনন করুন – এতে আপনাদের উৎসাহ বৃদ্ধি পাবে !

○○○

28

100% দিনচর্যাকে 25% - 25%-য়ের চার টুকরোয় ভাগ করুন

ব্রেক ডান্সের ব্যাপারে তো আপনারা নিশ্চয়ই শুনে থাকবেন... কিন্তু আপনারা কি কখনো নিজেদের সম্পূর্ণ দিনের কাজগুলোকে ব্রেক করার ব্যাপারে চিন্তা-ভাবনা করেছেন ? আপনাদের উন্নতির সিঁড়ি আপনাদের লাখপতি থেকে কোটিপতি পর্যন্ত পৌঁছে দিক... তার জন্য এটা অত্যন্ত জরুরী হয় যে, আপনারা নিজেদের দিনচর্যাকে ভাগ করে নেবেন। এক সফল প্রয়োগ আমরা করেছি আর আমরা এটা দেখতে পেয়েছি যে, ব্যবসা করতে থাকা সকল বর্গের ব্যক্তিরা যদি নিজেদের দিনচর্যাকে চার গুরুত্বপূর্ণ ভাগে ভাগ করে নেন... তাহলে তাঁদের দিন আরও বেশী প্রভাবপূর্ণ আর লাভদায়ক হয়ে উঠবে। এমনটা করলে আপনারা এক সমগ্র জীবন কাটাতে পারবেন আর আপনারা যখন সমগ্র জীবন কাটাতে থাকবেন... তখন সেটা হবে মানব জীবনের বাস্তবিক উপযোগ ! আপনাদের এই প্রকারের চার্ট তৈরী করাটা আলাদা-আলাদা পরিস্থিতি, আলাদা-আলাদা কার্য দ্বারা প্রভাবিত হবে... কিন্তু আমরা এমনটা চাই যে, আপনারা এক সাধারণ সাধারণ রূপরেখাকে মাথায় রেখে নিজেদের মত করে, নিজেদের পরিস্থিতির কথা মাথায় রেখে চার্ট তৈরী করুন... যার নাম হচ্ছে 25% - 25%-য়ের চার টুকরো ! একটা কাগজকে চার টুকরোয় ভাগ করে নিন আর এই চার টুকরোয় আলাদা-আলাদা চারটি গুরুত্বপূর্ণ কাজ লিখে ফেলুন... যেগুলো আপনাদের পক্ষে করাটা জরুরী ! আপনারা নিজেদের পুরো সময়কে ঠিক কতটা সময় দিতে চান ? কেবলমাত্র 25% ! সব মিলিয়ে আমরা এটাই বলতে চাই যে, আমরা যদি নিজেদের পুরো সময় ব্যবসার কাজে লাগিয়ে দিই... তাহলে সেটাকে সমগ্র জীবন যাপন করা বলা যাবে না আর একটা সময় এমনও আসবে, যেদিন আমরা ব্যবসা আর কার্যক্ষেত্রে উন্নতি তো নিশ্চিত রূপে করব... কিন্তু সেই সময়

আমাদের এই ব্যাপারে আফ্সোস করতে হবে যে, আমরা কিছু জরুরী কাজ কেন সেরে নিইনি ? এজন্য আপনারাও নিজেদের বহুমূল্য জীবনের কথা মাথায় রেখে এই প্রকারের এক চার্ট তৈরী করুন... যার ভেতরে আপনারা এমনটা লিখবেন যে, আপনাদের চার গুরুত্বপূর্ণ কাজ সারার জন্য 25% সময় লাগবে। উদাহরণস্বরূপ এই 25% সময়কে বেশীর ভাগ ব্যক্তিদের ক্ষেত্রে এই ভাবে ভাগ করা যেতে পারে। প্রথমতঃ নিজের 25% সময় নিজের ব্যবসার জন্য, দ্বিতীয় 25% সময়ের উপযোগ নিজের প্রতিভার বিকাশ অর্থাৎ ব্যবসার ক্ষেত্রে জরুরী নতুন প্রযুক্তি সম্বন্ধিত ব্যাপারে সময় দেওয়া... যে ব্যাপারে আপনাদের জ্ঞান নেই, সেই ব্যাপারে জ্ঞান অর্জিত করা... কোন নতুন ব্যবসা শুরু করার আগে সেই ব্যবসার ব্যাপারে পূর্ণ তথ্য সংগ্রহ করা। এই সব কাজে আপনারা 25% সময় লাগালে আপনাদের লাভই হবে। এবার পরের 25% সময় আপনারা নিজেদের পরিবার আর বন্ধু-বান্ধবদের জন্য সরিয়ে রাখুন। এমনটা কখনো বলতে যাবেন না যে, আপনারা পরিবারের সদস্যদের জন্য সময় দিলে আপনারা ব্যবসা কি করে করবেন ? পরিবারের সদস্য আর বন্ধু-বান্ধবদের জন্য সময় দেওয়াটাও এক অত্যন্ত জিনিষ হয়। সুতরাং নিজেদের পুরো সময়ের থেকে 25% সময় নিজের পরিবারের সদস্য আর বন্ধু-বান্ধবদের জন্য বার করে আনুন আর এবার যে 25% সময় বেঁচে রইল... সেটা নিজের মনের মত কাজে লাগান – যার মধ্যে খেলাধূলো, আমোদ-প্রমোদ শামিল রয়েছে। এই প্রকার আপনারা নিজেদের চিনচর্যাকে চার গুরুত্বপূর্ণ ভাগে ভাগ করে পালন করলে আপনারা নিশ্চিত রূপে এটা দেখতে পাবেন যে, আপনারা সুন্দর ভাবে সমগ্র জীবন কাটাচ্ছেন... যেটা আপনাদের অভূতপূর্ব সন্তুষ্টি প্রদান করবে আর আপনারা কেটে যাওয়া বছরগুলোর স্মৃতি রোমন্থন করে সর্বদাই প্রসন্ন হয়ে থাকবেন। এমনটা করার জন্য এটা অত্যন্ত জরুরী হয় যে, আপনাদের ব্যবসা ছোট হোক্ বা বড়... নিজেদের পুরো সময়কে চার ভাগে ভাগ করে নিন আর নিজেদের পরিস্থিতি অনুসারে চার আলাদা-আলাদা কাজে নিজেদের সময়ের বিভাজন করুন। সব থেকে ভালো এটাই হবে যে, সপ্তাহে এক দিন আধ ঘন্টা সময় লাগিয়ে এটা বিশ্লেষণ করুন যে, আপনারা যে প্রকার নিজেদের কাজগুলোকে ভাগ করেছেন... সেই প্রকার আপনাদের জীবনের গাড়ী ঠিক মত চলছে কি না ? যদি না চলে, তাহলে আত্মচিন্তন করুন আর নিজেদের সময়কে সঠিক রূপে ভাগ করার চেষ্টা করুন!

OOO

29

প্রপার্টির কোনও প্রোজেক্ট আপনাদের কোটিপতি করে তুলবে

আমরা যদি বিশ্বের সুপরিচিত কোটিপতিদের সূচীর ওপরে একবার চোখ বোলাই... তাহলে আমরা এটা দেখতে পাব যে, সেই সূচীতে এমন ব্যক্তিদের সংখ্যা অনেক রয়েছে... যাঁরা প্রপার্টি *(রিয়েল এস্টেট)*-য়ের ব্যবসা করেই কোটিপতি হয়ে উঠেছেন। প্রতি বছর যে 100-জন কোটিপতিদের সূচী ছাপা হয়ে থাকে, সেটার ওপরেও আমরা যদি একবার চোখ বোলাই... তাহলে এটাই দেখতে পাওয়া যাবে যে, সেই সূচীতে অনেক ব্যক্তি এমন আছেন... যাঁরা কেবলমাত্র রিয়েল এস্টেটের ব্যবসা করেই কোটিপতি হয়ে উঠেছেন। আজ্ঞে হ্যাঁ, বন্ধুরা ! রিয়েল এস্টেটের ব্যবসা বাস্তবেই বড় ভালো হয় আর আগত ভবিষ্যতে এটা আপনাদের লাখপতি থেকে কোটিপতি করে তোলার ক্ষেত্রে এক সত্যিকারের বন্ধু হিসেবে প্রমাণিত হতে পারে ! আমি এমনটা মনে করি যে, আগত ভবিষ্যতে গোটা বিশ্বে নতুন বাড়ীর প্রয়োজন অবশ্যই অনুভূত হবে। সেটার মুখ্য কারণ হচেছ এই যে, আজ যেসব ব্যক্তির কাছে নিজেদের বাড়ী রয়েছে, তাঁরা মজায় নিজেদের বাড়ীতে বাস করছেন... কিন্তু প্রতি বছর কিছু নতুন ব্যক্তি... হাজারো-লাখো ব্যক্তি নিজেদের পড়াশোনা শেষ করে কাজকর্মে লেগে পড়েন। তাঁদের কাছে নিজস্ব বাড়ী থাকে না আর আগত ভবিষ্যতে তাঁদেরও বাড়ীর প্রয়োজন হবে। এজন্য আমার মতে প্রতিটি সফল ব্যক্তির পক্ষে নিজস্ব বাড়ী না থাকাটা এক অসহায়তা হয়ে ওঠে ! সুতরাং সব রকমের পরিস্থিতিতেই রিয়েল এস্টেট সম্বন্ধিত ব্যবসা নিশ্চিত রূপে বেড়ে উঠবে। এই ব্যবসায় মন্দা আসার কোন সম্ভাবনাই আমি অন্ততঃ দেখতে পাচিছ না। এবার আসুন... এমন এক ব্যাপারে আলোচনা করা যাক, যেটার ব্যাপারে আমি বিস্তারিত

আলোচনা করতে চাইব... কারণ আমার মতে আমরা যদি সেই বিষয়টাকে বুঝে নিতে পারি, তাহলে আমাদের লাখপতি থেকে কোটিপতি হয়ে উঠতে সময় কিছুটা কম লাগবে আর আমাদের কোটিপতি হওয়ার স্বপ্নও সাকার হয়ে উঠবে – আর সেই আইডিয়া হচ্ছে কৌণ্ডো প্রোজেক্ট ! আজ্ঞে হ্যাঁ... আজ গোটা বিশ্বে কৌণ্ডো প্রোজেক্ট যথেস্ট প্রচলিত হয়ে উঠেছে। ভারতে এই জিনিষটার প্রচলন বর্তমান সময়ে খুবই কম আর সেজন্যই আমার মতে আগত ভবিষ্যতে যেসব ব্যক্তি কৌণ্ডো ভবন তৈরী করার কাজে লেগে পড়বেন... তাঁরা নিশ্চিত রূপে ভালোমতন লাভ অর্জন করবেন আর এই ভাবে কেবলমাত্র কৌণ্ডো প্রক্রিয়া দ্বারা ভবন নির্মাণ করার স্কীম নিয়ে এসে যদি আমাদের দেশে 25 - 50 কোটিপতির সৃষ্টি হয়ে পড়ে... তাহলে সেটা কোন আশ্চর্যের ব্যাপার মোটেই হবে না। আমার এমনটা মনে হয় যে, দেশের বড় শহরগুলো থেকে কিছুটা দূরত্বে যদি কৌণ্ডো প্রোজেক্ট শুরু করে দেওয়া যায়, তাহলে নিশ্চিত রূপে সফলতা প্রাপ্ত হবে ! আগামী ভবিষ্যতে আমাদের পরিবার ছোট... আরও ছোট হয়ে পড়বে। বাড়ী তো থাকবে... কিন্তু তখন প্রত্যেক ব্যক্তির আলাদা বাড়ীর প্রয়োজন হয়ে পড়বে আর তাঁরা সকলে শহরগুলোয় বাড়ী কিনতে পারবেন না। এর সাথে-সাথে যাতায়াতের সুবিধাও আগের থেকে অনেকটাই উন্নত হয়ে উঠবে... রাস্তাঘাট ভালো হবে ! এই সব কিছুর সব মিলিয়ে পরিণাম এটাই হবে যে, আপনাদের কৌণ্ডো প্রোজেক্ট বাস্তবে সফল হয়ে উঠবে ! সেটা এতটাই সফল হয়ে উঠবে... যার দ্বারা আপনারা লাখ টাকা লাগিয়ে কোটি টাকা উপার্জন করার স্কীম তৈরী করতে পারবেন আর ব্যবহারিক পদ্ধতি দ্বারা নিশ্চিত রূপে আপনাদের কোটি টাকা আমদানী হতে পারবে।

এবার একটু এই ব্যাপারে আলোচনা করা যাক যেঁ, এই কৌণ্ডো রিয়েল এস্টেট জিনিষটা ঠিক কি ? ছোট বাড়ী যখন তৈরী হয়... তখন সেটাকে বিদেশে কৌণ্ডো কন্‌সেপ্ট বলা হয়। সাধারণতঃ কৌণ্ডো বাড়ীতে একটা ঘর থাকে আর তার সাথে একটা ছোট্ট কিচেন আর বাথরুম-ল্যাট্রিন থাকে। এটাই এক ভালো কৌণ্ডো ভবনের পরিকল্পনা হয়। যেহেতু সংযুক্ত পরিবার এখন দিন-দিন ভেঙে পড়ছে – এই কারণেও আগত সময়ে কৌণ্ডো কন্‌সেপ্ট অত্যন্ত দ্রুত প্রচলিত হয়ে উঠবে। এখন বাড়ীতে কাজ করার লোক সহজে পাওয়া যায় না... অফিসে কাজ করতে হওয়ায় মহিলাদের পক্ষে ঘর-সংসারের কাজে দেওয়ার মত সময়েরও অভাব হয়ে পড়েছে। এই সব কারণে তাঁরা বড় বাড়ী নিতে পারেন না আর বড় বাড়ী নিয়ে নিলেও, সেই বড় বাড়ীর পেছনে যত টাকা খরচ করতে হয়, তত টাকা তাঁদের কাছে থাকে না। এমন পরিস্থিতিতে কৌণ্ডো ভবন

বাস্তবে অত্যন্ত লাভদায়ক প্রমাণিত হবে আর অদূর ভবিষ্যতে এই জিনিষটার এক আলাদা পরিচিতিও গড়ে উঠবে। এর সাথে-সাথে, যেসব ব্যক্তি শহরের দমবন্ধ হয়ে আসা পরিবেশে থাকেন, তাঁরাও শহরের বাইরে বা কোন গ্রামের আশপাশে তৈরী কৌণ্ডো ভবনে বাস করার বিকল্পকে বেছে নেবেন আর এই কৌণ্ডো ভবনকে শহরবাসীরাও নিজেদের দ্বিতীয় বাড়ী হিসেবে গড়ে তুলবেন। যখনই সময় পাওয়া যাবে... বিশেষ করে সপ্তাহান্তে শনিবার আর রবিবারের ছুটীর মজা উপভোগ করার জন্য, শহরের লোকেরা গ্রামে বা শহরের বাইরে তৈরী এমন কৌণ্ডো ভবনে সময় কাটাবেন। সব মিলিয়ে এটা হচ্ছে এমন এক কন্‌সেপ্ট যে, যদি কোন ব্যক্তির এই ব্যাপারে কোন প্রকারের অভিজ্ঞতা না-ও থাকে... তাহলেও তিনি ছোট স্তরে কাজ শুরু করতে পারেন আর 10 - 20 ব্যক্তিকে নিয়ে এক ছোট কৌণ্ডো গ্রুপ তৈরী করা যেতে পারে... তারপর সেটার সফলতা-ব্যর্থতা অনুসারে বড় কৌণ্ডো গ্রুপের পরিকল্পনা করা যেতে পারে।

আপনারা যদি নিজেদের কৌণ্ডো প্রোজেক্টকে সফল আর সুচারু রূপে চালাতে চান... তাহলে সবার আগে কোন সস্তা জমির ব্যাপারে খোঁজ-খবর নিন আর সস্তা জমির ওপরে আপনারা যখন কৌণ্ডো ভবন তৈরী করবেন, তখন সেখানে নিশ্চিত রূপে আমোদ-প্রমোদের সকল প্রকারের সুবিধা প্রদান করার ব্যবস্থা রাখবেন। এর ফলে আপনাদের সেই কৌণ্ডো প্রোজেক্ট নিশ্চিত রূপে সফল হয়ে উঠবে। আপনারা নিজেদের কৌণ্ডো প্রোজেক্টে বাচ্চা এবং বৃদ্ধ – দুজনের জন্যই আমোদ-প্রমোদের ব্যবস্থা রাখুন, ক্লাব হাউস তৈরী করে দিন আর আপনাদের কৌণ্ডো প্রোজেক্ট যেন এমন জায়গায় হয়, যেখানে যাতায়াতের ভালোমতন সুবিধা রয়েছে... অর্থাৎ যেসব ব্যক্তির কাছে নিজস্ব গাড়ী নেই, তাঁরাও যেন সেখানে সহজেই পৌঁছতে পারেন!

আমাদের দেশ ভারতে যেসব ধার্মিক স্থল রয়েছে, যেসব দর্শনীয় পর্যটন স্থান রয়েছে... সেই সব জায়গায় কৌণ্ডো ভবন তৈরীর প্রোজেক্ট সফলতাপূর্বক শুরু করা যেতে পারে। আপনাদের প্রথম কৌণ্ডো প্রোজেক্ট যদি সফল হয়ে ওঠে, তাহলে আর চিন্তা কিসের ? এবার আপনারা বিভিন্ন নতুন শহরে একটার-পর-একটা কৌণ্ডো প্রোজেক্ট শুরু করতে পারেন। কৌণ্ডো প্রোজেক্ট ছোট বাড়ীর রূপে করা যেতে পারে... আবার 10 -20 তলার বড়-বড় বিল্ডিং-য়ের রূপেও করা যেতে পারে। এক-একটা ফ্লোরে 4 -6 কৌণ্ডো ফ্ল্যাটও রাখা যেতে পারে। আপনারা যখন কৌণ্ডো ভবন তৈরী করার কন্‌সেপ্টকে ক্রিয়ান্বিত করতে চাইবেন... তখন সব থেকে ভালো হয়, যদি আপনারা ওয়েবসাইটে আমেরিকা, কানাডা আর অস্ট্রেলিয়ায় তৈরী আলাদা-আলাদা প্রকারের কৌণ্ডো ভবনগুলোর

ওপরে এক নজর বোলান! ওয়েবসাইটে এমন কৌণ্ডো ভবনগুলো দেখলে আপনারা প্রেরণা প্রাপ্ত করবেন আর এক নতুন চিন্তাধারাও আপনারা প্রাপ্ত করবেন... যার অন্তর্গত আপনারা ভারতে একাধিক কৌণ্ডো প্রোজেক্ট শুরু করে নিজেদের লাখপতি থেকে কোটিপতি হয়ে ওঠার স্বপ্নকে সাকার করে তুলতে পারবেন।

কয়েক বছর আগে আমি সমুদ্র পথে কানাডার কিছু শহরে গিয়েছিলাম। সেই জাহাজটার আকার যথেষ্ট বড় ছিল আর পথে আমরা জাহাজ থেকেই বেশ কিছু ছোট-ছোট দ্বীপ দেখে নিচিছলাম। এই দেখে আমি বড়ই আশ্চর্য হয়ে উঠতাম যে, 25 - 50 হাজার জনসংখ্যার সেই সব ছোটা-ছোট দ্বীপগুলোতেও সকল প্রকারের সুবিধার ব্যবস্হা ছিল। বাজার ছিল... হাসপাতাল ছিল আর কৌণ্ডো ভবনও ছিল! আমার এমনই এক লোকালয়ের কথা মনে পড়ে যাচেছ... সেই লোকালয়টার নাম ছিল কেলকিরি! সেখানকার জনসংখ্যা অত্যন্ত কম ছিল... কিন্তু আমরা যেদিন কেলকিরিতে গিয়ে পৌঁছলাম, সেদিনই এক কোম্পানী সেখানে এক লাক্সারী কৌণ্ডো প্রোজেক্টের উদ্বোধন করল। সেদিন ছিল শনিবার আর সন্ধ্যায় যখন আমরা সেই কোম্পানীর ডায়রেক্টরের সাথে কথা বললাম, তখন এটা জানতে পারা গেল যে, সেদিন সন্ধ্যার আগেই তাঁদের পুরো 40-টা কৌণ্ডো এ্যাপার্টমেন্টই বিক্রী হয়ে গেছে। সেই কোম্পানীর সকল কর্মচারীদের অত্যন্ত প্রসন্ন দেখাচিছল আর ওনাদের কৌণ্ডো ভবনের মূল্য যথেস্ট বেশী ছিল... তবুও ভালো জায়গা হওয়ার কারণে আর সকল প্রকারের সুবিধা থাকার কারণে লোকেরা সব এ্যাপার্টমেন্ট কিনে নিয়েছিলেন। নিজের চোখে দেখা এই বাস্তব ঘটনা আমাকে এমনটা বিশ্বাস প্রদান করেছে যে, ভারতেও এমন ঘটনার পুনরাবৃত্তি করা যেতে পারে। এমন কি আমি এটাও মনে করি যে, ভারতের অনেক শহরের থেকে, তা সেই শহর ছোট হোক্ বা বড়... যদি 20 - 30 কিলোমিটার দূরত্বে কৌণ্ডো ভবন তৈরী করা যায়, অর্থাৎ ছোট-ছোট বাড়ী তৈরী করা যায় আর সকল প্রকারের সুবিধা প্রদান করা যায়... তাহলে আপনাদের উপার্জন বাড়ানোর এই প্রোজেক্ট নিশ্চিত রূপে সফল হয়ে উঠবে! আপনাদের যদি কিছু করার প্রয়োজন হয়, তাহলে আপনাদের শুধু নিজেদের প্রথম প্রোজেক্টের ওপরে একটু পরিশ্রম করতে হবে... তারপর আপনাদের অভিজ্ঞতা হয়ে পড়বে আর আপনারা নিজেদের এই বিজনেসকে বড় স্তরে নিয়ে যেতেও সক্ষম হয়ে উঠবেন! আজকাল লোকেদের টাকা-পয়সার ব্যাপারে ততটা চিন্তা থাকে না... যতটা চিন্তা তাঁদের আরামদায়ক আর মানসিক চাপমুক্ত জীবন কাটানোর প্রতি থাকে। এবার একটু ভেবে দেখুন –

আপনারা যদি কৌণ্ডো কন্‌সেপ্টের ছোট বাড়ী তৈরী করছেন... তাহলে আপনারা সেই সব বাড়ীতে সকল প্রকারের সুবিধা প্রদান করার ব্যাপারে দৃষ্টি দিয়ে বিভিন্ন প্রকারের আধুনিক উপকরণ ইত্যাদি লাগিয়ে সেই সব বাড়ীকে লোভনীয়, আরামদায়ক আর উপযোগী করে তুলতে পারেন। কৌণ্ডো কন্‌সেপ্টের প্রোজেক্টে একটা ছোট ক্লাব হাউস তৈরী করে দিলে সেই প্রোজেক্ট আরও বেশী সুন্দর হয়ে উঠবে। আর আপনাদের প্রোজেক্ট যদি বড় হয় – উদাহরণস্বরূপ, আপনাদের প্রোজেক্ট যদি 100 - 200 কৌণ্ডোর হয়... তাহলে এটাই ভালো হবে যে, আপনারা নিজেদের উপার্জন বাড়িয়ে তোলার জন্য সেই প্রোজেক্টের আশপাশে কোন তিন তারা বা পাঁচ তারা হোটেলও বানান আর তার সাথে-সাথে কিছুটা জায়গা অফিস বানানোর জন্যও খালি রাখুন। এমনটা করলে আপনাদের কৌণ্ডো প্রোজেক্টের উপযোগিতা বেড়ে উঠবে... লোকেদের আসা-যাওয়া বেড়ে উঠবে... যাঁরা আপনাদের থেকে কৌণ্ডো ভবন কিনেছেন, তাঁদের সেই সব বাড়ীর দামও বেড়ে উঠবে আর সব মিলিয়ে আপনাদের কোটিপতি হওয়ার ইচ্ছা নিশ্চিত রূপে পূরণ হয়ে পড়বে। যেসব পাঠক এই ব্যাপারে আরও বিস্তৃত তথ্য প্রাপ্ত করতে চান বা বিশেষ কিছু করতে চান... তাঁরা বিনা সংকোচে আমার সঙ্গে যোগাযোগ করতে পারেন। আমার সাথে যোগাযোগ করার ঠিকানা আপনারা এই পুস্তকের শেষে পেয়ে যাবেন।

OOO

30

নতুন কিছু তো করতেই হবে

আপনারা নিজেদের ব্যবসা এবং কার্যক্ষেত্রে উন্নতি করতে চাইলে... অন্যদের তুলনায় বেশী টাকা উপার্জন করতে চাইলে আপনাদের কিছু-না-কিছু নতুন করতেই হবে। উদাহরণস্বরূপ, কিছুদিন আগে পর্যন্ত সরকার যখন কোন নতুন রাস্তা তৈরী করত আর সেই রাস্তায় যদি কোন গাছ থাকত, তাহলে সেই গাছ কেটে ফেলা হত। কিন্তু এখন সময় পাল্টে গেছে। এখন কিছু নতুন প্রযুক্তি এসে পড়েছে আর সেই সব নতুন প্রযুক্তির সহায়তা গ্রহণ করে কিছু ব্যক্তি কিছু নতুন প্রয়োগ করেছেন। এখন যেখানে রাস্তা তৈরী করা হয়, সেই রাস্তায় কোন গাছ থাকলে সেই গাছকে না কেটে সেটাকে শেকড় সমেত তুলে ফেলা হয় আর সেই গাছটাকে এক জায়গা থেকে তুলে অন্য কোন জায়গায় লাগিয়ে দেওয়া হয়। এই প্রকার তাঁরা একটা গাছকে এক জায়গা থেকে তুলে অন্য কোন জায়গায় লাগানোর পারিশ্রমিক স্বরূপ প্রতি গাছ হিসেবে 6000 টাকা নিয়ে থাকেন। ওনাদের এই কাজ এখন বেশ ভালোমতন চলতে শুরু করে দিয়েছে। সরকারও খুশী! কারণ এতে করে এক দিকে যেমন গাছেদের রক্ষা করা সম্ভব হচ্ছে... অন্য দিকে যেসব জায়গায় গাছ নেই, সেই সব জায়গায় 10 - 20 বছর পুরোন গাছ লাগিয়ে জায়গাটাকে সবুজ রূপ প্রদান করা যাচ্ছে! সবারই লাভ হচ্ছে! এমনটা সেই সময় সম্ভব হয়ে উঠেছিল... যখন কিছু লোক নতুন পদ্ধতিতে গাছকে এক জায়গা থেকে তুলে অন্য জায়গায় লাগানোর প্রক্রিয়া গ্রহণ করেছিলেন, পরিশ্রম করেছিলেন আর গাছকে না কেটে জীবিতও রেখেছিলেন। আপনারাও এমনই নতুন কিছু করলে দেখবেন যে, আপনাদের ব্যবসায় উন্নতি হবে আর আপনাদের উপার্জনও আগের তুলনায় অনেকটাই বেড়ে উঠবে।

1870 সালে ইতালীর ডাঃ মারিয়া মন্টেসরী সবার আগে মন্টেসরী স্কুলের

স্হাপনা করেছিলেন। উনি এক স্বপ্ন দেখেছিলেন আর আজ গোটা বিশ্বে মন্টেসরী স্কুল প্রচলিত হয়ে পড়েছে আর সেগুলো ডাঃ মন্টেসরীর নামানুসারে *'মন্টেসরী স্কুল'* হিসেবে পরিচিত হয়ে উঠেছে !

আজ থেকে প্রায় 40 বছর আগে আহমেদাবাদের রাস্তায় সাইকেল চালিয়ে এক যুবক ওয়াশিং পাউডার বিক্রী করতেন আর উনি বুদ্ধিমত্তার সাথে নতুন প্রযুক্তি গ্রহণ করে নিরমা ওয়াশিং পাউডারের স্হাপনা করেন এবং তাঁর ব্যবসা সফলতার শীর্ষে পৌঁছনোর জন্য ছুটে চলতে থাকে।

1886 সালে কোকা কোলা কোম্পানীর স্হাপনা হয়। সেটা ছিল এক নতুন পানীয় পদার্থের কন্‌সেপ্ট আর সেই কন্‌সেপ্ট আজ গোটা বিশ্ব জুড়ে নিজের নাম ছড়িয়ে দিয়েছে। কোকা কোলা আজ গোটা বিশ্বের যুবা সম্প্রদায়ের পছন্দের পানীয় হয়ে উঠেছে। কোকা কোলা কোম্পানীকে তার মালিক এক ইন্‌ভেস্টর গ্রুপের কাছে বিক্রী করে দিয়েছিলেন আর তারপর সেই ইন্‌ভেস্টর গ্রুপ যে উন্নতি করেছে, সেটার কল্পনাও আমরা করতে পারি না।

দিল্লীতে এমন এক সেলুন খুলেছে, যেখানে আপনারা চুল কাটাতে-কাটাতে স্যাণ্ডউইচ খেতে পারবেন আর তার সাথে-সাথে কফি পানের আনন্দও উপভোগ করতে পারবেন। এই প্রকারের নতুন আইডিয়া গ্রহণ করে নির্বাণা কোম্পানী দিল্লীতে হেয়ার কাটিং সেলুন খুলেছে... যেখানে কেবল বিউটী পার্লারের আনন্দই নয়... কাফেটারিয়ার আনন্দও আপনারা উপভোগ করতে পারবেন। এই ধরণের বিউটী পার্লারে এক দিকে যেমন মকটেল রয়েছে... অন্য দিকে রয়েছে স্যাণ্ডউইচ, পাস্তা, পিজ্জা বা স্যুপ আর আপনারা ইচ্ছা করলে কফির আনন্দও উপভোগ করতে পারবেন।

callingamerica.com এক নতুন পরিষেবা চালু করেছে... যার অন্তর্গত আপনারা বিনা খরচে আমেরিকায় ফোন করতে পারবেন। এই প্রকারের কিছু নতুন চিন্তাধারা প্রয়োগ করলে আপনারা নিজেদের ব্যবসা আর কার্যক্ষেত্রে উন্নতি করতে পারবেন আর তার সাথে-সাথে লাখপতি থেকে কোটিপতি হয়ে ওঠার সুবর্ণ সুযোগও প্রাপ্ত করতে পারবেন।

ব্যবসা আর কার্যক্ষেত্রে যে জিনিষটা প্রযোজ্য হয়, সেটা ডাক্তারদের ক্ষেত্রেও প্রযোজ্য হতে পারে। সম্প্রতি বিশ্বে প্রথম বার আমেরিকায় কয়েকজন ডাক্তার 22 ঘণ্টা ধরে অপারেশন করে এক ব্যক্তির মুখের ট্রান্সপ্ল্যান্ট করেছেন। এক মৃত মহিলার মুখ সেই ব্যক্তির মুখে ট্রান্সপ্ল্যান্ট করা হয়েছে... কারণ সেই ব্যক্তির মুখ খারাপ হয়ে পড়েছিল। এই অত্যন্ত ঝুঁকিপূর্ণ অপারেশন করেছেন গ্রীভল্যাণ্ড

ক্লিনিকের 30 সদস্যের এক ডাক্তারদের টীম! সেই ব্যক্তির মুখের প্রায় 80 শতাংশ ভাগ পাল্টে দেওয়া হয়েছিল। এই ধরণের নতুন কার্য দ্বারাই ব্যবসা আর কার্যক্ষেত্রে উন্নতি হয়।

স্যুইডেনের কাছে অরল্যাণ্ডো এয়ারপোর্টে এক ব্যক্তি নিজের উপার্জন বাড়ানোর জন্য এক অভিনব প্রয়োগ করেছিলেন। সেই ব্যক্তি একটা বোইং 740 কিনে নেন। আজ্ঞে হ্যাঁ... সেই ব্যক্তি এক পুরোন ভাঙাচোরা বোইং 740 কিনে নেন আর সেটাকে এক জাম্বো হোস্টেলে পরিবর্তিত করে দেন। 2009 সালের জানুয়ারী মাসে সেই জাম্বো হোস্টেল তৈরী হয়ে পড়ে। এই জাম্বো হোস্টেলে 85 খাট রয়েছে, 25 কামরা রয়েছে আর সব মিলিয়ে প্রায় 3800 বর্গ ফুট জায়গার পূর্ণ লাভ ওঠানো হয়েছে। এই জাম্বো হোস্টেলে রেস্তোঁরাও রয়েছে আর এটাকে এমন ভাবে তৈরী করা হয়েছে... যাতে বিবাহ ইত্যাদি অনুষ্ঠানেও এই হোস্টেলের উপযোগ করা যেতে পারে। ডিয়োস নামক সেই ব্যক্তি এক পুরোন প্লেনকে জাম্বো হোস্টেলে পরিবর্তিত করে দিয়েছিলেন আর নিজের চিন্তাধারাকে এক নতুন পথে চালিত করেছিলেন। আপনারাও যদি এই ভাবে নতুন কিছু করে চলেন... তাহলে নিশ্চিত রূপে আপনাদের উপার্জন বেড়ে উঠবে আর আপনাদের লাখপতি থেকে কোটিপতি হয়ে ওঠার স্বপ্নও কম সময়ের মধ্যে সাকার হয়ে উঠবে!

OOO

31

আমাদের 5-জন সত্যিকারের বন্ধুর প্রয়োজন

আমি যদি আপনাদের এমন প্রশ্ন করি যে, আপনাদের বন্ধুর সংখ্যা কত ? তাহলে আপনারা হয়তো একটা লম্বা কাগজ নিয়ে নিজেদের বন্ধুদের লিস্ট বানাতে লেগে পড়বেন আর কিছুক্ষন পরে এমনটা বলবেন যে, আপনাদের 50-100 বন্ধু রয়েছে বা অসংখ্য বন্ধু রয়েছে। সেটা একেবারে ঠিক ! আপনারা যে লিস্ট তৈরী করেছেন, তাতে আপনারা নিজেদের সব বন্ধুদের নাম লিখেছেন। সেই সব বন্ধু হচ্ছেন তাঁরা... যাঁরা কোন পার্টিতে যাওয়ার জন্য সর্বদাই প্রস্তুত হয়ে থাকেন। যদি বরযাত্রী যেতে হয়, তাতেও আপনাদের এই সব বন্ধুরা সর্বদাই প্রস্তুত হয়ে থাকেন আর আপনারা যদি নিজেদের বন্ধুদের কোথাও বেড়ানোর জন্য নিয়ে যেতে চান... তার জন্যও আপনাদের বন্ধুর কোন অভাব হবে না। কিন্তু এক সফল ব্যক্তি হয়ে ওঠার জন্য এবং কোন সফল ব্যবসা স্হাপিত করার জন্য আজ আমাদের কম পক্ষে 5-জন এমন বন্ধুর প্রয়োজন... যাঁরা আমাদের সত্যিকারের বন্ধু হবেন আর প্রয়োজনের সময় আমাদের কাজে আসবেন ! আপনাদের 50 - 100 বন্ধু... যাঁদের লিস্ট আপনারা তৈরী করেছেন – তাঁরা খাওয়া-দাওয়া করার জন্য, বেড়াতে যাওয়ার জন্য আর মৌজ-মস্তি করার জন্য তো উপযুক্ত হন... কিন্তু প্রতিটি ব্যক্তির এমন এক চিন্তাধারা তৈরী করা উচিত যে, তাঁরা নিজেদের কেবলমাত্র 5-জন বন্ধুর লিস্ট তৈরী করবেন... যাঁদের তাঁরা নিজেদের হৃদয়ের কথা খুলে বলতে পারবেন। ব্যবসা আর কার্যক্ষেত্রে উন্নতি করার জন্য আপনাদের বন্ধুদের গণ্ডী বড় হওয়াটা খুব বেশী জরুরী হয় না। আপনাদের বন্ধুর সংখ্যা 50 - 100 নাই বা হল... সেই সংখ্যাটা যদি কেবলমাত্র 5-ও হয়, তবুও আপনাদের কাজ চলে যেতে পারে। কিন্তু সেই 5-জন

বন্ধু এমন হওয়া উচিত... যাঁদের সাথে আপনারা নিজেদের হৃদয়ের কথা বলতে পারবেন। আজ্ঞে হ্যাঁ... আপনাদের হৃদয়ের, আপনাদের ব্যবসার, আপনাদের সমস্যার ব্যাপারে পূর্ণ তন্ময়তার সাথে শোনার মত 5-জন বন্ধুর আপনাদের আবশ্যকতা রয়েছে। সুতরাং, আপনারা নিজেদের বন্ধুদের মাঝে এমন পরিবেশের সৃষ্টি করুন... যাতে আপনারা নিজেদের সকল বন্ধুদের মধ্যে থেকে কেবলমাত্র 5-জন বন্ধুকে বেছে নিতে পারবেন... যাদের সাথে আপনারা নিজেদের ব্যবসায়িক সমস্যার ব্যাপারে খোলাখুলি আলোচনা করতে পারবেন।

নিজেদের 5-জন ভালো বন্ধু বানানোর জন্য এটাও অত্যন্ত জরুরী হয় যে, আপনারাও এমন এক বন্ধু হয়ে উঠবেন... যাতে আপনাদের কোন বন্ধুর দুঃসময়ে মাঝরাতেও আপনারা তাঁকে সহায়তা করার জন্য প্রস্তুত হয়ে থাকবেন। সুতরাং সফল ব্যবসা করতে গেলে এটা অত্যন্ত আবশ্যক হয় যে, আমরা নিজেদের কম পক্ষে 5-জন ভালো বন্ধু বানাব আর সেই বন্ধুত্বকে সর্বদা বজায় রাখব... যাতে যখনই ব্যবসার ক্ষেত্রে কোন প্রকারের সমস্যা এসে উৎপন্ন হবে, তখন এই সব সত্যিকারের বন্ধুদের সাথে আলোচনা করে সেই সমস্যার কোন-না-কোন সমাধান খুঁজে বার করা যেতে পারে। সেই 5-জন আপনাদের সত্যিকারের বন্ধু আর আপনারাও তাঁদের সত্যিকারের বন্ধু – এমনটা আপনারা যখন ভাববেন, একমাত্র তখনই আপনারা নিজেদের 5-জন সত্যিকারের ভালো বন্ধু বানাতে সফলতা প্রাপ্ত করবেন!

OOO

32

ব্যবসার ক্ষেত্রে মন্ত্রের মহিমা

আপনারা যখন এমনটা চাইবেন যে, আপনাদের ব্যবসা অত্যন্ত দ্রুত উন্নতি করুক... তখন আপনাদের মন্ত্রের মহিমার ওপরেও বিশ্বাস রাখতে হবে। মন্ত্র যাই হোক্ না কেন... সেটা প্রভাবশালী অবশ্যই হয়! যদি সত্যিকারের নিষ্ঠার সাথে মন্ত্রের জপ করা যায়... তাহলে নিশ্চিত রূপে ভালো লাভ হয়। যেসব ব্যক্তি লাখপতি থেকে কোটিপতি হয়ে উঠতে চান... তাঁদেরকে আমি এই পরামর্শই দেব যে, তাঁরা যেন প্রতি দিন 5 থেকে 15 মিনিট পর্যন্ত একান্তে বসে মন্ত্রের জপ করেন। এর দ্বারা তাঁদের ব্যবসায় অভূতপূর্ব লাভ হবে। সব থেকে বড় কথা হচ্ছে এটা যে, মন্ত্রের জপ দ্বারা মস্তিষ্ক একাগ্রচিত্ত হয়ে ওঠে আর একাগ্রচিত্ত মস্তিষ্ক ব্যবসা আর কার্যক্ষেত্রে উন্নতি করার জন্য অত্যন্ত জরুরী হয়। মন্ত্র জপ করার কোন নির্দিষ্ট সময় হয় না। যখনই ইচ্ছে হবে, চোখ বন্ধ করে বসে পড়ুন আর 2 -5 মিনিট মন্ত্র জপ করে নিন। আপনারা যদি মন্ত্র জপ করার জন্য কোন সময় নির্দিষ্ট করে নেন আর প্রতি দিন সেই নির্দিষ্ট সময়ে মন্ত্রের জপ করেন... তাহলে সেটা সব থেকে ভালো হবে! আপনারা যখনই ব্যবসার সূত্রে কোন নামকরা ব্যক্তির সাথে দেখা করতে যাবেন, তখন সেই ব্যক্তির সাথে মিলিত হওয়ার আগে আপনারা যদি 5 মিনিট মন্ত্রের জপ করে নেন আর তারপর সেই ব্যক্তির সাথে মিলিত হন... তাহলে মস্তিষ্কের একাগ্রতার কারণে নিশ্চিত রূপে আপনাদের সেই ব্যবসায়িক মীটিং সফল হয়ে উঠবে আর আপনারা লাভদায়ক পরিণামও প্রাপ্ত করবেন। এই প্রকার যখনই কোন টেণ্ডার ইত্যাদি সাবমিট করতে হবে... তখন সেই টেণ্ডার তৈরী করার আগে কম পক্ষে 3 মিনিট একান্তে বসে আপনারা যদি মন্ত্র জপ করে নেন... তাহলে নিশ্চিত রূপে আপনারা লাভবান হয়ে উঠবেন। আপনারা যদি দিনের সূত্রপাত মন্ত্র জপের মাধ্যমে করেন আর রাতে ঘুমোতে যাওয়ার আগে আবার একবার যদি

মন্ত্রের জপ করে বিছানায় যান... তাহলে অত্যন্ত ভালো লাভ হবে !

অনেক বার আমাদের মনে এমন চিন্তার উদয় হয় যে, ঠিক কোন্ মন্ত্রের জপ করা উচিত ? এমনিতে সব মন্ত্রের জপই এক রকমের হয় । সুতরাং আপনাদের মনে যে মন্ত্রের প্রতি বেশী আস্থা থাকবে, আপনারা সেই মন্ত্রের জপ করুন আর সেটার লাভদায়ক প্রভাব প্রাপ্ত করুন ! আপনারা যদি কিছুই বুঝতে না পারেন, আপনারা যদি দ্বিধায় ভরে ওঠেন... তাহলে আপনারা কেবলমাত্র "*ওঁ*" মন্ত্রের জপ করুন অথবা "*ওঁ নমঃ শিবায়*" মন্ত্রের জপ করুন । মন্ত্র জপ বেশ কয়েক প্রকারের হয় আর আপনারা নিজেদের মনের শ্রদ্ধা আর ইচ্ছানুসারে মন্ত্র জপ করতে পারেন !

সবার প্রথমে আসে '*ভয়কারী জপ*'। একে '*বাচিকা জপ*'-ও বলা হয়ে থাকে । এই প্রকারের মন্ত্র জোরে-জোরে উচ্চারণ করে জপ করা হয় । যেসব ব্যক্তি প্রথম বার মন্ত্র জপ করছেন... তাঁদের পক্ষে এটা উত্তম হয় । মন্ত্র জপ দ্বারা মস্তিস্কে এক অদ্ভূত প্রকারের জোরালো শক্তির সৃষ্টি হয় । '*ভয়কারী জপ*' চোখ খুলেও করা যেতে পারে ।

দ্বিতীয় প্রকারের জপের নাম হচেছ – '*উপাংশু জপ*'। এই মন্ত্রের জপ ফিস্‌ফিস্ করে করা হয় আর মন্ত্রের জপ করার সময় কেবলমাত্র ঠোঁঠ নড়া উচিত... আপনাদের মুখ থেকে কোন প্রকারের শব্দ বেরোন উচিত নয় অর্থাৎ এই মন্ত্রের জপ জোরে-জোরে করা উচিত নয় । কেবলমাত্র ঠোঁঠ নাড়িয়ে এই জপ করা উচিত । এই জপ করার সময় চোখ অর্দ্ধেক খোলা আর অর্দ্ধেক বন্ধ রাখুন ।

তৃতীয় প্রকারের জপের নাম হচেছ – '*মানসিক জপ*'। এই মন্ত্রের জপ করার সময় মুখ দিয়ে কোন প্রকারের আওয়াজ করা হয় না আর না-ই ঠোঁঠ নাড়ানো হয় । চোখ পুরো বন্ধ থাকে আর চোখ বন্ধ রেখে মনে-মনে এই মন্ত্রের জপ করা হয় ।

চতুর্থ প্রকারের জপকে '*লিখিত জপ*' বলা হয় । এই জপের অন্তর্গত যে কোন একটা মন্ত্র কাগজে লেখা হয় আর তার সাথে-সাথে মনে-মনে সেই মন্ত্রের উচ্চারণ করে চলা হয় । অর্থাৎ লিখিত জপে মানসিক জপেরও কাজ হয়ে পড়ে আর লেখার কাজও হয়ে পড়ে ।

আমরা এখানে বিভিন্ন প্রকারের জপের ব্যাপারে জানালাম... কিন্তু ব্যবহারিক দৃষ্টিতে আপনারা যে প্রকারের জপই করুন না কেন... সেটার লাভ আপনারা একই প্রাপ্ত করবেন । "*ওঁ*" মন্ত্রের জপ করলে অত্যন্ত ভালো লাভ প্রাপ্ত হয়

আর এই "ॐ" মন্ত্রের জপ দ্বারা গোটা শরীরে এক অদ্ভূত প্রকারের শিহরন খেলে যায়... মস্তিস্ক শান্ত হয়ে আসে আর মস্তিস্কের গতিবিধি উন্নত হয়ে ওঠে। চাণ্ডোগ্য উপনিষদ্ এবং সামবেদে "ॐ" মন্ত্রের মহিমার বর্ণনা করা হয়েছে।

সুতরাং সকল শ্রেণীর ব্যবসায়ীদের আর শিল্পপতিদের মন্ত্রের মহিমা বোঝার আর প্রতি দিন কিছুক্ষন মন্ত্র জপ করার প্রক্রিয়া নিয়মিত রূপে গ্রহণ করা উচিত! আপনারা যদি এখনও পর্যন্ত কোন প্রকারের মন্ত্র জপ করার প্রক্রিয়া গ্রহণ না করে থাকেন... তাহলে এবার সেটা গ্রহণ করা শুরু করে দিন আর নিজেদের চোখে সেটার লাভদায়ক পরিণাম দেখুন!

OOO

33

এখুনি বেশী জায়গা নিয়ে নিন

আপনারা যদি নিজেদের ব্যবসা আর কার্যক্ষেত্রে উন্নতি দেখতে চান... তাহলে এটা সব থেকে ভালো হবে যে, আপনারা যখনই নিজেদের অফিস শুরু করবেন বা ফ্যাক্টরী লাগাবেন... সর্বদা যতটা সম্ভব প্রয়োজনের থেকে কিছুটা বেশী জায়গা নিয়ে নিন। এমনটা করলে ভবিষ্যতে আপনাদের লাভই হবে। আজ হয়তো আপনাদের অল্প জায়গার প্রয়োজন... কিন্তু একটু কষ্ট করে আপনারা এখনই যদি কিছুটা বেশী জায়গা নিয়ে নেন, তাহলে যখন আপনাদের ব্যবসা বেড়ে উঠবে... তখন আর আপনাদের অফিস শুরু করার জন্য নতুন জায়গার সন্ধান করতে হবে না। এই প্রকার আপনারা যখন নতুন কোন জায়গায় ফ্যাক্টরী লাগাবেন... তখন যত একর জায়গা আপনাদের ফ্যাক্টরী লাগানোর জন্য প্রয়োজন, তার থেকে কিছু বেশী জায়গা নিয়ে রাখুন। এমনটা মুখে বলা খুবই সহজ হয়... কিন্তু বেশী জায়গা কেনার জন্য বেশী টাকা-পয়সারও প্রয়োজন হয়! কিন্তু আজ একটু বেশী খরচ হওয়ার ভয়ে আপনারা যদি কিছুটা বেশী জায়গা না নিয়ে রাখেন... তাহলে ভবিষ্যতে যখন আপনাদের ফ্যাক্টরী বেড়ে উঠবে আর আপনাদের আরও বড় জায়গার প্রয়োজন হবে... তখন আপনারা আশপাশে ভালো জমি পাবেন না আর পেলেও তখন জমির দাম অনেকটাই বেড়ে উঠবে। এই সব জিনিষ মাথায় রেখে আজ যদি আপনারা কিছু কষ্ট স্বীকার করে বা ব্যাঙ্ক থেকে লোন নিয়ে কিছুটা বড় জায়গা নিয়ে রাখেন... তাহলে সেটা নিশ্চিত রূপে এক ভালো নির্ণয় হবে। আজ যদি আপনারা কঞ্জুসী করে ছোট জমি কেনেন আর ভবিষ্যতের উন্নতির প্রতি সজাগ দৃষ্টি না রাখেন... তাহলে ভবিষ্যতে যখন আপনাদের ব্যবসা বেড়ে উঠবে, আপনাদের বর্তমান ফ্যাক্টরী ছোট পড়ে যাবে... তখন আপনাদের নতুন ফ্যাক্টরী লাগানোর জন্য জায়গার সন্ধান শুরু করতে হবে। জায়গার সন্ধান তো আপনারা

করবেন, কিন্তু আশপাশে যদি কোন ভালো জায়গা না পান... তখন আপনাদের নিজেদের ফ্যাক্টরী হয় দূরে কোথাও সরিয়ে নিয়ে যেতে হবে আর নয়তো বর্তমান ছোট ফ্যাক্টরী দিয়েই কাজ চালাতে হবে। এই সব সমস্যার কথা মাথায় রেখে ভালো এটাই হবে যে, আপনারা ফ্যাক্টরীর জন্য জমি কেনার সময় প্রয়োজনের তুলনায় কিছুটা বেশী জমি কিনবেন। প্রথমেই যদি ফ্যাক্টরী গড়ে তোলার জন্য পুরো জায়গার প্রয়োজন না পড়ে, তাহলে কিছুটা জায়গার ওপরে ফ্যাক্টরী বানান আর বাকী জায়গা খালি রেখে দিন... যাতে ভবিষ্যতে যখনই বড় ফ্যাক্টরী লাগানোর প্রয়োজন পড়বে, তখন যেন আপনাদের জায়গার সমস্যার মুখোমুখি না হতে হয়! আর যদি কোন কারণবশতঃ ভবিষ্যতে ফ্যাক্টরী বাড়ানোর জন্য অতিরিক্ত জায়গার প্রয়োজন না-ও পড়ে... তাতেও চিন্তা করার কিছু নেই। জমি তো আপনাদের কাছেই রয়েছে... আপনারা যখন ইচ্ছে ভালো দামে সেই জমি বেচে দিতে পারবেন। সময় কাটার সাথে-সাথে জমির দামও বেড়ে উঠবে আর সব মিলিয়ে আপনাদের লাখপতি থেকে কোটিপতি হওয়ার ক্ষেত্রে এই জিনিষটা বড়ই সহায়ক প্রমাণিত হবে, যদি আপনারা আগে থেকেই বড় জমি নিয়ে ফ্যাক্টরী লাগানোর ব্যাপারে ভাবনা-চিন্তা করেন। এই প্রকার অফিস ইত্যাদির জন্যও যে জায়গা নেবেন, সেটাও একটু বড় নিন। এর ফলে আপনাদের ব্যবসা যখন বেড়ে উঠবে, তখন আপনাদের বার-বার অফিস পাল্টানোর সমস্যার মুখোমুখি হতে হবে না। গত 50 বছরের ইতিহাস এটাই জানায় যে, যেসব ব্যক্তি নিজেদের ব্যবসার জন্য... বিশেষ রূপে ফ্যাক্টরী লাগানোর জন্য প্রয়োজনের তুলনায় একটু বেশী জমি নিয়ে কাজ শুরু করেছেন... তাঁদের নিজেদের ব্যবসাকে বাড়িয়ে তুলতে কোন প্রকারের অসুবিধাই হয়নি। তাঁদের ব্যবসা লাগাতার বেড়ে চলেছে আর হাতে বেশী জমি থাকার কারণে তাঁরা নিজেদের ফ্যাক্টরীর আকারও বাড়িয়ে নিতে পেরেছেন। আর কোন কারণে যদি আপনাদের ব্যবসা ভালো না চলে... তাহলে বড় জায়গা হওয়ার কারণে সেই জমিকে ভবিষ্যতে আপনারা চড়া দামে বেচেও কোটি-কোটি টাকা উপার্জন করতে পারবেন।

ভাড়া সর্বদাই বাড়তে থাকে... সুতরাং বেড়ে ওঠা ভাড়ার মার আপনাদের ব্যবসার ওপরে যাতে না পড়ে... সেজন্য সব থেকে ভালো এটাই হবে যে, আপনারা প্রথম দিন থেকেই নিজেদের অফিসের আকার কিছুটা বাড়িয়ে রাখবেন। এর ফলে আপনাদের বর্তমানের ভাড়াই দিতে হবে আর পরে অফিসের জন্য যখন কিছুটা বেশী জায়গার প্রয়োজন পড়বে... তখন আপনাদের আর চিন্তা করতে হবে না। অন্যথা যখন আপনাদের বড় অফিসের জন্য বেশী

জায়গার প্রয়োজন পড়বে, তখন আপনাদের বেশী ভাড়া দিয়ে অফিসের জন্য জায়গা নিতে হবে। সব মিলিয়ে আমাদের বক্তব্যের অভিপ্রায় হচ্ছে এটা যে, যখনই অফিস বা ফ্যাক্টরীর জন্য জায়গা কিনতে যাবেন... সর্বদা প্রয়োজনের তুলনায় কিছুটা বেশী জায়গা কেনাটাই হচ্ছে লাভের মন্ত্র! বিশেষ করে আপনারা যদি সরকারের থেকে জমি কেনেন... তাহলেও ভালো এটাই হবে যে, আপনারা বড় জায়গা নিয়েই নিজেদের ফ্যাক্টরী লাগানোর কাজ শুরু করুন। এতে নীট লাভ হবে আর ভবিষ্যতে আপনারা ফ্যাক্টরী থেকে যতটা উপার্জন করবেন... সেটার থেকে হয়তো বেশ কয়েক গুণ বেশী উপার্জন আপনাদের সেই অতিরিক্ত জমি থেকে হয়ে পড়বে, যে অতিরিক্ত জমি আপনারা প্রথমেই কিনে রেখেছেন!

OOO

34

নিজের সীমার মধ্যে কাজ করুন... কখনো ওভার ট্রেডিং করবেন না

নিজেদের ব্যবসাকে উন্নতির পথে এগিয়ে নিয়ে যাওয়ার দৌড়ে অনেক বার এমনটা দেখতে পাওয়া যায় যে, লোকেরা ওভার ট্রেডিং করা শুরু করে দেন। আপনারাও কিছুটা মাত্রায় ওভার ট্রেডিং করতে পারেন... কিন্তু ওভার ট্রেডিং যদি আপনাদের ব্যবসার এক অভিন্ন অঙ্গ হয়ে ওঠে, তো সেটা ব্যবসার পক্ষে ঠিক হয় না। ওভার ট্রেডিং করলে অনেক বার ব্যবসার চাকা এমন ভাবে জাম হয়ে পড়ে যে, আমরা সেই চক্রব্যুহ থেকে বার হতে পারি না আর ব্যবসায় উন্নতি করার সকল রাস্তা বন্ধ হয়ে পড়ে। তারপর ব্যবসায় লোকসান হওয়া শুরু হয়ে পড়ে... ব্যবসায়িক ক্ষেত্রে বদনাম হওয়া শুরু হয়ে পড়ে! উদাহরণস্বরূপ দেশের মন্দার সময় এক সাথে দুটো প্রোজেক্ট হাতে নেওয়ার ক্ষমতাসম্পন্ন কোন বিল্ডার যদি সেই দুটো প্রোজেক্টের কিছু বিল্ডিং বিক্রী করে হাতে পাওয়া টাকা অন্য বিল্ডিং-য়ের কাজ শুরু করার কাজে লাগানোর বদলে আরও দু-তিনটে প্লট কেনার কাজে লাগান... তাহলে তাঁর কাজ আরও ছড়িয়ে পড়ে আর যেসব বিল্ডিং-য়ের জন্য টাকা-পয়সা অগ্রিম হিসেবে হাতে এসেছিল, সেই সব বিল্ডিং-য়ের কাজ শুরু হতে পারে না। শেষে ওভার ট্রেডিং করার কারণে সেই বিল্ডারের একটাও প্রোজেক্ট ঠিক সময়ে শেষ হতে পারে না। ক্লায়েন্টরা অসন্তুষ্ট হয়ে ওঠেন, পেনাল্টীও দিতে হয়। সুতরাং এই সব সমস্যার কথা মাথায় রেখে আমরা এই নিস্কর্ষে পৌঁছতে পারি যে, এক সফল ব্যবসায়ী বা শিল্পপতি হয়ে ওঠার জন্য আমাদের কখনোই ওভার ট্রেডিং করা উচিত নয়। এক ডেভেলপার্স এ্যাডভান্স হিসেবে হাতে পাওয়া অর্থের বিনিময়ে এক বিরাট বড় বাংলো কিনে নিলেন। উনি এমনটা ভেবেছিলেন যে, ওনার সেই বাংলোর

দাম কয়েক মাসের ভেতরেই দ্বিগুণ হয়ে উঠবে আর তখন তিনি বাংলো বেচে দেবেন আর সেই টাকায় বাকী প্রোজেক্টের কাজ শুরু করে দেবেন। কিন্তু দুর্ভাগ্যবশতঃ ঠিক সেই সময়ই বাজারে মন্দা এসে হাজির হল... উনি যে বিরাট বড় বাংলো কিনেছিলেন, সেটার দাম 30% সস্তা হয়ে গেল... তবুও সেটা বিক্রী হচ্ছিল না – এমন পরিস্থিতিতে সেই ডেভেলপার্স কি করবেন, ভেবে উঠতে পারছিলেন না ! এই প্রকারের সমস্যা আমার-আপনাদের ক্ষেত্রেও আসতে পারে আর সেই সমস্যার সমাধান করার জন্য এটাই সব থেকে ভালো হবে যে, আমরা সর্বদা নিজেদের সীমার মধ্যে থেকে কাজ করব ! ওভার ট্রেডিং-য়ের হাতিয়ার যতটা সম্ভব প্রয়োগ না করার চেষ্টা করাই ভালো। আপনারা যদি ব্যবসার ক্ষেত্রে সময় মত মাল সাপ্লাই করেন, সময়ানুবর্তী হন... তাহলে আপনাদের উন্নতি আরও দ্রুততার সাথে হবে আর পুরোন ক্লায়েন্টরা আপনাদের প্রোজেক্টের সাথে আপনা থেকেই যুক্ত হয়ে পড়তে থাকবেন। সর্বদা সত্যের আশ্রয় নেওয়া উচিত; যদি কোন কারণে ওভার ট্রেডিং হয়েও পড়ে... তাহলে সেটাকে আবার সঠিক রাস্তায় ফিরিয়ে নিয়ে আসার চেষ্টা করা উচিত !

OOO

35

বিচারধারাকে বিশ্রাম দেওয়ার আর্ট শিখুন

আপনারা নিজেদের ব্যবসার কাজে অত্যন্ত ব্যস্ত হয়ে রয়েছেন ! আপনারা যখন লাখপতি থেকে কোটিপতি হয়ে উঠতে চাইছেন, তখন ব্যস্ত তো আপনাদের হতেই হবে। আপনাদের প্রতিটা মুহূর্ত... প্রতিটা দিন ব্যস্ততাপূর্বক কাটবে ! আপনারা এতটাই ব্যস্ত হয়ে উঠেছেন আর আপনাদের ওপরে কাজের এতটাই চাপ রয়েছে যে, রাতে ঘুমোবার সময়ও আপনাদের মাথার ভেতরে ব্যবসা সংক্রান্ত অনেক সমস্যা ঘুরে বেড়াতে থাকে। এবার সেই সময় এসে গেছে, যখন আপনারা নিজেদের অস্থির করে তোলা সেই সব বিচারধারাকে বিশ্রাম প্রদান করার আর্টের অভ্যাস করবেন। আপনারা যদি এমনটা করে নেন, তাহলে আপনাদের মস্তিস্কের একাগ্রতা বৃদ্ধি পাবে। আপনাদের ব্যবসা আপনা থেকেই উন্নতি করে চলবে। অন্যথা রাতে ঘুমোবার সময়ও আপনারা স্বস্তি পাবেন না। বিভিন্ন প্রকারের বিচারধারা আপনাদের মাথার ভেতরে ঘুরে বেড়াতে থাকবে। সুতরাং ব্যবসা আর কার্যক্ষেত্রে ব্যস্ত ব্যক্তিদের পক্ষে এটা অত্যন্ত জরুরী হয় যে, তাঁরা নিজেদের মস্তিস্ককে পূর্ণ রূপে শান্ত রাখবেন ! আপনারা যখন সারাটা দিন কাজ করে চলেন, তখন বিভিন্ন প্রকারের বিচারধারা একটার-পর-একটা আপনাদের মাথায় আসতে থাকে। এর ফলে মানসিক চাপেরও সৃষ্টি হয়... কার্যপ্রণালীর ওপরেও প্রভাব পড়ে। আপনারা কিছু জরুরী জিনিষ ভুলেও যেতে পারেন... আপনাদের ব্লাড প্রেশার বেড়ে উঠতে পারে... আপনাদের কাজও সুচারু রূপে সম্পন্ন হয় না। এই সব সমস্যার সমাধান করার একটাই উপায় আছে আর সেটা হচেছ নিজের ব্যবসা সংক্রান্ত বিচারধারাকে কয়েক মুহূর্তের জন্য বিশ্রাম প্রদান করার আর্ট শেখা ! বাস্তবিক রূপে এমনটা সম্ভব

হতে পারে... আপনারা কয়েক মুহূর্তের জন্য নিজেদের বিচারধারাকে বেঁধে ফেলতে পারেন... বিচারধারার বেগকে কয়েক মুহূর্তের জন্য আটকাতে পারেন... নিজেদের মস্তিস্ককে শান্ত করে তুলতে পারেন। ব্যবসায় আরও বেশী উন্নতি করার জন্য আর আরও বেশী সফলতা অর্জন করার জন্য এটা অত্যন্ত জরুরী হয় যে, আপনারা মানসিক শান্তি প্রাপ্ত করার জন্য নিজেদের বিচারধারাকে কয়েক মুহূর্তের জন্য বেঁধে ফেলবেন।

এবার একটু এই ব্যাপারে আলোচনা করা যাক যে, আমরা কি ভাবে নিজেদের বিচারধারাকে বেঁধে ফেলতে পারি ! প্রথমতঃ তো লোকেদের এমনটা বিশ্বাসই হয় না যে, তাঁরা নিজেদের বিচারধারার লাগাম টেনে ধরতে পারেন। বেশীর ভাগ ব্যক্তি এমনটাই চিন্তা করেন যে, তাঁরা তো কিছু করছেন না... তাঁদের মস্তিস্ক চিন্তা করে চলেছে আর একটার-পর-একটা নতুন চিন্তা করে চলেছে... এতে তাঁদের কি ভূমিকা থাকতে পারে ? তাঁরা সেটাকে আটকানোর চেষ্টা কি ভাবে করতে পারেন ? কিন্তু এমন কোন ব্যাপার নেই। আপনারা শান্ত হয়ে 10 - 15 মিনিটের জন্য শুয়ে পড়ুন... শুয়ে-শুয়ে আপনারা নিজেদের বিচারধারাকে বিশ্রাম প্রদান করার জন্য চোখ বন্ধ করে পরম পিতা প্রভুর কাছে এমন প্রার্থনা করুন যে, আপনাদের সমস্ত চিন্তা যেন কয়েক মুহূর্তের জন্য থেমে যায় আর আপনারা পূর্ণ রূপে শান্ত হয়ে পড়েন। এবার শুয়ে-শুয়েই চোখ বন্ধ রেখে নিজের শরীরের প্রতিটা অঙ্গ দেখার চেষ্টা করুন। সবার আগে বাঁ পা-কে দেখুন আর বাঁ পায়ের প্রতিটি আঙুলকে শান্ত হয়ে দেখার চেষ্টা করুন। এর পরে চোখ বন্ধ রেখেই ডান পায়ের ওপরে দৃষ্টি দিন। ডান পায়ের প্রতিটি আঙুলকে দেখার চেস্টা করুন... এবার নিজের দৃষ্টিকে ধীরে-ধীরে বাঁ হাতের দিকে নিয়ে যান। বাঁ হাতের প্রতিটি আঙুল দেখুন। তারপর বাঁ হাতের পাতার ওপরে দৃষ্টি দিন। হ্যাঁ... আপনাকে চোখ বন্ধ রেখেই দেখতে হবে আর এবার ডান হাতের দিকে দৃষ্টি নিয়ে যান। চোখ বন্ধ রেখে ডান হাতের প্রতিটি আঙুল এক-এক করে ভালো করে দেখুন আর তারপর ডান হাতের পাতার ওপরে দৃষ্টি নিয়ে যান। এবার নিজের দৃষ্টি নিয়ে যান মুখের ওপরে। চোখ বন্ধ করে নিজের মুখ দেখার চেষ্টা করুন। আজ্ঞে হ্যাঁ... আপনাদের চোখ বন্ধ রাখতে হবে আর ঘুমিয়ে পড়া চলবে না; ঘুমোবার চেষ্টা একেবারেই করবেন না। মুখের ওপরের পড়া বলিরেখার ওপরে দৃষ্টি দিন... কাজের চাপে আপনাদের মুখে বলিরেখা বেড়ে উঠছে, এমনটা কল্পনা করুন। এটাও কল্পনা করুন যে. আপনারা যদি শান্ত ভাবে ব্যবসার কাজ চালান, তাহলে আপনাদের মুখের বলিরেখা কমে আসবে। এবার চোখ দুটোর ওপরে দৃষ্টি দিন... তারপর নাক আর ঠোঁটের ওপরে দৃষ্টি নিয়ে

যান। চোখ বন্ধ রেখে এবার দাঁতের ওপরে নিজের দৃষ্টি নিয়ে যান এবং সব শেষে কানের দিকে আর মস্তিস্কের দিকে দেখার চেস্টা করুন। শরীরের প্রতিটি অঙ্গকে অত্যন্ত শান্ত ভাবে দেখার চেস্টা করুন। এমনটা করার পরে এবার আবার একবার নিজেদের শরীরের প্রতিটি অঙ্গকে অত্যন্ত দ্রুত দেখার চেস্টা করুন। শরীরের অঙ্গগুলো দেখার কাজ আপনাদের চোখ বন্ধ রেখেই করতে হবে। এমনটা করলে আপনাদের সমস্ত বিচারধারা থেমে যাবে আর আপনারা এক অভূতপূর্ব শান্তি প্রাপ্ত করবেন। আপনাদের মস্তিস্ক শান্ত হয়ে উঠবে আর আপনারা নতুন উৎসাহের সাথে নিজেদের ব্যবসার কাজ করতে পারবেন। চোখ বন্ধ রেখে শরীরের প্রতিটি অঙ্গকে দেখার চেস্টা করলে ব্যবসা সংক্রান্ত যেসব সমস্যা আপনাদের মস্তিস্ককে অস্হির করে তুলছিল... সেগুলো সব শান্ত হয়ে পড়বে আর আপনারা কোন প্রকারের সমস্যা ছাড়াই মঙ্গলময় শান্ত বিচারধারার সাথে নিজেদের ব্যবসা চালিয়ে যেতে পারবেন। সকাল-দুপুর-সন্ধ্যা – যে কোন সময় আপনারা এই আর্টের অভ্যাস করতে পারেন। এর জন্য কেবলমাত্র 15 মিনিট সময়ের প্রয়োজন হয় আর সেই 15 মিনিটে আপনারা এমন তরোতাজা ভাব প্রাপ্ত করবেন যে, আপনাদের সমস্ত ক্লান্তি দূর হয়ে পড়বে আর আপনারা উৎসাহে পরিপূর্ণ হয়ে উঠে আরও ভালো ভাবে নিজেদের ব্যবসার কাজ করতে পারবেন।

আপনাদের মস্তিস্কে যখন এক সময়ে ব্যবসা সংক্রান্ত একাধিক চিন্তা এসে হাজির হবে আর আপনারা যখন সেই সব চিন্তাকে এক-এক করে সামলাতে অক্ষম হয়ে উঠবেন... তখন আপনাদের উপরোক্ত আর্ট গ্রহণ করা উচিত। সুতরাং আপনারা এখন থেকেই এই আর্টের অভ্যাস করা শুরু করে দিন আর সময়ে-সময়ে এই জিনিষটার প্রয়োগ করে চলুন... যাতে লাভ কেবল আপনাদেরই হবে। আপনাদের একাগ্রতা বেড়ে উঠবে এবং এক সময়ে একাধিক ব্যবসায়িক চিন্তা সামলানোর কাজেও সহায়তা প্রাপ্ত হবে!

○○○

36

দু পার্সেন্ট পি.সি.-র জাদু দেখুন

আমরা যখন পি.সি.-র ব্যাপারে কথা বলি... তখন আপনারা এমনটা ভাবতে পারেন যে, আমরা আপনাদের পার্সোনাল কম্প্যুটার কেনার পরামর্শ দিচ্ছি... কিন্তু এমনটা মোটেই নয়। কম্প্যুটারের যুগে কম্প্যুটার তো আপনাদের অবশ্যই রয়েছে... কিন্তু এখানে আমরা এমন এক প্রয়োগের কথা বলতে চলেছি, যেটাকে আপনারা গ্রহণ করলে আপনাদের ব্যবসা দিন-দিন উন্নতির সাথে তরতর করে এগিয়ে চলবে। দুনিয়ার কোন শক্তিই তখন আর আপনাদের উন্নতি করে চলা ব্যবসাকে বাধা প্রদান করতে পারবে না। দু পার্সেন্ট পি.সি.-র এটাই হচ্ছে জাদু-ফর্মূলা!

সেই ফর্মূলাটা আসলে কি? আসুন... জানা যাক। আজ যদি আপনারা এমন এক দৃঢ় প্রতিজ্ঞা করে নেন যে, আপনাদের ব্যবসা থেকে যে উপার্জন হবে, সেটার কেবলমাত্র দু পার্সেন্ট আপনারা পি.সি.-তে খরচ করবেন... তাহলে তেমনটা করলে আপনাদের ব্যবসায়িক আয় দু গুণ আর চার গুণ বেড়ে উঠবে। এবার এটা জানার চেস্টা করা যাক যে, আমরা এখানে কোন্ পি.সি.-র কথা বলছি! আমরা যে দু পার্সেন্ট পি.সি.-র কথা বলছি, সেটা হচ্ছে *'পার্সোনালাইজড্ চ্যারিটি'* অর্থাৎ আপনারা এমনটা চিন্তা করুন যে, আপনাদের ব্যবসা বা শিল্প থেকে যে অর্থ উপার্জন হবে... সেই উপার্জনের কেবলমাত্র দু পার্সেন্ট আপনারা নিজেদের হাতে করে গরীব-অসহায় লোকেদের কল্যাণের জন্য খরচ করবেন। সব মিলিয়ে এটাই হচ্ছে আমাদের দু পার্সেন্ট পি.সি.-র ফর্মূলা! এই ফর্মূলার ব্যাপারে আমরা ভারতের বিভিন্ন শহরে আলাদা-আলাদা ব্যবসায়িক সমুদায়ের লোকেদের সঙ্গে আলাপ-আলোচনা করেছি আর সেটার আশ্চর্যজনক পরিণাম সামনে প্রকাশ পেয়েছে। যেখানে-যেখানে ব্যবসায়ী আর শিল্পপতিরা

এমন প্রতিজ্ঞা করেছেন যে, তাঁরা এবার থেকে নিজেদের উপার্জনের দু পার্সেন্টি গরীব-অসহায় লোকেদের কল্যাণের জন্য নিজেদের হাতে খরচ করবেন... সেই সব জায়গায় তাঁদের ব্যবসায় অভূতপূর্ব উন্নতি হয়েছে। প্রভুর আশীর্বাদে আর আপনারা যে ব্যক্তির সহায়তা করেছেন, সেই ব্যক্তির আশীর্বাদে – দু ভাবেই আপনাদের উন্নতি হওয়াটা নিশ্চিত... সেটাকে কেউই আটকাতে পারবে না! সুতরাং আপনারাও দু পার্সেন্টি পি.সি.-র ফর্মূলা গ্রহণ করার দৃঢ় প্রতিজ্ঞা করলে দেখতে পাবেন যে, আপনাদের উপার্জনও আগের থেকে দ্বিগুণ হয়ে উঠেছে বা সেটা চার গুণ বেড়ে উঠেছে। আপনারা এমন ব্যক্তির সহায়তা করুন, যাঁকে সহায়তা করার মত কেউ নেই। ব্যাপারটা টাকা-পয়সার নয়... এটা হচ্ছে আপনাদের হৃদয়ের ব্যাপার... এটা হচ্ছে সমাজের সেই অংশের লোকেদের জন্য একটা জায়গা তৈরী করে দেওয়ার ব্যাপার, যাঁদের কাছে আজ টাকা-পয়সার অভাব রয়েছে। আপনারা একশো টাকার একটা কম্বল দিয়েই শুরু করতে পারেন। আপনারা একশো টাকা দিয়ে একটা কম্বল কিনে নিন আর রাস্তার ধারে শুয়ে থাকা সেই ব্যক্তির গায়ে জড়িয়ে দিন, যার কাছে শীতে গায়ে দেওয়ার মত কম্বল নেই। এবার বাড়ী ফিরে সেই ব্যাপারে চিন্তা করলে আপনাদের এক অদ্ভূত মিষ্টি-সুখকর শান্তি আর আনন্দ প্রাপ্ত হবে। এই প্রকারের ছোট-বড় সেবাকার্য আপনারা করে চলুন আর সেই সব কাজে নিজেদের উপার্জনের কেবলমাত্র দু পার্সেন্টি খরচ করার সংকল্প করুন... তারপর সেটার জাদু দেখুন! আপনাদের ব্যবসায়িক উপার্জন নিশ্চিত রূপে বেড়ে চলবে। ভারতে হাজারো ব্যক্তি আমার দ্বারা প্রতিপাদিত এই ফর্মূলা গ্রহণ করেছেন আর সময়ে-সময়ে এমন ব্যক্তিদের ফোন আর চিঠি আমার কাছে আসতে থাকে... যাঁরা অত্যন্ত গর্বের সাথে এমনটা বলতে থাকেন যে, এই দু পার্সেন্টি পি.সি.-র ফর্মূলা গ্রহণ করায় তাঁদের ব্যবসায় জবরদস্ত লাভ হয়েছে! হয়তো আপনারা এখনও পর্যন্ত কাউকে কিছু দান করেননি। কাউকে কিছু দান করায় যে আনন্দের প্রাপ্তি হয়, সেটা হয়তো আপনারা এখনও পর্যন্ত প্রাপ্ত করেননি। তাহলে এবার দু পার্সেন্টি পি.সি.-র প্রক্রিয়া গ্রহণ করা শুরু করে দিন। এটা সর্বদা মাথায় রাখবেন যে, আপনারা যে সেবাকার্য করছেন... সেটার প্রচার যতটা সম্ভব যেন না করা হয়। প্রচার করলে সেই সেবাকার্যের গরিমাই শেষ হয়ে পড়বে আর লাভও কম মাত্রায় প্রাপ্ত হবে। সুতরাং আপনারা যখনই কোন সেবাকার্য করবেন, সেখানে যেন কোন ফোটোগ্রাফার বা সাংবাদিক না থাকেন!

আজ আপনাদের ব্যবসা ছোট হোক্ বা বড়... আপনারা যদি এমন দৃঢ় সংকল্প করেন যে, আপনারা নিজেদের উপার্জনের কেবলমাত্র দু পার্সেন্টি গরীব-

অসহায় ব্যক্তিদের কল্যাণের জন্য খরচ করবেন... তাহলে নিশ্চিত রূপে আগামী 6 মাসের ভেতরেই আপনারা নিজেদের ব্যবসায় জবরদস্ত উন্নতি দেখতে পাবেন। আর আপনারা নিজেরা যখন এই দু পার্সেন্ট পি.সি. ফর্মূলার লাভ অনুভব করবেন আর যখন আপনাদের ব্যবসা উন্নত হয়ে উঠবে... তখন আপনারা আমাকে চিঠি লিখে অবশ্যই জানাবেন আর তার সাথে-সাথে এই ব্যাপারে নিজেদের বন্ধুদেরও জানাবেন, যাতে তাঁরাও এই জিনিষটার লাভ ওঠাতে পারেন। এটাই হচ্ছে দু পার্সেন্ট পি.সি.-র জাদু... যেটা কেবলমাত্র দু পার্সেন্ট উপার্জন খরচ করার বদলে আপনাদের নিশ্চিত রূপে আরও বেশী উপার্জন প্রদান করবে। কিছুদিন আগে আমার সাথে এমন এক নবযুবক দেখা করতে এসেছিলেন, যিনি নিজে এক বড় আই.টি. কোম্পানীতে কম্প্যুটার স্পেশালিস্টের পদে কার্যরত ছিলেন। হোণ্ডা সিটি গাড়ী চেপে সেই নবযুবক দিল্লীর এক গরীব এলাকার গরীব বাচ্চাদের বিনা পয়সায় ইংরাজী শেখাতেন! এই কাজ করে তিনি প্রচণ্ড আনন্দ পেতেন। একদিন আমি অত্যন্ত সুখকর আশ্চর্যে ভরে উঠেছিলাম... যখন আমি এটা জানতে পারলাম যে, সেই যুবক নিজের আরও 2 - 3 জন বন্ধুর গাড়ী চেয়ে পাঠিয়েছেন আর তিনটে গাড়ীতে উনি প্রায় 15 - 16 জন গরীব বাচ্চাদের ইংরাজী ফিল্ম দেখাতে নিয়ে গেছেন। ফিল্ম দেখানোর পরে উনি বাচ্চাদের পেট পুরে ভালো-ভালো খাবার খাওয়ান আর শেষে সেই যুবক বাচ্চাদের এটা বোঝান যে, তারা যদি এখন থেকে মন দিয়ে পড়াশোনা করে, মেহনত করে... তাহলে একদিন তারাও উন্নতি করবে, বেশী পয়সা উপার্জন করবে আর ভালো ভাবে জীবন কাটাতে পারবে। আপনারাও যদি সমাজের গরীব বাচ্চাদের জন্য, অসহায় বাচ্চাদের জন্য, তাদের পড়াশোনার জন্য, তাদের ওষুধের জন্য বা অন্য যে কোন প্রকারের সামাজিক সেবাকার্যে নিজেদের কিছুটা সময় আর নিজেদের উপার্জনের কেবলমাত্র দু পার্সেন্ট খরচ করেন... তাহলে নিশ্চিত রূপে এটা দেখতে পাবেন যে, আপনাদের ব্যবসায় ক্রমশঃ উন্নতি হয়ে চলেছে!

OOO

37

ক্রেডিট কার্ডের থেকে দু পা দূরে থাকুন

আজকাল প্লাস্টিক পুঁজির প্রচলন যথেষ্ট বেড়ে উঠেছে – যাকেই দেখুন, তাঁর কাছেই 2 - 4 ক্রেডিট কার্ড রয়েছে। কোন জিনিষ পছন্দ হল... আপনারা কিনে নিলেন আর দোকানদারের হাতে ফটাফট্ ক্রেডিট কার্ড ধরিয়ে দিলেন আর সেই জিনিষটা নিয়ে বাড়ী ফিরে এলেন। শুনতে তো খুবই ভালো লাগে... কিন্তু বাস্তবিক জীবনে আপনারা ক্রেডিট কার্ডের উপযোগ যতটা সম্ভব এড়িয়ে চললেই লাভবান হবেন। আপনাদের যদি নিজেদের ব্যবসায় উন্নতি করতে হয় আর খরচকে যদি নিয়ন্ত্রণে রাখতে হয়... তাহলে এটাই ভালো হবে যে, আপনারা যতটা সম্ভব কম ক্রেডিট কার্ডের প্রয়োগ করবেন আর ক্রেডিট কার্ডের উপযোগ করার সময় এটা মাথায় রাখবেন যে, ক্রেডিট কার্ডের পেমেন্ট যেন সর্বদা ঠিক সময়ে করা হয়।

এটা মাথায় রাখবেন যে, আপনারা যখন ক্রেডিট কার্ডের পেমেন্ট সময় মত করেন না... তখন আপনাদের অনেক বেশী ইন্টারেস্ট দিতে হয়। আপনাদের উপার্জনের একটা বিরাট বড় অংশ ক্রেডিট কার্ডের পেমেন্ট দেরী করে করার ফলস্বরূপ ইন্টারেস্টের রূপে চলে যায়। এজন্য, আপনারা ক্রেডিট কার্ডের উপযোগ যতটা সম্ভব কম করলেই ভালো করবেন। তার সাথে-সাথে নিজেদের পত্নী বা বাচ্চাদেরও ক্রেডিট কার্ড যতটা সম্ভব কম ব্যবহার করার পরামর্শ দিন। নিজেদের কোম্পানীর এ্যাকাউন্টস্ বিভাগকে এই ব্যাপারে স্পস্ট নির্দেশ দিয়ে রাখুন যে, যখনই ক্রেডিট কার্ডের বিল আসবে... সেটার পেমেন্ট যেন একটুও সময় নস্ট না করে তৎক্ষনাত করে দেওয়া হয়। আপনারা যদি ক্রেডিট কার্ড রাখেন আর কখনো যদি আপনাদের এমনটা মনে হয় যে, ক্রেডিট কার্ডের বিল আসার সময় হয়ে যাওয়া সত্ত্বেও সেটা এখনও পর্যন্ত এসে পৌঁছয়নি... তাহলে তখুনি ক্রেডিট কার্ড কোম্পানীতে ফোন করে বা এস.এম.এস. পাঠিয়ে বিল

চেয়ে পাঠান... কারণ সময় মত বিল প্রাপ্ত না হলেও পরে আপনাদের সমস্যায় পড়তে হতে পারে আর বেশী ইন্টারেস্টের ফাইন লাগতে পারে। লোকেরা ক্রেডিট কার্ডের সুবিধা থাকার কারণে মূল্যবান আর অনাবশ্যক জিনিষও এই ভেবে কিনে নেন যে, সেটার দাম তো এই মুহূর্তে দিতে হচ্ছে না। কিন্তু আজ নয়তো কাল, পেমেন্ট আপনাদের করতেই হবে আর যেদিন ক্রেডিট কার্ডের বিল আসবে... সেদিন যদি পেমেন্ট করার মত টাকা আপনাদের কাছে না-ও থাকে... তবুও আপনারা এই ভেবে নিশ্চিন্ত হয়ে থাকেন যে, ক্রেডিট কার্ডের পেমেন্ট এক মাস পরে করলেও কি এমন তফাত হবে ? কেবল কিছুটা ইন্টারেস্টই তো বেশী দিতে হবে। কিন্তু আমরা এটা হিসেব করে দেখি না যে, ক্রেডিট কার্ডের পেমেন্ট সময় মত না করার জন্য আমাদের কত ভারী ইন্টারেস্টের ফাইন দিতে হয় ! সুতরাং, আপনারা নিজেদের ব্যবসায় উন্নতি করার ইচ্ছা রাখলে ক্রেডিট কার্ডের উপযোগ যতটা সম্ভব কম করারই চেষ্টা করুন !

০০০

38

পড়াশোনার চিন্তা বেশী করবেন না... পছন্দসই কাজে মন লাগান

জীবনে পয়সা উপার্জন করার জন্য পড়াশোনা অবশ্যই সহায়তা করে... কিন্তু এমনটা জরুরী নয় যে, লাখপতি বা কোটিপতি হওয়ার জন্য আমাদের ভালো ডিগ্রী থাকতেই হবে। সত্যি কথা তো হচ্ছে এটা যে, যে কাজের প্রতি আপনাদের আগ্রহ রয়েছে, সেই কাজটা তীব্র গতিতে শুরু করে দিন... সফলতা অবশ্যই আপনাদের চরণ স্পর্শ করবে!

গোটা বিশ্বে এমন অসংখ্য শিল্পপতিদের উদাহরণ রয়েছে, যাঁরা পড়াশোনার মামলায় ভালো ছিলেন না... তাঁরা কলেজের গণ্ডীও পার করতে পারেননি – তবুও তাঁরা সফলতার দুনিয়ায় এক সফল শিল্পপতি হয়ে উঠেছেন! ঘনশ্যাম দাস বিড়লা বেশী পড়াশোনা করেননি... কিন্তু পড়াশোনার চিন্তা না করে উনি নিজের সম্পূর্ণ মনোযোগ ব্যবসার প্রতি দিয়েছিলেন আর ব্যবসায় জবরদস্ত উন্নতি হাসিল করে নিয়েছিলেন। এজন্য যেসব ব্যক্তি উচ্চ স্তরের পড়াশোনা করতে পারেননি... তাঁরা যেন এমন চিন্তা একেবারেই না করেন যে, তাঁরা উচ্চ শিক্ষার অভাবে কোটিপতি হয়ে উঠতে পারবেন না। এই ব্যাপারে একটা ভালো কথা ডিজনী ল্যাণ্ডের নির্মাতা ওয়াল্ড ডিজনী বলেছিলেন। উনি এমনটা বলেছিলেন – *"আপনারা যদি কোন জিনিষের স্বপ্ন দেখেন... তাহলে আপনার নিজেদের সেই স্বপ্নকে সাকারও করে তুলতে পারেন!"* ব্যবসা আর কার্যক্ষেত্রে উন্নতি করার এটাই হচ্ছে মূল মন্ত্র! আপনাদের কাছে হয়তো কলেজের বড় ডিগ্রী না থাকতে পারে... কিন্তু আপনাদের ভেতরে যদি শীর্ষে পৌঁছনোর তীব্র ইচ্ছা থাকে, জীবনে উন্নতি করার ইচ্ছা থাকে আর আপনারা

যদি লাগাতার মেহনত করে চলেন... তাহলে নিশ্চিত রূপে এক দিন আপনারা সফল শিল্পপতি হয়ে উঠবেন। এ্যাপল কম্প্যুটারের সি.ই.ও. মি. স্টীভ জবস্ 12-ই জানুয়ারী, 2005 এক বিশ্ববিদ্যালয়ের ছাত্র-ছাত্রীদের উদ্দেশ্যে দেওয়া নিজের ভাষণে বলেছিলেন – *"কলেজে এ্যাডমিশন নেওয়ার 6 মাসের ভেতরেই আমি কলেজ যাওয়া বন্ধ করে দিই। পরে আবার আমি কিছুদিনের জন্য কলেজে গিয়েছিলাম... কিন্তু শেষে আমি কলেজ ছেড়েই দিই। আমার বয়স যখন 17 বছর হয়েছিল, তখন আমি এক বড় কলেজে এ্যাডমিশন নিই। আমার এমনটা মনে হতে থাকে যে, আমার পড়াশোনার পেছনে আমার মাতা-পিতার সঞ্চয় করা অর্থ বর্বাদ হচ্ছে। 6 মাস কলেজে পড়ার পরে আমি এটা লক্ষ্য করি যে, সেই কলেজে ভর্তি হওয়ার সময় আমার ভেতরে যে আশা ছিল... সেই আশা পূরণ হচ্ছে না আর আমার এমনটা মনে হতে থাকে যে, আমি নিজের জীবনের অমূল্য সময় নষ্ট করছি আর নিজের মাতা-পিতার সারাটা জীবন ধরে সঞ্চয় করে আসা অর্থ বর্বাদ করছি। সুতরাং আমি কলেজ যাওয়া বন্ধ করে দিয়ে কাজেকর্মে লেগে পড়ি। শুরুতে আমার কাছে থাকার মত ঘরও ছিল না আর আমি নিজের বন্ধুর বাড়ীতে মেঝেতে ঘুমোতাম আর প্রতি রবিবার রাতে 7 মাইল পথ পায়ে হেঁটে 'হরে রাম-হরে কৃষ্ণ' মন্দিরে যেতাম... যাতে সেখানে বিনা পয়সায় ভালো খাবার খেতে পাই !"* নিজের উন্নতির ব্যাপারে জানাতে গিয়ে উনি বলেছিলেন – *"জীবনে বেশ কয়েকবার আপনাদের এমনটা মনে হতে পারে, যেন কেউ আপনাদের মাথায় ইঁট দিয়ে আঘাত করছে... কিন্তু এমন পরিস্থিতিতে আপনারা নিজেদের বিশ্বাস কখনো হারাবেন না আর যে কাজে আপনারা লেগে রয়েছেন, সেটার ওপরে বিশ্বাস বজায় রাখুন। এটাই হচ্ছে সফলতার চাবিকাঠি।"* মি. স্টীভ জবস্ আরও বলেছিলেন – *"ব্যক্তির কখনোই চিন্তায় ডুবে যাওয়া উচিত নয়... তা সামনে মৃত্যু এসে হাজির হলেও নয়। একবার ডাক্তার আমাকে ক্যান্সারের রোগী হিসেবে ঘোষণা করে দিয়েছিলেন আর এটাও বলেছিলেন যে, ক্যান্সার আমার প্যাংক্রিয়াজ পর্যন্ত পৌঁছে গেছে এবং আমার এই ক্যান্সার কোন ভাবেই ঠিক হতে পারে না ! ডাক্তার আমাকে বাড়ী ফিরে যাওয়ার আর নিজের কাজকর্ম ঠিক মত দেখাশোনা করার পরামর্শ দিয়েছিলেন। তখন আমি এই চিন্তায় ডুবে যাই যে, যে কাজগুলো আমার পরের দশ বছরে করার কথা... সেই সব কাজের ব্যাপারে আগামী কয়েক মাসের মধ্যে আমাকে নিজের পরিবারের লোকেদের জানাতে হবে, বোঝাতে হবে ! কিন্তু প্রভুর আশীর্বাদে এর কিছুদিন পরেই আমার সেই ক্যান্সার অপারেশন দ্বারা ঠিক হয়ে পড়ে।"* এই জিনিষটার কথা মনে করে উনি সর্বদাই এমনটা বলতেন –

"আপনাদের হাতে সময় অত্যন্ত সীমিত... তাই সময়ের ববাদী করবেন না। অন্যদের কথার আওয়াজে আপনারা নিজেদের অন্তর্মনের আওয়াজকে চাপা পড়তে দেবেন না। আমার মতে ব্যবসার ক্ষেত্রে সফলতার গুরুমন্ত্র হচ্ছে – 'ক্ষুধার্ত থাকো আর বুদ্ধু হয়ে থাকো'!"

এবার বিল গেটসের উদাহরণ নেওয়া যাক। বিল গেটস্ কোনদিনও কলেজের গণ্ডী পার করেননি। কিন্তু শুরু থেকেই তীক্ষ্ম দূরদর্শিতা আর প্রবল ইচ্ছা ওনার ভেতরে ছিল আর উনি কম্প্যুটার ইত্যাদির সাথে সম্বন্ধিত কার্যে উন্নতি করতে চাইতেন! নতুন চিন্তাধারা আর সেটার পেছনে সত্যিকারের নিষ্ঠার কারণেই বিল গেটস্ জীবনে উন্নতি করতে পেরেছিলেন। আপনারাও যদি এই ব্যাপারটাকে মেনে নেন যে, কোন একটা কাজ করা আপনাদের দ্বারা সম্ভব হচ্ছে না... কিন্তু সেই কাজটা করার জন্য সত্যিকারের নিষ্ঠা আপনাদের মধ্যে রয়েছে... তাহলে নিশ্চিত রূপে আপনারা সফলতা প্রাপ্ত করবেন। ইন্‌ফোসিস কোম্পানীর প্রতিষ্ঠাতা শ্রী এন. আর. নারায়ণমূর্তি এমনটা মনে করেন যে, ব্যবসার ক্ষেত্রে উন্নতি করার জন্য কখনোই একজন ক্লায়েন্টের ওপরে নির্ভরশীল হয়ে থাকা উচিত নয়। এই প্রকার একই প্রযুক্তির ওপরেও নির্ভর করে থাকা উচিত নয়। কোন একটি রাষ্ট্রের ওপরে নির্ভরশীল হয়ে থাকা উচিত নয় আর না-ই কোন একজন ব্যক্তির ওপরে নির্ভরশীল হয়ে থাকা উচিত! আপনারা যদি একজন ব্যক্তির ওপরে নির্ভরশীল হয়ে ওঠেন, তাহলে আপনারা কোন এক সময় জবরদস্ত সমস্যায় পড়তেও পারেন।

জে. কে. রোলিং-য়ের উদাহরণও আমাদের পাঠকদের এই প্রেরণাই প্রদান করে যে, যে কাজের প্রতি আপনাদের আগ্রহ রয়েছে... উৎসাহ রয়েছে – আপনাদের সেই কাজটাই করা উচিত! জে. কে. রোলিং হচ্ছেন বিশ্ব প্রসিদ্ধ পুস্তক *'হ্যারী পটার'*-য়ের লেখিকা! শুরুর থেকেই ওনার মনে এমন ইচ্ছা ছিল যে, উনি কিছু লিখবেন... উপন্যাস লিখবেন! ওনার মাতা-পিতার এমন দৃঢ় বিশ্বাস হয়ে পড়েছিল যে, ওনাদের মেয়ে কোনদিনও বাড়ীর লোনের ইন্‌স্টলমেন্ট চোকাতে পারবেন না আর না-ই নিজের বার্ধক্যের জন্য এক সফল পেনশনের ব্যবস্থা করতে পারবেন। দারিদ্রতার মধ্যে বড় হয়ে ওঠা জে. কে. রোলিং শীতকালের দিনগুলোয় নিজের মেয়ের সাথে কফি হাউসে বসে পাতার-পর-পাতা উপন্যাস লিখে চলতেন। উনি ঘন্টার-পর-ঘন্টা কফি হাউসে বসে থাকতেন... কারণ ওনার নিজের বাড়ীতে হীটার জ্বালানোর মত পয়সা ওনার কাছে ছিল না। হার্বার্ড ইউনিভার্সিটিতে 2008 সালের জুন মাসে ছাত্র-ছাত্রীদের

উদ্দেশ্যে দেওয়া নিজের ভাষণে উনি বলেছিলেন – *"আমার কম বয়সে আমার সব থেকে বড় সমস্যা আমার দারিদ্রতা নয়... ব্যর্থতা ছিল ! আমার বিয়ে হওয়ার কিছুদিনের ভেতরেই সেই বিয়ে ভেঙে গিয়েছিল... আমার চাকরীও চলে গিয়েছিল। ততদিনে আমি এক কন্যা সন্তানের মা হয়ে উঠেছিলাম আর সঙ্গে ছিল আমার দারিদ্রতা ! এমন পরিস্থিতিতে আমি আধুনিক ব্রিটেনে বসবাস করতে শুরু করি। আমার কাছে কেবলমাত্র একটা পুরোন টাইপরাইটার ছিল আর মগজে ছিল অসংখ্য বিচার ! কিন্তু হাতে আমার পয়সা ছিল না।"* জীবনের পরিভাষার ব্যাপারে জানাতে গিয়ে উনি বলেছিলেন – *"জীবন মানে সফলতার সূচী তৈরী করা কখনোই হয় না আর জীবন নিজের সুন্দর বায়ো-ডাটা তৈরী করার নামও নয় ! জীবন বড়ই মুশ্কিলে পরিপূর্ণ হয়... বড়ই কষ্টময় হয়... জীবন কখনো আমাদের নিয়ন্ত্রণে থাকে না।"* কিন্তু অন্য দিকে উনি চিন্তাধারার শক্তিকেও যথেস্ট গুরুত্ব দিয়ে থাকেন। আজ হ্যারী পটার যে স্হানে এসে পৌঁছেছে... সেটা কেবলমাত্র ওনার বুদ্ধিমত্তা আর চিন্তাধারার কারণে সম্ভব হয়েছে। হার্বার্ড বিশ্ববিদ্যালয়ের ছাত্র-ছাত্রীদের নিজের জীবনের কথা জানাতে গিয়ে জে. কে. রোলিং বলেছিলেন – *"এই দুনিয়াকে বদলানোর জন্য আমার বা আপনাদের কোন জাদুর প্রয়োজন নেই। যে শক্তি আমাদের প্রয়োজন, সেটা আমাদের ভেতরেই রয়েছে আর আমাদের ভেতরে বেশী কিছু চিন্তা করার আর্টও মজুদ রয়েছে !"* আমার মতে আপনারাও জে. কে. রোলিং-য়ের কথাগুলো থেকে প্রেরণা গ্রহণ করুন আর এমনটা চিন্তা করুন যে, আপনাদের ভেতরের শক্তির লাভ আপনাদের ওঠাতে হবে। নতুন যে কোন কাজ শুরু করতে গেলে সমস্যা তো আসবে... কিন্তু আপনাদের ভেতরে যদি সত্যিকারের নিস্ঠা থাকে আর আপনারা যদি পূর্ণ সমর্পণ ভাবের সাথে এক লক্ষ্যে একটাই কাজ করে চলেন... তাহলে আপনারা যে স্বপ্ন দেখছেন, সেটা সাকার করে তুলতে আপনারা নিশ্চিত রূপে সফলতা প্রাপ্ত করবেন !

বারন বফে এমনটা মনে করতেন যে, কেবলমাত্র কুশাগ্র বুদ্ধির জোরে আপনারা লাখপতি থেকে কোটিপতি হয়ে উঠতে পারবেন না। বারন বফে এত টাকা-পয়সার মালিক হওয়া সত্ত্বেও আজও উনি ইন্টারনেটের ব্যবহার খুব কমই করেন আর নিবেশ করার ব্যাপারে উনি কেবলমাত্র সেই শিল্পে বা ব্যবসায় নিবেশ করেন, যে শিল্প বা ব্যবসাকে উনি ভালো করে বোঝেন। আজও টেক্নোলোজী স্টকস্ ওনার মাথায় ঢোকে না... তাই উনি সেই ধরণের ব্যবসায় নিবেশ করাটা যতটা সম্ভব এড়িয়ে চলেন। বারন বফে এমনটা মনে করেন যে, স্টক মার্কেটে সেই সব শেয়ারের প্রতি আগ্রহ দেখানো উচিত, যেগুলোয় অন্যেরা

একেবারেই হাত লাগাচেছন না। বারন বফে নিজের বুদ্ধির জোরে আর দূরদর্শিতার জোরে এত ধনী ব্যক্তি হয়ে উঠেছেন। নতুন নিবেশকদের প্রতি পরামর্শ দিয়ে বারন বফে বলেছেন – *"ধরুন আপনাদের একটা গাড়ী দেওয়া হল আর আপনাদের সারাটা জীবন সেই গাড়ীটাই চালাতে বলা হল... তাহলে নিশ্চিত রূপে আপনারা সেই গাড়ীটার প্রতি পূর্ণ দৃষ্টি রাখবেন। গাড়ীতে যেন জং না লাগে, সেদিকে পূর্ণ দৃষ্টি রাখবেন... গাড়ী রাখার জন্য গ্যারেজের ব্যবস্থাও আপনারা করবেন। এবার নিজেদেরকে সেই গাড়ীর জায়গায় রেখে চিন্তা করুন। আপনারা এক জীবন প্রাপ্ত করেছেন... এক মস্তিষ্ক প্রাপ্ত করেছেন আর এক আত্মাও প্রাপ্ত করেছেন! এবার আপনাদের সেগুলোর প্রতি পূর্ণ দৃষ্টি রাখতে হবে, সেগুলোতেই নিবেশ করতে হবে আর এমনটা করলে আপনাদের উন্নতি নিশ্চিত! বার্ধক্য এলে অনেক ব্যক্তির ব্যবসার ওপর থেকে আগ্রহ হারিয়ে যায়। তাঁরা এমনটা ভাবতে থাকেন যে, এখন তো আমরা ব্যবসা থেকে রিটায়ার্ড হয়ে পড়েছি... আমরা তো বৃদ্ধ হয়ে পড়েছি। কিন্তু এমনটা চিন্তা করা উচিত নয়। নবরস্কা ফার্নিচার মার্ক হচেছ আমেরিকার এক অত্যন্ত প্রতিষ্ঠিত ফার্নিচার কোম্পানী। সেই কোম্পানীর মালকিন 104 বছর বয়স পর্যন্ত বেঁচেছিলেন। মৃত্যুর 6 মাস আগে পর্যন্ত উনি কাজ করে গেছেন!"* বারণ বফে নিজের ম্যানেজারদের এই পরামর্শ দিতেন – *"কখনো নিজেদের রিটায়ার্ড ভাববেন না। আপনারা যদি নিজেদের রিটায়ার্ড ভাবেন... তাহলে মৃত্যু আপনাদের কাছে চলে আসবে!"* ওনার এই বক্তব্যের সরাসরি অর্থ হচেছ এই যে, আপনাদের বয়স হয়ে পড়া সত্ত্বেও যদি এখনও আপনাদের ভেতরে কিছু করে দেখানোর ইচছা থাকে... তাহলে একেবারে চিন্তা করবেন না আর যতদিন আপনারা বেঁচে রয়েছেন, নিজেদের ব্যবসার উন্নতিতে লেগে থাকুন। বয়সের হিসেবে ব্যবসার কাজ বন্ধ করে দেওয়া উচিত নয়। বিশ্বপ্রসিদ্ধ পুস্তক *"রিচ ড্যাড - পুয়োর ড্যাড"*-য়ের লেখক রবার্ট টি. ক্যুসাকী এমনটা মনে করেন যে, জীবনে উন্নতি করার জন্য সব থেকে গুরুত্বপূর্ণ জিনিষ হচেছ ক্যাশ ফ্লো-য়ের ম্যানেজমেন্ট এবং তার সাথে-সাথে পরিবার আর ব্যবসার সময়ের ম্যানেজমেন্ট এবং লোকেদের ম্যানেজমেন্ট। যদি কোন ব্যক্তি এই তিনটে জিনিষের ব্যাপারে দৃষ্টি রাখেন... তাহলে নিশ্চিত রূপে সেই ব্যক্তির ব্যবসাতে উন্নতি হবে।

আজকের যুগে পরিবার ছোট হয়ে এসেছে আর পতি-পত্নী – দুজনেই কাজ করছেন অর্থাৎ বেশীর ভাগ পরিবারে দু দিক থেকে উপার্জন আসতে লেগেছে – পতির উপার্জন আর পত্নীর উপার্জন! বরং আমি তো এটাই বলব যে, এখনকার পরিবারগুলোয় তিন ধরণের উপার্জন হতে লেগেছে। আপনারাও

যদি এমনটা চান যে, আপনাদের ব্যবসা উন্নতি করুক আর আপনাদের উপার্জনও বেড়ে উঠুক... তাহলে একই পরিবারে তিন ধরণের উপার্জনের প্রক্রিয়া গ্রহণ করুন। প্রথম উপার্জন পতির, দ্বিতীয় উপার্জন পত্নীর এবং তৃতীয় উপার্জন আপনাদের অর্থ দ্বারা আসা উপার্জন অর্থাৎ এমন ভাবে নিবেশ করুন, যাতে সেই নিবেশও প্রতি বছর আপনাদের ভালোমতন উপার্জন এনে দেয়। এখন সারাটা জীবন কাজকর্মে লেগে থাকার সময় আর নেই... এখন আমাদের নিজেদের কাজের প্রক্রিয়া এমন ভাবে তৈরী করা উচিত, যাতে আমাদের পয়সা আমাদের জন্য উপার্জন করে! এই প্রকারের চিন্তাধারা রাখলে নিশ্চিত রূপে আগামী সময়ে আপনাদের ভবিষ্যৎ উজ্জ্বল হয়ে থাকবে আর আপনারা যখন রিটায়ারমেন্টের দিকে এগোবেন... তখন আর আপনাদের টাকা-পয়সার ব্যাপারে কোন সমস্যাই থাকবে না। ব্যবসা আর কার্যক্ষেত্রে উন্নতি করার জন্য শিক্ষাগত ডিগ্রী থাকাটা জরুরী হয় না। আপনাদের ভেতরের নিষ্ঠা আপনাদেরকে সফলতার শীর্ষে পৌঁছে দিতে পারে। কিন্তু একটা জিনিষ নিশ্চিত যে, আপনাদের কাছে কলেজের ডিগ্রী থাকুক বা না থাকুক... আপনাদের পক্ষে এ্যাকাউন্টস, আইন আর আয়কর আইনের ব্যাপারে জ্ঞান রাখাটা নিতান্তই জরুরী হবে! আপনাদের ম্যানেজার ইত্যাদিরা আপনাদের হয়ে অনেকটা কাজই সামলে নেবেন... কিন্তু তবুও আপনাদের পক্ষে এটা জানাটা অত্যন্ত জরুরী হবে যে, ব্যবসা করতে গেলে কি প্রকারের ট্যাক্স দিতে হয়, এ্যাকাউন্টস্ কি ভাবে মেনটেন করতে হয়, এ্যাকাউন্টস্ কি ভাবে পড়তে হয়, লোকেদের থেকে পেমেন্ট রিকভারী করা কতটা বাকী রয়ে গেছে! আপনাদের যদি এই সব ব্যাপারে জ্ঞান না থাকে... তাহলে আজ থেকেই এই সব ব্যাপারে জ্ঞান অর্জন করার চেস্টা শুরু করে দিন। এক সফল ব্যবসায়ী হয়ে ওঠার জন্য এসব নিতান্তই জরুরী হয়! এর সাথে-সাথে এটাও মাথায় রাখবেন যে, ব্যবসা থেকে উপার্জন করা অর্থের সফল উপযোগ কি ভাবে করা যেতে পারে? পরিবারের বাচ্চাদেরও এই প্রকারের জ্ঞান প্রদান করাটা অত্যন্ত আবশ্যক হয়!

OOO

39

কোটিপতি হওয়ার জন্য জমি-জায়গার ব্যবসায় নতুন কিছু করুন

সময়ে-সময়ে, গোটা বিশ্বে এমন সময় আসে... যখন জমি-জায়গার ব্যবসায় মন্দা আসে ! এতে কোন সন্দেহই নেই যে, ভারতেও এমন সময় আসে। আপনারা যদি কোটিপতি হয়ে উঠতে চান, তাহলে এমন সুযোগের সন্ধানে থাকুন... যখন সকলে এই ব্যবসায় উপার্জন করছেন না আর আপনারা সেই ব্যবসায় নতুন কিছু করার কথা চিন্তা করুন। যদি গোটা বিশ্বে আর ভারতে জমি-জায়গার ব্যবসায় মন্দা আসে... তাহলে সেটাকে সুবর্ণ সুযোগ হিসেবে মেনে নিয়ে নিজের মাথা খাটিয়ে নতুন কিছু করার ব্যাপারে ভাবনা-চিন্তা করুন।

উদাহরণস্বরূপ, সাম্প্রতিক মন্দার যুগে দিল্লীর এক বড় রিয়েল এস্টেট ডেভেলপার্স কোম্পানী এক নতুন প্রক্রিয়া গ্রহণ করেছিল... যার দ্বারা তাদের ব্যবসায় যথেষ্ট উন্নতি হয়েছিল। এটা তো আপনারা সকলেই ভালোমতন জানেন যে, মন্দার সময় সকল বিল্ডারদের কাছেই টাকা-পয়সার টানাটানি চলে। এমন পরিস্থিতিতে বিল্ডাররা কি-ই বা করবেন ? এক বিল্ডার বার্টার সিস্টেমের প্রক্রিয়া গ্রহণ করলেন আর এই নতুন পদ্ধতির মাধ্যমে সেই বিল্ডার কঠিন পরিস্থিতিতেও নিজের রিয়েল এস্টেটের ব্যবসাকে বেশ ভালো ভাবেই চালাতে সফল হয়ে উঠলেন।

এবার একটু দেখা যাক যে, সেই বিল্ডার ঠিক কি করেছিলেন ? সেই বিল্ডার সংবাদপত্রে এক বড় বিজ্ঞাপন ছাপিয়ে সকল বিল্ডিং মেটেরিয়াল সাপ্লায়ারদের উদ্দেশ্যে আহ্বাণ জানিয়েছিলেন – *"আপনারা সকলে আমাদের পাশে এসে দাঁড়ান... আমাদের মাল সাপ্লাই করুন আর তার বদলে আমরা আপনাদের আমাদের রিয়েল এস্টেটের প্রোজেক্ট থেকে জায়গা দেব !"* এই ছোট্ট

জিনিষটার বিরাট বড় প্রভাব পড়েছিল। স্টীল সাপ্লায়ার্স, বৈদ্যুতিক তার সাপ্লায়ার্স, স্যানেটোরী উপকরণের সাপ্লায়ার্স – এনারা সকলে সেই বিল্ডারের পাশে এসে দাঁড়ালেন আর তাঁকে মাল সাপ্লাই করে বিল্ডারের থেকে নিজেদের জন্য অফিস স্পেস বা কিছু ফ্ল্যাট অথবা মলের দোকান ইত্যাদি নিয়ে নিলেন। যখন মন্দা চলে, তখন সেটার প্রভাব সব জায়গাতেই ব্যাপক হয়। বিল্ডিং মেটেরিয়াল প্রস্তুতকারক ব্যক্তিরাও নিজেদের প্রোডাকশন কমিয়ে নিয়ে এসেছিলেন... তাঁদেরও উপার্জন কমে এসেছিল... বিক্রী-বাটাও আগের থেকে অনেকটাই কম হচ্ছিল। এমন পরিস্থিতিতে ওনারা সেই বিল্ডারের প্রস্তাবে সাড়া দিয়ে বার্টার সিস্টেমের মাধ্যমে ধারে সেই বিল্ডারকে বিল্ডিং মেটেরিয়াল সাপ্লাই করলেন আর সেগুলোর মূল্য না নিয়ে পরিবর্তে সেই বিল্ডারের থেকে অফিস স্পেস বা ফ্ল্যাট অথবা প্লট ইত্যাদি নিয়ে রেজিস্ট্রী করিয়ে নিলেন। এই প্রকারের বার্টার প্রক্রিয়া দ্বারা দু পক্ষেরই লাভ হল। সুতরাং যখনই কোন সমস্যা আসবে বা মন্দার সময় আসবে – তেমন পরিস্থিতিতে কিছু-না-কিছু নতুন ভাবনা-চিন্তা করলে আপনারা রিয়েল এস্টেটের ব্যবসার ক্ষেত্রে উন্নতি করতে পারবেন। কেবলমাত্র অসহায়তা আর সমস্যার দিকেই দৃষ্টি রাখবেন না। অসহায়তা আর সমস্যার সময় সফল সেই ব্যক্তিই হবেন... যিনি নিজের খরচ কমিয়ে নিয়ে আসবেন আর তার সাথে-সাথে নতুন কিছু করার ব্যাপারে ভাবনা-চিন্তা করবেন।

আজকের যুগে আপনারা যদি রিয়েল এস্টেটের ব্যবসাকে বাড়িয়ে তুলতে চান... তাহলে সব থেকে ভালো এটাই হবে যে, বিভিন্ন শহরগুলোর ওপরে চোখ রাখুন। এটা খুবই সত্যি কথা যে, আজকাল ছোট শহরগুলোতেও আপনারা রিয়েল এস্টেটের কারবার করে টাকা কামাতে পারেন... কোটিপতি হয়ে উঠতে পারেন। এই জিনিষটার সব থেকে ভালো উদাহরণ হচ্ছে এটা যে, কিছুদিন আগে একটা সার্ভে চালানো হয়েছিল আর সেই সার্ভে চালানোর সময় এটা দেখতে পাওয়া গেছে যে, বর্তমান যুগে বড় শহরগুলোর তুলনায় ছোট শহরগুলোয় হাউসিং লোন নেওয়া ব্যক্তিদের সংখ্যা অনেক বেশী! যখন ব্যাঙ্ক থেকে হাউসিং লোন নেওয়া ব্যক্তির সংখ্যা ছোট শহরগুলোয় বেড়ে উঠছে... তখন আপনাদের নিশ্চিত রূপে এই অনুমান লাগিয়ে নেওয়া উচিত যে, এবার আপনাদের ছোট শহরগুলোয় নিজেদের রিয়েল এস্টেটের ব্যবসা শুরু করার সময় এসে গেছে! উদাহরণস্বরূপ, 2005 - 06 সালে গ্যাংটকের মত ছোট্ট জায়গায় প্রতি চারজন ব্যক্তির মধ্যে একজন ব্যক্তি হাউসিং লোন নিয়েছিলেন আর এই প্রকার সেই বছরে ভুবনেশ্বর শহরে প্রতি পাঁচজন ব্যক্তির মধ্যে

একজন ব্যক্তি হাউসিং লোন নিয়েছিলেন। আমাদের বক্তব্যের তাৎপর্য হচেছ এই যে, এবার আর ছোট শহরগুলোকে উপেক্ষা করা উচিত হবে না আর ছোট শহর-ছোট বাড়ীর কথা মাথায় রেখে রিয়েল এস্টেট ডেভেলপমেন্টের কাজ শুরু করলে আপনাদের কোটিপতি হয়ে উঠতে বেশী দেরী লাগবে না।

আজকাল বিদেশে নিজস্ব দ্বীপের চাহিদা প্রচণ্ড বেড়ে উঠেছে। পয়সাওয়ালা ব্যক্তিরা নদী বা সমুদ্রের ওপরে নিজেদের জন্য প্রাইভেট দ্বীপ কিনে নিচেছন আর কিছুদিন পরে সেগুলো চড়া দামে বেচেও দিচেছন। বর্তমান সময়ে ভারতেও এই ধরণের জিনিষ শুরু হয়ে পড়েছে। কিছুদিন আগে কেরালায় চার একরের একটা প্লট প্রায় 3 - 4 কোটি টাকায় বিক্রী হয়ে গেল। এই ব্যাপারটা থেকে এটা অত্যন্ত স্পস্ট হয়ে ওঠে যে, আপনারা যদি লাখপতি থেকে কোটিপতি হয়ে উঠতে চান... তাহলে সেটার একটা পদ্ধতি এটাও রয়েছে যে, আপনারা ভারতে সমুদ্র তটে বা কোন নদীর ধারে কোন বড় জমি কিনে নিন আর কিছুদিন পরে কোন পয়সাওয়ালা লোককে সেই জমি চড়া দামে বিক্রী করে দিলে নিশ্চিত রূপে আপনাদের ভালোমতন উপার্জন হয়ে পড়বে। সব মিলিয়ে আমাদের বক্তব্যের তাৎপর্য হচেছ এই যে, আপনারা যদি প্রপার্টির বিজনেসে পা রাখতে চান, তাহলে নতুন কিছু অবশ্যই করুন। যে জিনিষটা বাজারের সবাই করছে... আপনারাও সেরকমই কিছু করলে চলবে না। আপনারা যদি নতুনত্বের সাথে নিজেদের রিয়েল এস্টেট প্রোজেক্ট পেশ করেন... তাহলে আপনাদের সেই প্রোজেক্ট নিশ্চিত রূপে সফল হবে আর আপনাদের ভালোমতন টাকা-পয়সাও এনে দেবে!

উদাহরণস্বরূপ, এখন ভারতের প্রায় সকল শহরেই মল তৈরী হচেছ। বেশ কিছু শহরে তো মলের সংখ্যা এত বেশী হয়ে পড়েছে যে, অনেকগুলো মল খোলার আগেই বন্ধ হয়ে পড়েছে। উদাহরণস্বরূপ, ফরিদাবাদ শহরকেই নেওয়া যেতে পারে। দিল্লী থেকে ফরিদাবাদের উদ্দেশ্যে যাওয়ার সময় পথে পড়া মথুরা রোডে 2008 সালে কম পক্ষে 20-টা মল হয় তৈরী হয়ে পড়েছিল বা শেষ হওয়ার মুখে এসে পড়েছিল। সেগুলোর মধ্যে অর্দ্ধেক মল ফেল হয়ে পড়েছে, চলতে পারেনি... কারণ সেগুলোর আকার ছোট ছিল! সুতরাং আপনারাও যদি মল তৈরী করে পয়সা কামাতে চান... তাহলে গতানুগতিকতার থেকে কিছুটা দূরে সরে এসে, কিছুটা নতুনত্বের সাথে এমন মল তৈরী করুন... যেগুলো আপনাদের শহরে খোলা হবে। উদাহরণ হিসেবে এমন মল বানান, যাতে সবুজতা বেশী মাত্রায় থাকবে... মলের অর্দ্ধেক ভাগে এয়ার কণ্ডিশনের ব্যবস্থা রাখুন আর বাকী অর্দ্ধেক ভাগে এটার কণ্ডিশনের ব্যবস্থা রাখবেন না...

মলে যেন হাওয়া চলাচলের ভালোমতন ব্যবস্হা থাকে। এমন মল তৈরী করলে আপনারা কম মূল্যে নিজেদের মলের দোকান বিক্রী করতে পারবেন আর তার সাথে-সাথে মলের রক্ষণাবেক্ষনের খরচও দোকানদারদের কম দিতে হবে। এই প্রকারের নতুন পরিকল্পনার সাথে আপনারা নিজেদের মল তৈরী করলে নিশ্চিত রূপে আপানদের সেই মলের দোকানগুলো খুব দ্রুত বিক্রী হয়ে পড়বে। যা কিছু করবেন... ভালোমতন ভাবনা-চিন্তা করে, নতুনত্ব নিয়ে এসে করলে কঠিন পরিস্হিতিতেও আপনাদের নিজেদের রিয়েল এস্টেটের ব্যবসাকে বাড়িয়ে তুলতে তেমন একটা সমস্যার মুখোমুখি হতে হবে না। যেসব ব্যক্তি মল তৈরী করে পয়সা কামাতে চান... তাঁদের দুবাই, ব্যাঙ্কক আর সিঙ্গাপুর গিয়ে সেখানকার মলগুলো দেখে আসা উচিত! সেগুলো দেখলে আপনাদের চোখ খুলে যাবে, আপনাদের মনে নতুন বিচারধারা আসবে আর আপনারা যদি ভারতীয় পরিবেশে সেই সব নতুন বিচারধারার প্রয়োগ করে মল তৈরী করেন... তাহলে নিশ্চিত রূপে আপনাদের উপার্জন বেড়ে উঠবে আর আপনারা দ্রুত কোটিপতি হয়ে উঠতে সফল হয়ে উঠবেন!

এই প্রকার ছোট ফ্ল্যাটের চাহিদাও আজকাল বেশ ভালোমতন বেড়ে উঠেছে। ছোট পরিবার সুখী পরিবারের মত ছোট বাড়ী আর ছোট পরিবারও আজকালকার শ্লোগান হয়ে উঠেছে। সুতরাং 500 - 700 বর্গ ফুটের ছোট ফ্ল্যাটে কেমন সুবিধা প্রদান করা যেতে পারে... সেটার অধ্যয়ণ করার জন্য আপনারা ব্যাঙ্কক আর সিঙ্গাপুরে তৈরী ছোট-ছোট ফ্ল্যাটগুলো দেখে আসুন আর তারপর ভারতে সেই প্রকারের ছোট ফ্ল্যাট তৈরী করার প্রক্রিয়া গ্রহণ করলে আপনারা এটা দেখতে পাবেন যে, আপনাদের ব্যবসা ফুলে-ফেঁপে উঠছে। বিশেষ রূপে আপনারা যদি আবাসিক প্রকল্প হাতে নেন, তাহলে আপনারা ছোট ফ্ল্যাট তৈরী করা সত্ত্বেও সেগুলোর আশপাশে যদি ক্লাব ইত্যাদির ভালোমতন ব্যবস্হা রাখেন... তাহলে আপনাদের প্রোজেক্ট খুব দ্রুত বিক্রী হয়ে পড়বে।

আপনাদের হাতে টাকা-পয়সা বেশী নেই... আপনারা রিয়েল এস্টেটের বড় প্রকল্প হাতে নিতে পারছেন না... কিন্তু রিয়েল এস্টেটের ব্যবসায় প্রবেশ করার ইচছা আপনাদের রয়েছে – তাহলে সেটার একটা বিকল্প আছে... যার লাভ উঠিয়ে আপনারা লাখপতি থেকে কোটিপতি হয়ে উঠতে সহায়তা প্রাপ্ত করতে পারেন। সেই বিকল্প বিদেশে তো অত্যন্ত ভালো ভাবে চলছে... কিন্তু ভারতে সেটা এখনও পর্যন্ত তেমন একটা সাড়া ফেলতে পারেনি। বিকল্প অনেকটা এই প্রকার – আপনারা একটা তৈরী ছোট বাড়ী কিনে নিন। এমন বাড়ী কিনুন, যেটার অবস্হা খুব একটা ভালো নয়... যে বাড়ীটায় যথেস্ট মেরামতী করানোর

প্রয়োজন রয়েছে। তারপর সেই বাড়ীটা মেরামত করে রং করে আপনারা বিক্রী করে দিন। এই ধরণের কাজ ভারতে এখনও পর্যন্ত ততটা প্রচলিত হয়ে ওঠেনি... কিন্তু বিদেশের মতই আজকাল ভারতেও লোকেদের কাছে সময়ের প্রচণ্ড অভাব হয়ে পড়েছে। সুতরাং আপনারা যদি পুরোন কোন বাড়ী কিনে সেটাকে মেরামত করে আবার একবার বিক্রী করে দেন... তাহলে সেটা আপনাদের উপার্জনের এক ভালো পদ্ধতি হয়ে উঠতে পারে আর আপনারা নিশ্চিত রূপে এর থেকে ভালো উপার্জন করতে পারেন। আপনারা যখন এই প্রকারের কাজ করার ব্যাপারে ভাবনা-চিন্তা করবেন... তখন একটা ব্যাপার অবশ্যই মাথায় রাখবেন যে, যে ব্যক্তি আপনাদের থেকে সেই বাড়ী কিনবেন... তাঁর কাছে নিশ্চিত রূপে সময়ের অভাব রয়েছে। সুতরাং আধুনিক পদ্ধতি দ্বারা আপনারা পুরোন বাড়ীকে নতুন রূপ প্রদান করুন আর তারপর আপনারা সেই বাড়ী ফটাফট্ বিক্রী করে সেই টাকায় অন্য আরেকটা বাড়ী নিয়ে নিন। তারপর একটা সময় আপনারা দুটো বাড়ী নেবেন, চারটে বাড়ী নেবেন আর এই করতে-করতে আপনারা এক সময় এক সাথে দশটা বাড়ী নেওয়ার যোগ্য হয়ে উঠবেন আর তখন আপনারা এটা দেখতে পাবেন যে, আপনাদের ব্যবসা ভালোমতন বেড়ে উঠেছে আর আপনারা লাখপতি থেকে কোটিপতি হয়ে উঠেছেন।

আপনারা যদি রিয়েল এস্টেটের ক্ষেত্রে পা রাখার ব্যাপারে ভাবনা-চিন্তা করছেন, তাহলে সেটা ভালো জিনিষ! আপনারা কখনো এমন চিন্তা করবেন না যে, এই ব্যবসার ব্যাপারে আপনাদের একেবারে কোন অভিজ্ঞতা নেই... কারণ রিয়েল এস্টেটের কাজ এমন কাজ হয়, যেটা আপনারা খুব বেশী অভিজ্ঞতা না থাকা সত্ত্বেও শুরু করতে পারেন আর কম পুঁজি লাগিয়ে ব্যবসা শুরু করেও একটা সময় আপনারা কোটিপতি হয়ে উঠতে পারেন!

OOO

40

আর সব শেষে, লাখপতি থেকে কোটিপতি হওয়ার জন্য কি করবেন?

এবার আমরা এই পুস্তকের শেষের দিকে চলে এসেছি। আমাদের উদ্দেশ্য একটাই – আমাদের লাখপতি থেকে কোটিপতি হয়ে উঠতে হবে!

আপনারা সবার আগে নিজেদের লক্ষ্য নিৰ্দ্ধারিত করে নিন আর এই দৃঢ় প্রতিজ্ঞা করে নিন – *"আমাকে কোটিপতি হতেই হবে! অন্য লোকেরা যদি কোটিপতি হয়ে উঠতে পারে... তাহলে আমি কেন পারব না?"* এমনটা নিজেদের মনে-মনে বার-বার চিন্তা করুন আর এমন দৃঢ় সংকল্প করে নিন যে, আপনাদের কোটিপতি অবশ্যই হয়ে উঠতে হবে! আমাদের শাস্ত্রও এমনটা বলে যে, আপনারা নিজেদের মনে যেমনটা চাইবেন... আপনারা ঠিক তেমনটাই হয়ে উঠবেন। প্রভুর আশীর্বাদ গ্রহণ করে সত্যিকারের মনে আপনারা দৃঢ় প্রতিজ্ঞা করে নিন যে, আপনাদের লাখপতি থেকে কোটিপতি হতেই হবে আর দিন-রাত মেহনত করে দৃঢ় পদক্ষেপে নিজেদের লক্ষ্যের দিকে এগিয়ে চলুন!

আজ্ঞে হ্যাঁ... কঠিন পরিশ্রম তো আপনাদের করতেই হবে। কঠিন পরিশ্রম না করে আজ পর্যন্ত কেউ-ই লাখপতি থেকে কোটিপতি হয়ে উঠতে পারেননি।

মাঝে-মাঝে আপনারা লাইব্রেরী গিয়ে এমন ব্যক্তিদের জীবনী পড়ুন... যাঁরা নিজেদের জীবনকালে লাখপতি থেকে কোটিপতি হয়ে উঠেছেন! তাঁদের জীবনের প্রেরণাদায়ক কাহিনী পড়ে আপনাদের মনের ভেতরে এক অদ্ভূত প্রকারের শিহরনের সৃষ্টি হবে আর আপনারা এক আলাদা প্রকারের প্রেরণাও প্রাপ্ত করবেন। এজন্য আপনারা মাঝে-মাঝে লাইব্রেরী গিয়ে হয় পুস্তক পড়ুন বা ম্যাগাজিন ইত্যাদি পড়ুন – দেশ-বিদেশের লোকেদের জীবনী পড়ুন

যে, তাঁরা কি ভাবে লাখপতি থেকে কোটিপতি হয়ে উঠেছেন! লক্ষ্য এটাই রাখুন যে, আগামী কয়েক বছরের ভেতরে আপনাদের উন্নতি থেকে প্রেরণা প্রাপ্ত করে অন্য লোকেরাও লাখপতি থেকে কোটিপতি হয়ে উঠবেন!

আপনারা যখন লাখপতি থেকে কোটিপতি হয়ে ওঠার স্বপ্ন দেখছেন... তখন শুধু স্বপ্ন দেখলেই চলবে না – সেই স্বপ্নকে সাকারও করে তুলতে হবে! মনের মধ্যে কখনো মলিনতা আসতে দেবেন না। সর্বদা নিজের কাজ করে চলুন... সজাগ হয়ে থাকুন আর নিজের কাজে নতুন প্রযুক্তির প্রয়োগ করে চলুন।

ব্যবসার ক্ষেত্রে ফালতু খরচ বাঁচানোই হচ্ছে উপার্জন! সুতরাং এদিকে পূর্ণ দৃষ্টি রাখুন। নিজের খরচের ওপরে সজাগ দৃষ্টি রাখুন। না নিজে ফালতু খরচ করবেন আর না-ই নিজের কর্মচারীদের ফালতু খরচ করতে দেবেন। কেবলমাত্র লোকেদের দেখানোর জন্য ফালতু খরচ বাড়াবেন না। লোকেদের চোখে নিজেকে বড়ই ধনী ব্যক্তি প্রতিপন্ন করার জন্য বড় গাড়ী কিনবেন না... বড়-বড় পার্টি দেবেন না! এমনটা সেই সময় করুন, যখন আপনাদের কাছে বেশ কয়েক কোটি টাকা এসে পড়বে! এখন তো আপনাদের অপেক্ষা করার সময়... এটা আপনাদের মেহনত করার সময়... আজ এক-একটা টাকা সঞ্চয় করে সেটা নিজেদের ব্যবসার কাজে লাগানোর সময়! সুতরাং ফালতু খরচ একেবারেই করবেন না এবং সততার পথ ত্যাগ করার চিন্তা একেবারেই করবেন না।

অনেক বার লোকেদের এমনটা বলতে শোনা যায় – "*অমুক ব্যক্তি সততার আশ্রয় না নিয়েও আজ প্রচুর পয়সা কামিয়ে নিয়েছে... আজ ওর কাছে প্রচুর পয়সা হয়ে পড়েছে।*" লোকেদের এমন কথায় কান দেবেন না। একটা সময়ের পরে এই ধরণের কথা কোন লাভই প্রদান করে না। আপনারা কেবলমাত্র সততার সাথে নিজেদের কাজ করে চললে নিশ্চিত রূপে প্রভুর আশীর্বাদে আপনাদের সফলতা প্রাপ্ত হবে।

প্রতি দিন 10 থেকে 15 মিনিট নিজেদের লক্ষ্যের ব্যাপারে চিন্তা করুন আর 15 মিনিট ধ্যান অবশ্যই করুন! এতে আপনাদের একাগ্রতা বেড়ে উঠবে আর একাগ্রতা বেড়ে উঠলে আপনারা সারাটা দিন তরোতাজা হয়ে থাকবেন এবং শান্ত মাথায় নিজেদের ব্যবসার কাজ করে চলে সফল হয়ে উঠবেন।

আপনাদের ব্যবসা যদি নতুন হয়... আপনাদের যদি সেই ব্যবসার ব্যাপারে কোন রকমের অভিজ্ঞতা না থাকে – তাহলেও কোন চিন্তা করবেন না। সফল ব্যক্তিরাও যখন প্রথম-প্রথম ব্যবসা করতে শুরু করেছিলেন, তখন তাঁরাও

কিছুই জানতেন না... তাঁরা সব কিছুই অভিজ্ঞতার মাধ্যমে শিখেছেন। আপনাদের কাছেও যদি কোন অভিজ্ঞতা না থাকে... তাহলে কোন ওস্তাদের সহায়তা নিন ! আপনারা কারো চেলা হয়ে উঠুন আর চেলাগিরি করে নিজেদের সেই ওস্তাদের থেকে ওস্তাদী শিখে নিন আর তারপর মন লাগিয়ে নিজেদের কাজ করে চলুন।

নিজের কর্মচারীদের দেখাশোনা অবশ্যই ভালো ভাবে করুন... কারণ তাঁদের ওপরেই আপনাদের ব্যবসা বাড়িয়ে নিয়ে চলার সম্পূর্ণ দায়িত্ব থাকে। অনুশাসন বজায় রাখার জন্য আপনারা নিজেরা সকালে সবার আগে অফিসে পৌঁছন আর সন্ধ্যায় ছুটীর পরে সবাই চলে যাওয়ার কয়েক মিনিট পরে নিজেরা অফিস থেকে বাড়ীর উদ্দেশ্যে রওনা দিন। এমনটা করলে আপনাদের অফিসে অনুশাসন বাড়বে আর আপনাদের ব্যবসায়িক কাজের উন্নতিতেও নিশ্চিত রূপে সহায়তা প্রাপ্ত হবে।

আপনাদের ব্যবসায়িক প্রতিদ্বন্দ্বীরা কেমন কাজ করছেন... তাঁরা কি করছেন বা কি করছেন না – সেসব দিকে দৃষ্টি কম দিন...: বরং নিজেদের দৃষ্টিকে তীব্র আর তীক্ষ্ম করে তোলারই চেষ্টা করুন। তখন গিয়ে আপনাদের ব্যবসায় উন্নতি হবে আর আপনাদের লাখপতি থেকে কোটিপতি হয়ে ওঠার সিঁড়ি পার করতে বেশী সময় লাগবে না। ব্যবসা করতে গিয়ে অনেক বার লোকেদের মন বিচলিত হয়ে পড়ে... মন অশান্ত হয়ে ওঠে... মানসিক চাপের সৃষ্টি হয়ে পড়ে – এমন পরিস্থিতিতে আপনারা কখনো বিচলিত হয়ে উঠবেন না। সর্বদা এই জিনিষটা মাথায় রাখবেন যে, আপনাদের ব্যবসায় যে সমস্যার সৃষ্টি হয়েছে... সেটা আজ নয়তো কাল ঠিকই সমাধান হয়ে পড়বে। সমস্যা একটা হোক্ বা একাধিক... সেগুলো কখনো সর্বদা টিকে থাকে না ! সময়ের হিসেবে এক সময় সব কিছু ঠিক হয়ে পড়ে... কিন্তু আপনাদের আগে থেকেই নিজেদের ভেতরে সমস্যার মোকাবিলা করার ক্ষমতা রাখা উচিত। তখন আপনারা এটা দেখতে পাবেন যে, ছোট-বড় কোন সমস্যাই আপনাদের অস্থির করে তুলতে পারবে না আর কখনো কোন সমস্যা এলেও প্রভুর আশীর্বাদে আপনারা সেগুলোর সমাধান ঠিকই করে নিতে পারবেন। সর্বদা, প্রতিটি কাজে, প্রতি দিন আপনারা প্রভুকে নিজেদের সঙ্গে রাখুন আর এমনটা মেনে চলুন যে, প্রভুর আশীর্বাদ সর্বদাই আপনাদের মাথার ওপরে রয়েছে ! এমনটা মেনে চললে আপনারা একা-একা কাজ করে চললেও কখনো একাকীত্ব অনুভব করবেন না। আপনাদের এমনটাই মনে হবে যে, আপনাদের বন্ধু... আপনাদের সাথী প্রভুর রূপে আপনাদের পাশে সর্বদাই

বিদ্যমান হয়ে রয়েছেন ! যে কোন ব্যবসায়িক কাজ শুরু করার আগে সেটাকে প্রভুর প্রতি সমর্পিত করে দিন ! এমনটা করলে কাজ করতে গিয়ে আপনারা কখনো মানসিক চাপে গ্রস্ত হয়ে পড়বেন না, কোন কাজই আপনাদের কাছে কঠিন বলে মনে হবে না আর আপনাদের সব কাজ সুগমতার সাথে শেষ হয়ে পড়তে লাগবে !

আজ আপনারা বিদেশে গিয়ে কোটি-কোটি টাকা উপার্জন করার স্বপ্নকে সহজেই সাকার করে তুলতে পারেন। ভারতে বর্তমানে প্রচুর সুবিধা রয়েছে আর আজ আমাদের দেশে এমন প্রচুর ক্ষেত্রের সৃষ্টি হয়েছে... যেসব ক্ষেত্রে কাজ করে আপনারা লাখপতি থেকে কোটিপতি হয়ে উঠতে পারেন। একটু লক্ষ্য করে দেখুন – আজ ভারতে প্রতি বছর হাজারো ব্যক্তি লাখপতি থেকে কোটিপতি হয়ে উঠছেন... তাহলে আপনারা তাঁদের মধ্যে একজন কেন হয়ে উঠতে পারবেন না ? আপনারা এমন চিন্তাধারা নিজেদের মাথায় রেখে কাজ করে চললে সেই সময় আর বেশী দূরে নয়... যখন আপনারাও লাখপতি থেকে কোটিপতি হয়ে উঠবেন।

আপনারা যখন কোটিপতি হয়ে ওঠার সিঁড়ি পার করেই নিয়েছেন... তখন সমাজের প্রতি নিজেদের দায়িত্বগুলোকেও একটু বুঝে নিন। একটা সময় আপনাদের হাতে টাকা-পয়সা ছিল না বা কেবলমাত্র কয়েক লক্ষ টাকা ছিল, কিন্তু আজ আপনারা কোটিপতি হয়ে উঠেছেন। এবার আপনাদের উচিত সমাজের যুবা বর্গকে এই প্রেরণা প্রদান করা যে, তাঁরাও কি ভাবে উন্নতি করে লাখপতি থেকে কোটিপতি হয়ে উঠতে পারেন ? আপনাদের সেই প্রেরণা নতুন ভারত নির্মাণ আর যুবা বর্গকে প্রেরণা জোগানোর কাজে বাস্তবে সহায়তা করবে ! এতে করে আমাদের দেশ উন্নতি করে চলবে। সুতরাং আপনারা যখন নিজেরা লাখপতি থেকে কোটিপতি হয়ে উঠবেন... তখনও আপনারা উপার্জন তো করে চলবেন... কিন্তু কিছুটা সময় অবশ্যই সমাজের যুবা বর্গকে প্রেরণা প্রদান করার কাজে লাগান। আর কিছু করতে না পারলেও কম পক্ষে দেশের যুবা বর্গকে নিজেদের জীবনের সত্যিকারের প্রেরণাদায়ক কাহিনী শোনান। এমন কাহিনী শুনে যুবা বর্গ প্রেরণা প্রাপ্ত করবে এবং সমাজ আর রাষ্ট্রের উন্নতি হবে।

আপনারা যদি ব্যবসা করার সময় কিছু ছোট-ছোট জিনিযের প্রতি দৃষ্টি দেন, তাহলে নিশ্চিত রূপে আপনারা ব্যবসায়িক ক্ষেত্রে সফলতা প্রাপ্ত করবেন। উদাহরণ হিসেবে নিজেদের চার পাশে চালাক-চতুর ব্যক্তিদের রাখুন... এমন

ব্যক্তিদের চাকরীতে রাখুন, যাঁরা ব্যবসা বাড়িয়ে তুলতে আপনাকে সহায়তা করবেন। আপনারা নিজেরা যত চালাকই হোন্ না কেন... যদি আপনাদের থেকেও চালাক-চতুর ব্যক্তি আপনাদের অফিসে থাকেন, তাহলে নিশ্চিত রূপে আপনারা উন্নতি করে চলবেন... আপনাদের ব্যবসাও উন্নত হয়ে উঠবে!

ক্লায়েন্টদের সমস্যার সমাধান বড়ই দ্রুততার সাথে করা উচিত। একজন ক্লায়েন্টের সমাধান না হলে তিনি আরও দশজন ক্লায়েন্টকে আপনাদের বিরুদ্ধে ক্ষেপিয়ে তুলতে পারেন। অন্য দিকে আপনারা যদি কোন একজন ক্লায়েন্টের সমস্যার সমাধান করে দেন... তাহলে তিনি আরও দশজন ব্যক্তির কাছে আপনাদের প্রশংসা করবেন! এজন্য এই জিনিষটার প্রতি অবশ্যই দৃষ্টি রাখুন যে, ব্যবসার ক্ষেত্রে কারো তরফ থেকে কোন প্রকারের অভিযোগ এলে আপনারা নিজেরা তাঁর সেই অভিযোগ দূর করার ভরপুর চেষ্টা করবেন আর এইটুকু জিনিষ মাথায় রাখলে আপনাদের ব্যবসায় উন্নতি হবে। কম পক্ষে অভিযোগ জানাতে থাকা প্রতিটি ব্যক্তির সঙ্গে আপনারা নিজেরা দেখা করুন আর তাঁদের বক্তব্য মন দিয়ে শুনুন!

নিজেদের কর্মচারীদের আর পরামর্শদাতাদের প্রশংসা সর্বদা করুন। যখনই আপনাদের কোন কর্মচারী ভালো কোন কাজ করে দেখাবেন... তখনই আন্তরিক ভাবে তাঁর কাজের প্রশংসা করলে তিনি আরও বেশী প্রেরণা প্রাপ্ত করবেন আর আগামী সময়ে তিনি আপনাদের কোম্পানীর হয়ে আরও ভালো কাজ করে দেখানোর চেষ্টা করবেন।

আপনাদের কাছে ক্লায়েন্টদের কথা শোনার মত পর্যাপ্ত সময় থাকা উচিত। ব্যবসায়িক প্রতিষ্ঠানে নিজেদের ব্যবসায়িক সহযোগীর সাথে আপনারা নিজেরা গিয়ে দেখা করুন। এমনটা করলে আপনারা কিছু-না-কিছু নতুন চিন্তাধারা অবশ্যই প্রাপ্ত করবেন।

ব্যবসা করতে গিয়ে সঞ্চয় করাটাও অত্যন্ত জরুরী হয়। এই জন্যই বেঞ্জমিন ফ্র্যাঙ্কলিন বলেছিলেন – *"আপনারা যদি নিজেদের উপার্জনের থেকে কম খরচে দিন কাটাতে পারেন... তাহলে এটা নিশ্চিত রূপে ধরে নিতে পারেন যে, আপনাদের কাছে পরশ পাথর রয়েছে!"* এজন্য নিজেদের উপার্জন বাড়ান আর খরচ কমিয়ে আনুন – এমনটা করলে আপনাদের পয়সা সঞ্চয় হবে আর সেই পয়সা আপনারা নিজেদের ব্যবসাতেই লাগাতে পারবেন।

আপনারা নতুন কোন কাজ শুরু করতে চলেছেন অথবা আপনাদের মাথায় নতুন কোন ব্যবসায়িক চিন্তাধারা এসেছে – তাহলে আপনাদের সেটাকে অত্যন্ত

ধৈর্য্যপূর্বক সম্পন্ন করা উচিত। তাড়াহুড়ো কখনোই করতে যাবেন না... বিশেষ করে কাজের ব্যাপারে! যখনই কোন নতুন কাজ শুরু করতে যাবেন... সর্বদা ভালো করে ভাবনা-চিন্তা করে তবেই কাজ শুরু করুন। এক প্রাচীন প্রবাদ বাক্য আছে – *'সবুরে মেওয়া ফলে!'* ব্যবসা করার সময় সর্বদা এই জিনিষটা মাথায় রাখবেন – আপনারা ধৈর্য্যপূর্বক সব কাজ সম্পন্ন করুন, তাড়াহুড়ো করবেন না, যে কোন কাজ ভেবে-চিন্তে করুন! এমনটা বলাও হয়েছে ঃ

বিনা বিচারে জো করে সো পাছে পছতায়।
কাম বিগাড়ে আপনো জগ মেঁ হোত হঁসায়।।

ব্যবসা করার সময় আমাদের লক্ষ্য সর্বদা এটাই হওয়া উচিত যে, ব্যবসার প্রতিটি পরিস্থিতি যেন মঙ্গলময় হয়! সুতরাং প্রতিটি ব্যবসায়িক কাজে ভাগবত কৃপার দর্শন করতে থাকা উচিত। আপনারা যদি ব্যবসায়িক ক্ষেত্রের প্রতিটি পরিস্থিতিতে নিজেদের শান্ত এবং প্রসন্ন রাখেন আর নিস্কাম ভাবে প্রভুর পূজা মনে করে সব কাজ করে চলেন... তাহলে সফলতা নিশ্চিত রূপে আপনাদের চরণ স্পর্শ করবে! এটা মনে রাখবেন যে, আপনারা যে কাজই করুন না কেন... সেটা প্রভুর প্রতি অর্পণ করে করা উচিত। এমন ভাবে করা প্রতিটি কার্য যজ্ঞ হয়ে ওঠে আর যে কার্য *'ইদন্ মম্ম্'* অর্থাৎ *'এটা আমার নয়'* – এমন ভাবনা দ্বারা করা হয়, বাস্তবে সেই কার্য যজ্ঞ হয়ে ওঠে আর প্রভুর আশীর্বাদে সেই কার্যে সফলতা নিশ্চিত রূপে প্রাপ্ত হয়।

স্বামী দয়ানন্দ 1985 সালে কানাডার টরন্টো শহরে আয়োজিত এক সেমিনারে ভাষণ দিতে গিয়ে বলেছিলেন – *"আপনারা এমন একটা দিনের সন্ধান করুন... যেদিন আপনারা দিনের 12 ঘন্টা জেগে থেকে নিজেদের পূর্ণ রূপে ইচ্ছা থেকে মুক্ত অনুভব করবেন। রাতের 12 ঘন্টা তো আমরা ঘুমের মধ্যে থাকি... সেই সময় আমাদের কোন ইচ্ছা থাকে না। কিন্তু দিনে কাজ করার সময় আমরা নিজেদের ইচ্ছাগুলোকে ব্যবসার উন্নতির অনুরূপ না বাড়ালেই ভালো করব।"*

মহান দার্শনিক চাণক্য নিজের সূত্রে বলেছেন –

'যো যস্মিন কর্মণি কুলাস্তং তস্মিন্নেব যোজয়েত!'

উপরোক্ত শ্লোকের প্রত্যক্ষ লাভ ব্যবসা আর শিল্পক্ষেত্রের ব্যক্তিদের প্রাপ্ত হতে পারে। এই শ্লোক এটা জানাচেছ যে, আপনাদের সেই কাজটাই করা উচিত... যে কাজ করার সব থেকে বেশী ক্ষমতা আপনারা নিজেদের ভেতরে অনুভব করেন। সুতরাং কারো কথায় কোন ব্যবসা শুরু করতে যাবেন না...

বরং যে কাজটা করতে আপনারা নিজেদের সব থেকে বেশী সক্ষম বলে মনে করবেন, সেই কাজটাই করলে আপনাদের উন্নতি হবে। সময় পেলে চাণক্য সূত্রের অধ্যয়ণ করুন – এর দ্বারা আপনারা ব্যবহারিক পদ্ধতিতে ব্যবসা চালানোর ব্যাপারে নিশ্চিত রূপে লাভদায়ক তথ্য প্রাপ্ত করবেন।

নিজেদের কোম্পানীর কর্মচারীদের কাজ ভাগ করে দেওয়ার ব্যাপারেও চাণক্য নীতিতে অনেক সূত্র রয়েছে... যেগুলো আপনাদের সহায়তা করবে। চাণক্য এমনটা মনে করতেন যে, যদি টাকা-পয়সার দায়িত্বে থাকা কোন ব্যক্তি ব্যবসায়িক ক্ষেত্রে আর্থিক লোকসান হওয়ার জন্য দায়ী হয়... তাহলে তার শাস্তি পাওয়া উচিত! কিন্তু সেই লোকসান যদি সেই ব্যক্তির অজান্তে হয়ে পড়ে, তাহলে সেটা আলাদা ব্যাপার। এর সাথে-সাথে চাণক্য এটাও বলেছেন – উৎকৃষ্ট, সৎ আর বিশ্বস্ত কর্মচারীদের পুরস্কৃত করা উচিত আর তাঁদের প্রতি সম্মান প্রদর্শনও করা উচিত।

লাখপতি থেকে কোটিপতি হয়ে উঠতে ইচ্ছুক সকল ব্যক্তিদের একটা অত্যন্ত গুরুত্বপূর্ণ জিনিষের চিন্তন-মনন করা উচিত আর সেটা হচ্ছে এই যে, নিজেদের দ্বারা নির্দ্ধারিত লক্ষ্যের ব্যাপারে চিন্তা না করে সর্বদা সামনের দিকে এগিয়ে চলার ব্যাপারে ভাবনা-চিন্তা করা উচিত আর তার সাথে-সাথে ব্যবসায় বৃথা চিন্তা কখনো করা উচিত নয়। যেটা এখনও ঘটেনি, সেটার ব্যাপারে চিন্তা করবেন না আর যেটা হতে পারে, তার ব্যাপারেও চিন্তা করবেন না। বৃথা চিন্তা করলে আপনাদের কাজ করার ক্ষমতায় পরিবর্তন এসে পড়ে আর বৃথা চিন্তা আপনাদের চিন্তা করার ক্ষমতাকেও কমিয়ে নিয়ে আসে। সুতরাং বৃথা চিন্তা না করে প্রতিটি ব্যবসায়িক কাজ পূর্ণ তন্ময়তার সাথে করে চলুন। তার সাথে-সাথে নিম্নলিখিত মঙ্গল সুবিচারকে প্রতি দিন কম পক্ষে একবার অবশ্যই পড়ুন আর মনন করুন। এতে আপনাদের সব কাজ সুচারু রূপে সম্পন্ন হয়ে পড়বে।

"যে জিনিষটা আমার ভাগ্যে নেই... সেটা দুনিয়ার কোন শক্তিই আমাকে প্রদান করতে পারবে না আর যে জিনিষটা আমার ভাগ্যে রয়েছে, সেটা দুনিয়ার কোন শক্তিই আমার থেকে ছিনিয়ে নিতে পারবে না। ঐশ্বরিক শক্তি অসম্ভবকেও সম্ভব করে তুলতে পারে... সুতরাং কর্মই হচ্ছে 'কামধেনু' এবং প্রার্থনাই হচ্ছে 'পরশমণি'!"

আপনারা যখন ব্যবসার কাজ করবেন... তখন নিশ্চিত রূপে আপনাদের

ব্যবসায় বাধা আসবে। আপনারা সেই সব বাধার কি ভাবে মোকাবিলা করে সামনের দিকে এগিয়ে চলবেন... তার ভেতরেই আপনাদের উন্নতির রহস্য লুকিয়ে রয়েছে ! সুতরাং বাধা-বিত্তির ব্যাপারে বৃথা ভাবনা-চিন্তা না করে সময়ে-সময়ে ব্যবসায় যেসব সমস্যা আসবে, সেগুলোর মোকাবিলা ধৈর্য্যপূর্বক করুন। এই ব্যাপারে এক কবি লিখে গেছেন –

বাধায়ে কব বাঁধ সকী হ্যায়, আগে বঢ়নে বালোঁ কো।
বিপদায়েঁ কব মার সকী হ্যায়, মরকর জীনে বালোঁ কো।।
মুশ্কিলেঁ দিল কে ইরাদে আজমাতী হ্যাঁয়,
হৌসলা মত হার, ও মুসাফির,
জিন্দগী এক হাদসা হ্যায় আউর এ্যায়সা হাদসা,
মৌত সে ভী খতম্ জিসকা সিলসিলা হোতা নহীঁ।।

বৃহদারণ্যকোপনিষদে লেখা আছে ঃ

আপ বহ হ্যাঁয় জো আপকী গহন ইচ্ছা হ্যায়,
জৈসী আপকী ইচ্ছা হ্যায় বহী আপকী আকাংখা হ্যায়;
জৈসী আপকী আকাংখা হ্যায়, বৈসা আপকা কর্ম হ্যায়,
জৈসা আপকা কর্ম হ্যায়, বৈসা আপকা ভাগ্য হ্যায়।।

নিজেদের দুর্বলতাগুলোকে নিজেরাই চিনে নিন। উন্নতি করার জন্য এটা হচ্ছে এক বিরাট বড় গুরুমন্ত্র ! আমার এই মুহূর্তে বিশ্বের সুপ্রসিদ্ধ এবং বিশ্ব বিখ্যাত যোগ প্রবর্তক শ্রী বি. কে. এস. আয়েঙ্গার সাহেবের একটা কথা মনে পড়ে যাচেছ। উনি একবার বলেছিলেন – *"আমি আমার দুর্বলতার ব্যাপারে নিজের 17 বছর বয়সেই জানতে পেরে গিয়েছিলাম। আমি নিজে কোনদিন কলেজ যাইনি... কিন্তু আমি কলেজের ছাত্রদের পড়াতাম।"* সুতরাং আপনারাও নিজের দুর্বলতাগুলোকে চিনে নিন আর তারপর সেই সব দুর্বলতার সঙ্গে লড়তে শিখুন; জিত আপনাদের নিশ্চিত রূপে হবে। আজ 90 বছর বয়সেও আয়েঙ্গার সাহেব যোগের ক্ষেত্রে এক চির পরিচিত নাম ! উনি এমনটা মানেন যে, ব্যক্তির সর্বদা... সব বয়সেই বিদ্যার্থী হয়ে থাকা উচিত। সুতরাং আপনারাও ব্যবসা করার সময় নিজেদেরকে এক বিদ্যার্থী হিসেবেই মনে করুন। আপনারা যদি নিজেদের বিদ্যার্থী হিসেবে মনে করেন, তাহলে আপনারা নতুন কিছু শেখার

ব্যাপারে নিস্ঠাবান হয়ে থাকবেন আর তখন আপনাদের উন্নতি নিশ্চিত রূপে হবে !

গোটা দুনিয়ায় শিল্পক্ষেত্রে নতুন কি হচ্ছে, সেই ব্যাপারে যতক্ষন না আপনারা তথ্য সংগ্রহ করবেন... ততক্ষন পর্যন্ত আপনারা লাখপতি থেকে কোটিপতি হয়ে উঠতে পারবেন না। এর জন্য জরুরী হচ্ছে এটা যে, আপনারা বিশ্বের ব্যবসা সংক্রান্ত পত্র-পত্রিকাগুলোর অধ্যয়ণ করবেন আর সেই অধ্যয়ণ আপনাদের সত্তার মধ্যে সেরে ফেলতে হবে... তবেই আপনাদের লাভ হবে ! এর জন্য বিভিন্ন দেশের এম্বাসীগুলোর লাইব্রেরীতে যান আর সেখানে সেই দেশের যেসব পুস্তক রয়েছে... পত্র-পত্রিকা রয়েছে, সেগুলোর অধ্যয়ণ করুন আর সেগুলোর থেকে নতুন কিছু তথ্য প্রাপ্ত করুন। এমনটা করলে আপনারা যে ব্যবসায় রয়েছেন, সেই ব্যবসায় প্রয়োগ হতে থাকা নতুন প্রযুক্তির ব্যাপারে আপনারা জানতে পারবেন আর আপনারা নিজেদের ব্যবসায় সেই সব প্রযুক্তির প্রয়োগ করে নিজেদের ব্যবসাকে আরও বেশী মজবুত আর সুদৃঢ় করে তুলতে পারবেন এবং কিছু-না-কিছু নতুন করতেও পারবেন। এটা মাথায় রাখবেন যে, লাখপতি থেকে কোটিপতি হয়ে ওঠার ব্যাপারে সব থেকে জরুরী আর গুরুত্বপূর্ণ জিনিয হচ্ছে এটা যে, আপনাদের নতুন কিছু করতেই হবে আর সেটা আপনারা নতুন প্রযুক্তির সহায়তা গ্রহণ করে করলে আপনারা নিজেদের ব্যবসায় নিশ্চিত রূপে সফল হয়ে উঠবেন। উদাহরণ হিসেবে আমেরিকান এম্বাসীর লাইব্রেরীতে আপনারা গেলে সেখানে আপনারা *'কমার্শিয়াল ন্যুজ, ইউ.এস.এ.' (Commercial.News, U.S.A.)* নামে এক মাসিক পত্রিকা দেখতে পাবেন। এই পত্রিকায় আমেরিকায় সকল প্রকারের ব্যবসা আর শিল্পে যেসব নতুন উৎপাদন হয়, যেসব নতুন পরিযেবা প্রদান করা হয় – সেসবের পূর্ণ তথ্য থাকে। সুতরাং আপনারা প্লাস্টিক ইণ্ডাস্ট্রিতে থাকুন বা আয়রণ ইণ্ড্রাস্ট্রিতে... বাচ্চাদের খেলনা তৈরীর ইণ্ডাস্ট্রিতে থাকুন বা ইলেকট্রোনিক ইণ্ডাস্ট্রিতে – আপনারা যদি এই মাসিক পত্রিকা পড়েন, তাহলে আপনারা আমেরিকাতে হতে থাকা সকল প্রকারের নতুন উৎপাদনের ব্যাপারে জানতে পারবেন। একটু ভেবে দেখুন... আপনারা যদি নতুন তথ্য প্রাপ্ত করেন আর সেই নতুন তথ্যকে আপনারা নিজেদের ইণ্ডাস্ট্রিতে ক্রিয়ান্বিত করেন... তাহলে আপনাদের ব্যবসা নিশ্চিত রূপে বেড়ে উঠবে আর তার সাথে-সাথে আপনারা নিজেদের ব্যবসার ব্যাপারেও আরও বেশী বুদ্ধিমান হয়ে উঠবেন। আধ ঘন্টা সময় খরচ করে আপনারা এই মাসিক পত্রিকা পড়লে হয়তো আপনাদের মাথায় নিজেদের ব্যবসা সম্পর্কিত নতুন কোন আইডিয়াও এসে হাজির হতে পারে। এই প্রকার

অন্য দেশগুলোর এন্বাসীগুলোয় যেসব লাইব্রেরী রয়েছে, সেখানে নতুন ইণ্ডাস্ট্রির সাথে সম্বন্ধিত পত্র-পত্রিকাগুলো পড়লে আপনারা এমন অনেক প্রযুক্তির ব্যাপারে জানতে পারবেন, যেসব প্রযুক্তি ভারতে প্রয়োগ করা হয় না। এবার আপনারা নিজেদের ব্যবসায় সেই সব প্রযুক্তির প্রয়োগ করতে পারবেন। এক সফল শিল্পপতি হয়ে ওঠার জন্য নিশ্চিত রূপে এটা জরুরী হয় যে, আপনারা এমন তথ্য সময়ে-সময়ে হাসিল করে চলবেন আর তার সাথে-সাথে যখন বিশ্বের কোথাও বড় ট্রেড ফেয়ারের আয়োজন করা হবে, সেখানে আপনারা নিজেদের কোম্পানীর স্টলও লাগাবেন। আজকাল তো আপনারা এমন তথ্য সহজেই ইন্টারনেটের মাধ্যমেও হাসিল করতে পারেন।

শেষে আপনারা এটা মাথায় রাখবেন যে, আপনাদের লাখপতি থেকে কোটিপতি হয়ে ওঠার ইচ্ছা অবশ্যই পূরণ হবে আর আপনাদের মধ্যে দৃঢ় বিশ্বাস আর দৃঢ় ইচ্ছাশক্তি থাকলে আপনাদের কোটিপতি হয়ে ওঠাকে কেউই আটকাতে পারবে না। এক মহান চিন্তক নীচের লাইনগুলো দ্বারা এই জিনিষটাকেই ব্যক্ত করেছেন আর আমার দৃঢ় বিশ্বাস যে, সেই লাইনগুলো আপনাদের জীবনেও সত্যিকারের প্রেরণা প্রদান করতে পারবে ঃ

কঠিনাইয়োঁ সে রীতা সময় মেরে লিয়ে নহীঁ
নহীঁ, মেরে তুফানী মন কো স্বীকার নহীঁ !
মুঝে তো চাহিয়ে মহান উঁচা লক্ষ্য
আউর উসকে লিয়ে তাউম্র
সংঘর্ষোঁ কা সিলসিলা।

কিঁউ কি...

লহরোঁ সে ডরকর নৌকা পার নহীঁ হোতী,
কোশিশ করনে বালোঁ কী কভী হার নহীঁ হোতী।।

এবার যান – নিজেদের পূর্ণ শক্তি একত্রিত করে... এক জোট হয়ে... এক লক্ষ্যের দিকে সম্পূর্ণ মনোযোগ কেন্দ্রীভূত করে... নিজেদের ব্যবসার প্রতি পূর্ণ রূপে সমর্পিত হয়ে কাজে লেগে পড়ুন আর এমনটা চিন্তা করুন যে, আপনাদের কোটিপতি হয়ে উঠতেই হবে। আপনারা যেমনটা চিন্তা করবেন... তেমনটাই ফল

প্রাপ্ত করবেন – আমাদের শাস্ত্র এমনটাই বলে! তো চিন্তার সাথে নিষ্ঠা, পরিশ্রম আর প্রভুর আশীর্বাদ – এই তিনটে জিনিষের সম্মিশ্রণে আপনারা নিশ্চিত রূপে লাখপতি থেকে কোটিপতি হওয়ার সিঁড়ি *(চ্যালেঞ্জ)* পার করে যাবেন। আর হ্যাঁ... আপনারা যেদিন সেই সিঁড়ি পার করে নেবেন... সেদিন যেন সমাজের প্রতি নিজেদের দায়িত্বের কথাটা ভুলে যাবেন না। আপনাদের নতুন প্রজন্মের যুবা বর্গকে প্রেরণা জোগানো উচিত, তাদেরকে নিজেদের কাহিনী শোনানো উচিত... যাতে তারাও আগামী ভবিষ্যতে লাখপতি থেকে কোটিপতি হয়ে উঠতে পারে।

আর সবার শেষে আপনাদের প্রত্যেকের কাছে... আমার সকল পাঠকদের কাছে আমার বিনম্র নিবেদন যে, আমার এই পুস্তক যদি আপনাদের লাখপতি থেকে কোটিপতি হয়ে ওঠার জন্য কিছুটা প্রেরণা প্রদান করতে পেরে থাকে... তাহলে আপনারা সেই ব্যাপারে নিজেদের সঙ্গী-সাথীদের অবশ্যই জানান আর আমাকে চিঠি লিখে নিজেদের সফলতার কাহিনী জানান! আপনারা আমাকে এই ঠিকানায় চিঠি লিখতে পারেন ঃ-

শ্রী সুভাষ লখোটিয়া

'লখোটিয়া নিবাস'

এস - 228, গ্রেটার কৈলাশ *(পার্ট - 2)*

নূতন দিল্লী - 110 048

মোবাইল ঃ 098100 01665

ই-মেল ঃ slakhotia@satyam.net.in

○○○